JOÃO DO RIO

JOÃO DO RIO

João Carlos Rodrigues

JOÃO DO RIO
Vida, paixão e obra

• biografia •

2ª edição revista

Rio de Janeiro
2024

Copyright © João Carlos Rodrigues, 2010

Todos os direitos reservados. É proibido reproduzir, armazenar ou transmitir partes deste livro, através de quaisquer meios, sem prévia autorização por escrito.

Todos os esforços foram feitos para localizar os fotógrafos das imagens e os autores dos textos reproduzidos neste livro. A editora compromete-se a dar os devidos créditos em uma próxima edição, caso os autores as reconheçam e possam provar sua autoria. Nossa intenção é divulgar o material iconográfico e musical, de maneira a ilustrar as ideias aqui publicadas, sem qualquer intuito de violar direitos de terceiros.

Texto revisado segundo o Acordo Ortográfico da Língua Portuguesa de 1990.

Direitos desta edição adquiridos pela
EDITORA CIVILIZAÇÃO BRASILEIRA
Um selo da
EDITORA JOSÉ OLYMPIO LTDA.
Rua Argentina, 171 – 3o andar – São Cristóvão
Rio de Janeiro, RJ – 20921-380
Tel.: (21) 2585-2000.

Seja um leitor preferencial Record.
Cadastre-se no site www.record.com.br
e receba informações sobre nossos lançamentos e nossas promoções.

Atendimento e venda direta ao leitor:
sac@record.com.br

CIP-BRASIL. CATALOGAÇÃO NA PUBLICAÇÃO
SINDICATO NACIONAL DOS EDITORES DE LIVROS, RJ

R613j
2. ed.

Rodrigues, João Carlos
  João do Rio : vida, paixão e obra / João Carlos Rodrigues. - 2. ed. - Rio de Janeiro : Civilização Brasileira, 2024.
    23 cm.

  ISBN 978-65-5802-153-7

  1. João, do Rio, 1881-1921. 2. Escritores brasileiros - Biografia. I. Título.

24-93023

CDD: 928.69
CDU: 929:821.134.3(81)

Gabriela Faray Ferreira Lopes - Bibliotecária - CRB-7/6643

Impresso no Brasil
2024

"Havia muito de belo e muito de atrevido, de bizarro, algo de terrível e não pouco do que poderia causar aversão."

(Edgar Allan Poe, *A máscara da morte rubra*, 1843)

SUMÁRIO

Prefácio do autor à 1ª edição   9

PARTE 1
Um jovem dândi da virada do século (1881-1903)   15

PARTE 2
O cinematógrafo vertiginoso e a alma das ruas (1904-1915)   47

PARTE 3
O país e a pátria (1915-1921)   191

EPÍLOGO
Triste fim de uma época (1930)   269

Bibliografia   275
Índice onomástico   281

PREFÁCIO DO AUTOR À 1ª EDIÇÃO

Ao contrário de outros autores, acredito que uma boa biografia, além de não ter pudores sobre a vida pessoal do biografado, não pode também prescindir da análise da sua obra. Alguns dos melhores trabalhos biográficos que conheço — Oscar Wilde por Richard Ellman, Jean Genet por Edmund White, William Burroughs por Ted Morgan, Proust por George Painter, e ainda Noel Rosa por Carlos Didier e João Máximo, ou Lima Barreto por Francisco Assis Barbosa — seguem essa diretriz, a meu ver a mais objetiva.

Essa conjunção entre autor e obra é ainda mais evidente na extensa bibliografia de Paulo Barreto (João do Rio), que escreve na primeira pessoa mesmo quando se esconde atrás de mais de dez pseudônimos ou recorre ao velho artifício do narrador indireto. Uma biografia desse autor abrange necessariamente não apenas sua obra cintilante e sua vida pessoal nebulosa, mas também os tempos em que viveu.

Nascido no final do Segundo Reinado, assistiu quando menino à Abolição e à proclamação da República, tão desejadas por seus familiares. Saindo da adolescência, testemunhou as reformas urbanas radicais que transformaram o Rio de Janeiro de uma cidade colonial portuguesa nos trópicos na afrancesada metrópole da nossa tardia *belle époque*. Adulto, sucumbiu ainda jovem nos duelos ideológicos extremados surgidos depois da Primeira Guerra Mundial. Paulo Barreto tudo viu e ouviu, presente nos lugares mais díspares: elegantes recepções no Palácio do Catete, bombardeios durante a Intentona Monarquista em Lisboa, roda de samba numa favela no Largo da Carioca, Cascatinha da Tijuca ao luar com Isadora Duncan...

Além da ausência de descendentes ou contemporâneos vivos, quando iniciei minha pesquisa dois obstáculos logo se levantaram contra as minhas pretensões. Em primeiro lugar, apenas um terço da obra de João do Rio tinha sido publicada em livro, estando a maioria esparsa em jornais e revistas. Para começar, tive de fazer o levantamento desse material (cerca de 2.500 textos entre contos, crônicas, peças de teatro e reportagens), o que me consumiu cerca de dois anos (1989-1991). Estabeleci então um catálogo bibliográfico, publicado em 1993 pela Coleção Carioca da Secretaria Municipal de Cultura do Rio de Janeiro, condição *sine qua non* para decifrar o autor. A falta de uma cronologia consolidada levou o biógrafo anterior, Raimundo Magalhães Júnior, a cometer involuntariamente uma série de equívocos.

O segundo obstáculo foi a perda ou a dispersão, ao que parece irreparável, da correspondência de João do Rio, assim como seus rascunhos e inéditos. Depositado na Sociedade Luso-Brasileira Paulo Barreto, criada por sua mãe após sua morte para preservar sua memória, esse precioso material desapareceu sem deixar rastros, ao que parece no início da década de 1970. Obtive de velhos funcionários da extinta sociedade a lacônica e frustrante informação de "que tinha dado bicho" nos papéis, então atirados no lixo. Será verdade?

Considerado por todos os contemporâneos o homem mais complexo de seu tempo, Paulo Barreto nasceu quase pobre e ascendeu socialmente, conquistando a fama, e o ódio que ela desperta nos menos talentosos. Foi assim brutalmente atacado, física e moralmente, nas páginas dos principais jornais cariocas. Depois de sua morte trágica, em plena rua, antes dos 40 anos, foi rapidamente esquecido.

Em que período da história da literatura se encaixa sua obra? Alfredo Bosi diz que no pré-modernismo. Lúcia Miguel Pereira, sempre intransigente, acha que em "sorriso da sociedade", de róseas intenções. Permitam-me discordar. A primeira definição é muito vaga, e a segunda não

PREFÁCIO DO AUTOR À 1ª EDIÇÃO

se sustenta com a leitura de qualquer um dos contos de *Dentro da noite*, por exemplo, com sua aura de morbidez e maldição. Acredito que fique mais à vontade enquadrado no decadentismo que floresceu na Europa de meados do século XIX até a década de 1930. Seus mais ilustres representantes são, em ordem cronológica: *À rebours*, de J.K. Huysmans (1884); *Il piacere*, de Gabrieli d'Annunzio (1889); *O retrato de Dorian Gray*, de Oscar Wilde (1891); *Monsieur Phocas*, de Jean Lorrain (1901); e *Em busca do tempo perdido*, de Marcel Proust, cujo primeiro volume data de 1913. Marcaram presença também outros autores hoje esquecidos, mas muito representativos de seu momento, como o ex-marinheiro Pierre Loti, cujo esdrúxulo *Aziaydé*, ambientado em Istambul, é de 1879; Rachilde, autora de *Monsieur Vênus* (1884), onde uma mulher travestida de homem tem um caso com um homem travestido de mulher; e o guatemalteco radicado em Paris Enrique Gómez Carrillo, apadrinhado por Rubén Darío e amante da espiã Mata Hari (*Tres novelas immorales: del amor, del dolor y del vicio*, 1898). Um tema comum a esses autores é o estranhamento e a insatisfação, expressos quer em crônicas de viagem ao Oriente ou ao baixo mundo ali da esquina, quer em obras ficcionais passadas nesses mesmos cenários, ou em jornadas ao interior de si mesmos, movidas a ópio, éter ou haxixe. Há todo um clima erótico, de grande ambiguidade, bissexual, misógino e que frequentemente descamba em misticismo católico e sadomasoquismo. Daí para uma simpatia pelo demônio, satanismo e missas negras basta um pulo. Todos esses ingredientes são facilmente encontrados na obra de João do Rio.

O decadentismo tem muitos traços comuns com o *art nouveau* ou *modern style*, que dominou entre 1890 e a guerra de 1914. Embora seja um movimento vinculado às artes visuais, com as sensacionais esculturas em vidro de Lalique e Gallé, as joias de Tiffany, os cartazes de Mucha e Toulouse Lautrec, os desenhos de Aubrey Beardsley e os quadros de Klimt, o *art nouveau* também teve sua influência na literatura, como detectou José Paulo Paes já em 1985, em *Gregos e baianos*, com muita felicidade. Lembremos que a peça *Salomé*, de Wilde, de 1894, quase um manifesto dessa estética, foi editada com ilustrações de Beardsley, o que se repetiu com a edição em português, traduzida por João do Rio. Também os figurinos do filme de Alla Nazimova, que é de 1923, têm a mesma origem. A hegemonia da linha sinuosa sobre os ângulos retos e a paixão *nouveau* pelo inusitado encontram correspondências literárias nas frases longas de pontuação nervosa, nas descrições vertiginosas de cores e aromas, no excesso de adornos gramaticais que quase sufocam o enredo, e principalmente na utilização do paradoxo, definido por Wilde da seguinte maneira no *De profundis*: "O paradoxo está para a gramática assim como o desvio sexual para a sexualidade."

Isso nos remete ao famoso artigo de Susan Sontag *Sobre o camp*, publicado em 1964 na *Partisan Review*, onde ela afirma ser o *camp* uma aplicação prática do paradoxo no mundo das artes, e o *art nouveau* uma forma de expressão homossexual. Com efeito, é notória essa particularidade amorosa em Wilde, Lorrain, Proust, Loti e no próprio João do Rio. Sem contar os outros autores que vêm sendo recentemente ressuscitados pela crítica, como os franceses Robert, barão de Montesquiou (*Hortenses bleus*, 1896), e Lianne de Pougy, a famosa cortesã parisiense (*Idyle saphique*, 1911), musos inspiradores de Huysmans, Lorrain e Proust, que produziram e publicaram poesia e prosa requintada, de circulação restrita; ou o espanhol Antonio de Hoyos, marquês de Vinent (*La vejez de Heliogabalo*, 1912; *Las cascabeles de Madame Locura*, 1916), morto nas prisões fascistas durante a guerra civil da década de 1930. É nesse mundo estético que se insere a obra de João do Rio, que funde, por vezes de modo magistral, a morbidez do enredo com as descrições paradoxais.

Como jornalista, ele foi um renovador histórico da imprensa brasileira, fundindo a reportagem e a crônica num novo gênero personalíssimo e então pouco comum. Como cidadão e artista, foi o arquétipo incom-

PREFÁCIO DO AUTOR À 1ª EDIÇÃO

parável de sua época sinistra. Mulato, gordo e homossexual, era, segundo os provincianos da República Velha, um exemplo típico do carioca com todas as suas qualidades e defeitos. O Rio de Janeiro da bela época, que trazemos no inconsciente sem o termos vivenciado, é em grande parte uma "invenção" sua, exaustivamente repetida através de décadas por imitadores cada vez menos talentosos. Se como autor de ficção filia-se à estirpe dos malditos, como cronista antecipa todos os grandes jornalistas da ex-capital federal.

Este livro se origina de *João do Rio: uma biografia*, publicado em 1996 e para o qual obtive uma Bolsa Vitae de Literatura três anos antes. Não é uma mera nova edição revista. Foi totalmente reescrito em mais da metade, eliminados trechos redundantes, incluídas novas informações, corrigidos erros tipográficos ou de informação, eventualmente esclarecidos ou modificados alguns pontos de vista. Por isso recebeu um novo título e um novo registro de *copyright*. Tive também a preocupação de fazê-lo mais acessível, sem perder a densidade das informações e das opiniões. Para isso, a maioria das quinhentos notas de rodapé, referentes a localizações bibliográficas, foram incorporadas ao texto, eliminadas ou removidas para a lista de fontes consultadas, no final do volume.

Acredito ter ficado melhor.

João Carlos Rodrigues
Março de 2010

PARTE 1

Um jovem dândi da virada do século
(1881-1903)

Como toda cidade, o Rio de Janeiro das últimas décadas do século XIX era bem diferente do atual. Na realidade, a área urbana efetiva restringia-se ao trecho entre o Largo do Machado e a Praça XI, pouco mais do que o atual Centro histórico. Laranjeiras, Tijuca e São Cristóvão eram ainda predominantemente chácaras, e, mais distante, quase zona rural. Lembremos que a Floresta da Tijuca, artificial, fora plantada em 1861 onde eram cafezais. Só a partir dessa data, com a construção da Estrada de Ferro Central do Brasil, e dez anos depois, com a instalação das linhas de bondes, povoaram-se os bairros e subúrbios.

Até mesmo do ponto de vista puramente geográfico esse trecho da cidade passou por muitas modificações. Não existiam o cais do porto e a Praça Mauá, e o desembarque dos navios se fazia no cais Pharoux (Praça XV), que tinha à sua direita a praia Dom Manuel e, à esquerda, a praia do Peixe — ambas posteriormente aterradas. Desapareceram ainda as praias de Santa Luzia (que banhava o extinto bairro da Misericórdia, na ponta do Calabouço), do Russel e da Glória (diante do Outeiro, então praticamente à beira-mar), se seguirmos em direção à Zona Sul. Rumo contrário, para além da praia do Peixe, existiam ainda a Prainha ou praia do Valongo (atual Praça Mauá); o Saco do Alferes ou de São Diogo (atual Rua Santo Cristo); a praia do Chichorro (Rua da Gamboa); as praias Formosa, Lázaro, Caju e Palmeiras (trecho entre a pedreira de São Diogo e o Caju); as ilhas das Moças e dos Cães; e os extensos mangues que iam do Derby Club (Praça da Bandeira) a São Cristóvão, com seu cheiro nauseabundo e os bandos de belíssimas aves aquáticas. Nessa época já haviam sido aterradas as lagoas do Boqueirão (atual Passeio Público) e de Santo Antônio (Largo da Carioca), mas ainda persistiam o morro do Castelo (atual Esplanada do Castelo), de Santo Antônio (Avenida Chile) e do Senado (praça da Cruz Vermelha), com suas populações típicas, precursoras das favelas.

Embora sendo a metrópole mais importante do hemisfério sul, o Rio de Janeiro tinha em 1872 (ano do primeiro recenseamento confiável) somente 280 mil habitantes, dos quais apenas metade de brasileiros livres, pois 30% eram estrangeiros e 20%, escravizados. Nos próximos anos (1900) a população não apenas vai quase duplicar (520 mil), como o número de nacionais crescerá para 75% após a Abolição, contra 25% de estrangeiros. Além dos tradicionais portugueses e dos novos imigrantes (italianos, alemães ou sírios) — apenas em 1890 entraram no porto do Rio cerca de 85 mil —, a cidade ainda recebeu o afluxo dos ex-escravizados das fazendas de café arruinadas do vale do Paraíba. Essas levas humanas, quase essencialmente masculinas, radicaram-se no Centro, comprimidas em dormitórios coletivos e anti-higiênicos explorados por especuladores, dos quais o mais tristemente célebre, o Cabeça de Porco da Rua Barão de São Félix, batizou a categoria. Uma visão bastante convincente desse mundinho sórdido está no romance *O cortiço*, de Aluísio Azevedo, joia do naturalismo, publicado em 1890.

Podemos confirmar como se distribuiu esse aumento pela população das freguesias em que se dividia o Centro da cidade. Com a exceção de Santa Rita (morros da Gamboa, Saúde, Conceição e cercanias) e Santíssimo Sacramento (Praça Tiradentes e cercanias), todas as outras cresceram mais de 80%. A da Glória (do Catete ao Cosme Velho) chegou a 300%. Espírito Santo (Estácio e Catumbi) e São José (do Largo de São Francisco ao Castelo), a 100%.

A mais populosa das freguesias cariocas do período, a de Santana (com 13% da população da capital), a que mais de perto nos interessa, hoje praticamente não tem importância na vida da cidade. Compreendia as ruas situadas a oeste do Campo de Santana: a Cidade Nova, o Mangue, a Praça XI, o Santo Cristo até a praia Formosa. Algumas ainda existem,

UM JOVEM DÂNDI DA VIRADA DO SÉCULO (1881-1903)

como a Moncorvo Filho (antiga Rua do Areal), Júlio do Carmo (antiga Rua São Leopoldo), Santana (antiga Rua das Flores) e General Caldwell. Outras foram arrasadas para a abertura da Avenida Presidente Vargas, em 1941: a Rua do Sabão ou Visconde de Itaúna, General Câmara, Senador Eusébio e outras.

Caminho obrigatório para o palácio imperial da Quinta da Boa Vista, a freguesia de Santana e suas cercanias possuíam, além de um florescente comércio varejista, muitos prédios do governo. O Senado (ex-palácio do conde dos Arcos, hoje Faculdade de Direito da Universidade Federal do Rio de Janeiro), a Casa da Moeda (hoje Arquivo Nacional), o Quartel--General Imperial (Ministério do Exército), o Corpo de Bombeiros, o Museu Nacional (ex-palácio do barão de Ubá, depois Arquivo Judiciário), o Paço Municipal (hoje demolido), a Central da estrada de ferro. Sem falar no Campo de Santana (ex-Campo de Marte), bem maior que hoje em dia (ia até o atual Panteão de Caxias) e que, em 1878, recebeu tratamento paisagístico do francês Auguste Marie Glaziou. Fora a em breve lendária Praça XI, bem mais modesta.

Escoamento natural dos migrantes que chegavam de trem e dos estrangeiros desembarcados no cais, a freguesia de Santana foi perdendo suas características no decorrer dos anos. Passou de bairro de profissionais liberais, no final do Império, à Pequena África da malandragem na República Velha, refúgio de judeus centro-europeus na década de 1940, depois uma das maiores zonas de prostituição do Ocidente. Hoje abriga a sede do poder municipal.

Mas nas vésperas da Guerra do Paraguai, quando começa nossa história, ainda era respeitável morar em Santana. Na Rua São Leopoldo, nº 55, por exemplo, residia Cristóvão José dos Santos, médico-cirurgião, com esposa e dois casais de filhos. O dr. Cristóvão tinha posses — além do que morava, tinha dois outros imóveis — e conhecimentos, pois foi amigo do marquês de Olinda (Pedro de Araújo Lima), ex-regente do

Império e senador, vizinho de seu consultório na Rua do Lavradio. Essa era muito bem frequentada, pois ali morava, além do marquês, o célebre ator João Caetano, e lá ficava a sede do Grande Oriente do Brasil (Maçonaria), o Supremo Tribunal Federal, a Chefatura de Polícia e dois teatros: o Politeama e o Apolo (atual Escola Celestino Silva).

O filho mais jovem do doutor, também médico, chamava-se Joaquim Cristóvão. É personagem fundamental para nós, pois é através de um seu amor de juventude que chegaremos ao nosso biografado. Na casa dos 20 anos, ainda bacharel da Escola de Medicina, esse rapaz, branco e caçula mimado, amasiou-se com a gaúcha Gabriela Amália Caldeira. Esse relacionamento durou mais de uma década e deixou quatro filhas como descendência: Thimocleia (nascida em 1858), Florência (1862), Adelina (1867) e Eponina (1869). A segunda virá a ser a mãe de João do Rio.

Não é de estranhar que relacionamento tão longo não tenha terminado em casamento. Gabriela, embora livre, era quase negra e, como a maioria das mulheres de então, analfabeta. Não foi possível apurar se tinha profissão. Mas essa, se existiu, devia ser humilde, pois residiu muito tempo na Travessa Bom Jardim (atual Rua Nabuco de Freitas), que desce do morro do Nheco (ou do Pinto) rumo à Rua Visconde (atual Marquês) de Sapucaí, onde hoje está o Sambódromo.

Um ano antes da morte do pai (1868), o dr. Joaquim Cristóvão dos Santos foi nomeado diretor do Serviço Sanitário do Hospital Geral da Santa Casa de Misericórdia, durante o mandato do provedor Zacharias de Góes e Vasconcelos, importante político do Partido Conservador. Realizou melhorias. Residia no local. Foi lá que recebeu o adolescente José do Patrocínio, futuro líder da campanha abolicionista, fugido de Campos, dando-lhe seu primeiro emprego, no laboratório farmacêutico.

Em 1870, logo após o nascimento da filha caçula, Joaquim Cristóvão deixou Amália Caldeira, casando-se com Maria Isabel de Oliveira, filha de um coronel da Guarda Nacional. Isso era bastante frequente

UM JOVEM DÂNDI DA VIRADA DO SÉCULO (1881-1903)

numa sociedade em que escasseavam mulheres brancas, e a proporção da população masculina para a feminina era de três homens para cada mulher. Também no já citado *O cortiço* a negra Bertoleza é substituída por um matrimônio de conveniência, e escorraçada depois de anos de dedicação. O nosso médico não deu sorte, pois morreu dois anos depois sem fazer herdeiros com a jovem esposa. O processo do seu inventário, atualmente no Arquivo Nacional, é interessantíssimo. Dona Gabriela reclama os direitos de suas filhas Thimocleia (14 anos) e Florência (10 anos), reconhecidas oficialmente em 1864. As duas últimas eram filhas naturais. Foi nomeado um tutor para administrar a herança, que incluía um percentual do aluguel do casarão na Rua do Lavradio onde o velho Cristóvão José clinicava. Familiares remanescentes me informaram que Thimocleia sofreu uma congestão cerebral, fato confirmado pelo próprio João do Rio: "Jovem e radiante, um ataque da cabeça fê-la para todo o sempre paralítica do lado direito." Apesar de não reconhecidas em cartório, as irmãs mais novas adotaram o sobrenome Cristóvão dos Santos, que legaram aos seus descendentes.

Do lado paterno, a origem de João do Rio é bem outra.

Alfredo Coelho Barreto nasceu em 1854 em São Leopoldo, Rio Grande do Sul, filho temporão de um casal de primos de uma família ilustre, aparentada dos Mena Barreto e dos Barreto Leite, mas, ao que tudo indica, falida. Após a morte do pai em 1872, o filho mudou-se para o Rio, onde passou a estudar medicina e mecânica na Escola Politécnica, no Largo de São Francisco. Era um ponto de reunião dos positivistas, seguidores de Augusto Comte, que pregavam a ciência acima da religião, e também a Abolição e a República. Foi certamente ainda estudante que conheceu a adolescente Florência, sua aluna, e apaixonou-se por ela. Em 1877, d. Gabriela requereu à Justiça a liberação da herança da segunda filha, por motivo de casamento com o dr. Coelho Barreto. A cerimônia aconteceu em 19 de abril de 1877, na matriz do Sacramento. Ele tinha 23 anos; ela, 15.

Num conto escrito em 1910 ("Coração"), João do Rio contará quase sem disfarces o seu ambiente familiar:

> João Duarte era um pobre professor de matemáticas: (...) filho de uma rica família e de raízes nobres, viu-se aos 13 anos, ao cursar o primeiro ano da Escola Central, na miséria, porque o pai morreu de congestão em véspera de certa combinação na Bolsa (...). Casou-se com uma pequena de família humilde antes de terminar o curso. Era um colégio gratuito em que meia dúzia de rapazes ensinavam meninas pobres. Ela aparecera aos 13 anos, com as mãos bem tratadas. Ele foi à casa da mãe, uma senhora de gênio irascível, que vivia com três filhas honestas a fornecer comida para fora.
> — Mas o senhor está louco! Minha filha tem 13 anos apenas. É uma criança.
> — Não importa. Espero até os 15, mas fica noiva.
> (...) Foi modesto o casamento. Ele apareceu com o mesmo fato preto com que diariamente labutava. Não lhe sobrara dinheiro, tanto era o luxo para a noiva e tantos os objetos comprados para a nova casa.

Após um início difícil, dependendo dos proventos das aulas particulares, Coelho Barreto conseguiu por concurso uma vaga para ensinar matemática na Escola Normal. Bem mais tarde, já no período republicano, vai acumular esse emprego com a cadeira de mecânica e astronomia no internato do Ginásio Nacional (hoje Colégio Pedro II). No mesmo ano em que, concorrendo à Escola Normal, apresentou a tese *Histórico dos logaritmos*, nasceu seu primeiro filho.

* * *

João Paulo Alberto Coelho Barreto nasceu numa sexta-feira, 3 de agosto de 1881, no sobrado nº 284 da Rua do Hospício (atual Rua Aires), no trecho próximo ao Campo de Santana.

UM JOVEM DÂNDI DA VIRADA DO SÉCULO (1881-1903)

Nada de extraordinário aconteceu nesse dia, segundo a imprensa carioca. Os mesmos folhetins de sempre (*Mamãe Rocambole*, de Zaccone, ou *Os doidos de Paris*, de Lermina). No teatro Recreio Dramático apresentava-se a Real Companhia Espanhola de Zarzuelas e Obras Lírico-Dramáticas. No Phoenix, a "Grande Festa Cosmopolitana para benefício e adeuses de M. e Mme. Marchand" intercalava, entre outras atrações, números do famoso ator Vasquez com a ópera cômica *Le mariage aux lanternes*, de Offenbach. Para o povo, no antigo circo da Rua do Lavradio, "grande luta de decisão" entre Bartoletti e o Incógnito, além dos mímicos Pastores Tiroleses e dos trapezistas Victor e Niblo.

A época, no entanto, era agitada. O Rio fervia na campanha abolicionista, com os comícios inflamados de José do Patrocínio. A lentidão do ministério conservador do barão de Cotegipe acabou levando os partidários do fim da escravidão a aliar-se aos republicanos. O próprio Patrocínio, negro e pobre, nesse mesmo ano se casou com a adolescente Bibi (Maria Henriqueta de Senna), branca, filha do coronel Emiliano de Senna, um dos fundadores do Clube Republicano. O irmão dela, Ernesto Senna, cônsul, militar e jornalista, viúvo, desposará pouco depois a mulata Eponina dos Santos, filha caçula de d. Amália Caldeira e irmã de Florência Barreto. Com esse casamento Eponina se tornará simultaneamente tia dos jornalistas Patrocínio Filho e Paulo Barreto, e do pintor Di Cavalcanti (filho de outra irmã de Ernesto Senna).

Há muitos indícios do envolvimento da família de Paulo Barreto com a campanha da Abolição. A avó, segundo necrológio no *Jornal do Commercio*, gastava até o que não tinha para alforriar escravizados alheios, e notamos a presença do jovem casal Coelho Barreto num concerto antiescravatura do maestro Carlos Gomes no salão da baronesa de Mamanguape, em São Cristóvão.

Nenhum deles se compara em interesse ao bilhete de Alfredo Coelho Barreto a Ernesto Senna, escrito no próprio dia da proclamação da Lei Áurea e guardado na Seção de Manuscritos da Biblioteca Nacional, no Rio de Janeiro.

Caro irmão Senna,
Recebi o teu álbum no dia 18 de abril, data notável por dois motivos, na minha vida doméstica, e nesta mesma ocasião resolvi que só escreveria nele a 13 de maio, por ser dia notável na tua e minha vida doméstica. Quando pensaria eu, que além de ser esta data notável para a Nacionalidade Portuguesa, pois ela marca a entrada do maior Estadista Português, Sebastião de Carvalho e Mello, marquês de Pombal, para a vida subjetiva se tornaria o mais notável do Segundo Reinado para a Nossa Cara Pátria.
Isso posto deves compreender qual a minha satisfação ao escrever estas linhas no dia em que a Humanidade e Nossa Pátria se enchem de júbilo por ver terminada a escravidão no Solo Brasileiro e que nossas famílias, além de compartilharem esse júbilo, comemoram o natalício da minha boa irmã Eponina.
Feliz a família que suas datas notáveis coincidem com as da Humanidade, da qual todos nós somos na possibilidade das nossas forças morais, intelectuais e físicas, humildes servidores. Sede bendito por já contares uma dessas coincidências e o que de coração te desejo é que todas as tuas datas notáveis na vida doméstica sejam como esta, porque assim as suas alegrias serão sociais e domésticas.
Teu irmão, Alfredo Coelho Barreto
Rio, 22 César de 100 de maio de 1888.

Esse pequeno bilhete revela opinião política, solidariedade familiar e ideologia positivista, expressa no uso de maiúsculas e na exótica datação da última linha. Já vimos como o professor estudava na Escola Politécnica, um centro de irradiação dessa doutrina. E agora residia bem perto da sede do Apostolado (Travessa do Ouvidor, nº 7).

A Igreja Positivista Brasileira, chefiada por Teixeira Mendes e Miguel Lemos, criara uma dissidência dentro do movimento internacional, vindo a ofuscar os núcleos parisienses dos discípulos de Augusto Comte. Muitas das suas ideias (separação entre a Igreja e o Estado, liberdade de

UM JOVEM DÂNDI DA VIRADA DO SÉCULO (1881-1903)

imprensa, reforma do ensino, proteção ao indígena e ao trabalhador) podiam ser consideradas avançadas. Eram, entretanto, antifeministas e contra o divórcio, e pregavam uma ditadura republicana "esclarecida". Apesar de a Lei dos Três Estados (teológico ou fictício, metafísico ou abstrato, científico ou positivo) sugerir o ateísmo, na prática os positivistas brasileiros criaram uma nova religião, sincrética com o catolicismo. Ao afastar-se do grupo em 1883, Benjamin Constant acusou Teixeira Mendes de "clotildolatria", ou seja, o culto exagerado a Clotilde de Vaux, discípula e musa de Comte no seu período final, que foi equiparada à Nossa Mãe Santíssima. Politicamente, eles exerceram grande influência entre militares e cientistas nos primeiros anos da República.

Coelho Barreto era positivista de primeira hora, o que transparece até na sua tese de logaritmos, ainda bacharel. Seu pequeno Paulo, aos dois anos, recebeu o "sacramento da apresentação" ao lado dos filhos de Miguel Lemos e Teixeira Mendes. O mesmo aconteceu com Bernardo Gutemberg, nascido três anos depois. As aulas de matemática e astronomia do professor eram frequentemente transformadas em ilustrativas palestras com os alunos, que não se limitavam às matérias do curso ou aos preceitos da filosofia de Comte. Provocava discussões sobre assuntos gerais, os acontecimentos do dia, até sobre os fatos e tendências da política, estimulando os alunos a sustentar opiniões. Um ex-aluno afirma que, com as suas considerações filosóficas, "nos arrastou ao templo da Rua Benjamin Constant para ouvir as conferências dominicais de Teixeira Mendes". Seu anedotário inclui ainda, numa viagem à Europa em 1891, um atrito em Monte Carlo com um aristocrata alemão, por ter, como bom republicano, recusado a se levantar à sua passagem. No turbulento governo de Floriano Peixoto (1892-1893), combateu o ditador, apoiando os federalistas gaúchos, sendo punido com o afastamento do magistério e reintegrado apenas depois da posse de Prudente de Moraes.

Há poucas pistas do período escolar de Paulo Barreto. Num artigo escrito no início da carreira afirma ter estudado no colégio do mosteiro de São Bento "sob a arguta vigilância do padre Loreto", sem especificar a data. Os livros de matrícula existentes do arquivo do colégio confirmam que andou por lá em 1894 e 1895, mas apenas nas aulas de português. Foi ali que, por um simples acaso, iniciou-se na literatura e no jornalismo. Escreveu em 1915:

> No meu colégio havia um (jornal de estudantes), chamava-se *O Ensaio*. O mais idiota dos rapazolas colegas fizera-se redator em chefe. Um outro, não menos parvo, era secretário. Mais outro, que acabou encostado de sacristia e ajudante de missa, tesoureiro. E esse bando de pirralhos, apesar de não aprendido português, doutrinava, soneteava, cantava. (...) eu, grande jogador de pelota basca, imaginando frontões em cada parede, ria daquele dogmatismo, e, de uma feita, também quis escrever, por despeito. Escrevi. Não podia deixar de ser um exercício de composição. E eu, aos 12 anos, achei-me sentado à mesa, com a mão na fronte, escrevendo a psicologia da mosca. A meu lado, dois dicionários, no chão, papel rasgado, em torno algumas moscas, naturalmente assustadas com o que poderia resultar da catilinária. E eu escrevi solene, entre outras coisas congêneres, como fecho de ouro do trabalho magistral — a mosca é o exemplo da volubilidade humana... Oh! Essa frase! Talvez as moscas m'a tenham perdoado. Eu, porém, quando a vi impressa negrejando logo acima do meu nome, senti uma tal dose de ridículo que passei o dia inteiro a arquitetar a maneira de escapar à responsabilidade dela.

Analisando "Impotência" e "Ódio", seus dois primeiros textos de ficção, publicados aos 18 anos, vemos que são os únicos em toda sua obra a tocar nesse período escolar. Há muitas semelhanças entre as descrições: "casarão enorme, de janelas gradeadas e portas baixas/ velho casarão cercado de árvores bem tratadas e grandes"; "acordando de madrugada

UM JOVEM DÂNDI DA VIRADA DO SÉCULO (1881-1903)

com a regularidade do banho de turmas, de calção de meia e minutos contados/ o banho, às cinco da manhã, acordando com a cabeça pesada com o estridular das campainhas elétricas e a gargalhada da criançada". Refere-se à aula "do ilustre padre Osório que (...) infuriara um dia" vendo-o dormir diante de uma sábia explicação teológica. O personagem do segundo conto chega a ser expulso do colégio como desordeiro. Em ambos os textos os protagonistas, por volta dos sete anos de idade, estão matriculados como pensionistas (internos) num colégio "aristocrata". São coincidências suficientes para supor que a ficção parta de alguma base real.

Apesar de, no futuro, seus adversários insistirem em atacar a precariedade de sua educação formal, além do português Paulo Barreto teve boa formação em matemática, ensinada pelo próprio pai, que, quando ele fez 15 anos, lhe dedicou uma coleção de apostilas manuscritas intitulada *Teoria completa da numeração*. No mesmo ano de 1896, segundo dois necrológios publicados quando de seu falecimento, fez concurso no Ginásio Nacional, onde teria sido aprovado em letras. Infelizmente essa documentação não existe mais, ou não está disponível. Foi autodidata no aprendizado de francês, geografia, história e literatura. Na interessante introdução do seu manuscrito matemático, o professor Coelho Barreto declara esperar que os dois filhos entrem na Escola Naval e façam carreira na Marinha, apesar da "saúde frágil" do caçula. Com efeito, Bernardo Gutemberg faleceu aos 12 anos. O próprio Paulo Barreto era doentio, e talvez por isso não tenha ingressado na carreira militar. De qualquer maneira, bacharel em letras, não cursou nenhuma universidade.

Além da oposição entre os ensinamentos católicos e positivistas, o jovem Paulo, superprotegido depois da morte do irmão, tinha dentro do próprio lar divergências na influência dos pais. Segundo Gilberto Amado, d. Florência tinha "egocentrismo de atriz, ansiosa de aproveitar tudo na vida (...) passou-lhe todos os dengos, molezas, quindins, trejeitos e ademanes [que] o tornavam repugnante aos austeros". Era, portanto, muito diferente do marido, "quase um santo". Mas nem por isso incapaz de lances picarescos e imprevistos. Luiz Edmundo teria contado a Raimundo Magalhães Júnior a reação do professor a um popular que olhara com cobiça o traseiro de Florência. Coelho Barreto teria reagido gritando pela rua: "Mas é minha! É só minha!"

O ambiente familiar era perturbado também pela interferência da avó e das tias. "As duas solteiras açulavam os maus instintos da velha e eram elas que faziam a chuva e o bom tempo na casa." D. Gabriela foi definida pelo neto como "uma velha tonitroante, meio advogada, meio general". Thimocleia,

> sempre meio aluada, vertiginosamente envelhecida, ora na casa de uma irmã, ora em outra, ela era, sem que ninguém o dissesse, a inferior, a que vive do favor alheio (...) era, porém, independente. De repente rebentava em impropérios, dizia a verdade à irmã caridosa, e partia a aboletar-se na casa de outra (...) chegava no auge da indignação (...). Vinha sempre para sempre — com as malas. Primeiro contava os horrores de que fora vítima. Depois entrava na alcova e despia o traje de gala, porque saindo poucas vezes e amando as pompas como as crianças, os seus raros vestidos de rua eram quase vestidos de baile, com seda, rendas claras, vidrilhos (...). A pobre acordava às matinas, onde estivesse. Ela mesma fazia o seu café. Depois, encostava-se à janela e ficava a ver o nascer do dia.

Continuando, com trechos memorialistas de futuras crônicas:

> Eu era menino de primeiras letras e já conhecia Bilac, graças às relações de minha família com casas onde Bilac ia, onde se falava de Bilac. Era no fim da monarquia (...). Há impressões de infância que nos ficam na memória. Nunca mais esqueci aquele momento

UM JOVEM DÂNDI DA VIRADA DO SÉCULO (1881-1903)

em que eu, criança, me batia contra um enorme sorvete de creme na confeitaria Pascoal, e ouvi a baronesa de Mamanguape dizer:
— Oh! Sr. Olavo Bilac!
(...) Foi a primeira vez que vi o poeta. Eu desejava ser assim e tinha talvez sete anos.

Um pouco mais tarde, sempre levando em conta suas próprias palavras, fascinou-se com as peças, contos e crônicas de Artur Azevedo, "o homem que eu queria ser aos 11 anos (...) lia tudo quanto escrevia. Sabia pedaços das suas comédias (...). Ninguém para mim no mundo era comparável ao Artur". Em 1897, já adolescente, conseguiu, com pistolão de um médico de família, penetrar na coxia do teatro Recreio, onde era ensaiada *A capital federal*. Ficou deslumbrado com as luzes, a música, o cenário, as coristas, mas principalmente com a estrela Pepa Ruiz ("coberta de joias como um ídolo asteca e fumando charuto") e o cômico Brandão (o das mil caras).

Influenciado pelo positivismo paterno, enveredou pela literatura realista de Balzac, Dostoievski, Eça de Queiroz e outros. Nada ainda que o distinguisse de outros jovens cariocas de sua geração.

* * *

Os Coelho Barreto não eram abastados nem possuíam casa própria, mudando frequentemente de endereço. O mesmo acontecia com os outros familiares, com a exceção de Eponina. Em 1901, a avó e duas tias de Paulo foram despejadas judicialmente, tendo a mobília confiscada, depois de iludidas por um tenente-coronel da Guarda Nacional (Raphael Archanjo da Fonseca) num episódio passional digno de nota.

Esse militar vivia maritalmente, pelo menos desde 1890, com Adelina dos Santos, com quem teve duas filhas. Eles moravam, mais a velha Gabriela e a semi-inválida Thimocleia, numa casa de vila na Cidade Nova, alugada em nome dele. Raphael Archanjo, tal como o dr. Joaquim Cristóvão, gostava muito de mulata, mas não para casar. Abandonou a mãe e as filhas, desposando Ana Fraga, branca e portuguesa. O proprietário da vila, sem receber os aluguéis, acionou a Justiça, que decidiu pelo despejo e o confisco da mobília. As mulheres, auxiliadas pelos parentes, mudaram-se para a Glória, mas meses depois voltaram para a Cidade Nova.

Sem pai rico e com um mal cortado paletó cinzento e surrado, o jovem Paulo começou bem cedo a trabalhar. Sobrinho de Ernesto Senna (redator importante do *Jornal do Commercio*) e contraparente de José do Patrocínio (proprietário de *A Cidade do Rio*), gostando de escrever, foi logo atraído pelo jornalismo. Mas o primeiro texto assinado com seu nome saiu em outro jornal, *A Tribuna*, do eloquente e sempre governista Alcindo Guanabara, em junho de 1899. Foi uma crítica da peça de Ibsen *Casa de bonecas*, encenada por uma diva portuguesa no teatro Santana. O estilo é bombástico e paradoxal ("vibração ideal de verdade, um sentimento degenerado de desorganização psíquica, uma nevrose de epilética na atriz Lucília (...) empolga-nos profundamente, grandiosamente a nós outros, moços de sangue novo"). Tinha 18 anos incompletos.

Quinze dias depois começou uma colaboração regular em *A Cidade do Rio*. Esse jornal, órgão principal da gloriosa campanha abolicionista, tinha a cara de seu dono: virulento, generoso e desorganizado. Segundo o jovem colaborador ("Recordação saudosa", *A Notícia*, 14/5/1910), Patrocínio "era irreprimível, era impetuoso (...) como certos fenômenos da natureza que os poetas corporificam em deuses. Preto, musculoso, bocarra aberta e pulso generoso, só teve na vida uma atitude: a de portador de raios, a de fulminante (...) ora chamando-nos de gênio, ora achandonos piores que a poeira". Na virada do século, empobrecido no combate ao presidente Campos Salles, perdeu os principais colaboradores (Bilac, Coelho Neto, Guimarães Passos, Emílio de Meneses), prefe-

UM JOVEM DÂNDI DA VIRADA DO SÉCULO (1881-1903)

rindo apostar em novos talentos como o próprio Paulo Barreto, Vivaldo Coaracy e Joaquim de Salles. *A Cidade do Rio* "nada mais é do que uma simples gazeta de boêmios que se faz, um pouco, pelas mesas da Pascoal e da Cailteau, entre copos de cerveja e cálices de *cognac*, grandes frases de espírito, grandes gestos". Luiz Edmundo registra em *O Rio de Janeiro do meu tempo*: "Os grandes escritores escreviam à luz de velas fincadas em garrafas vazias. Havia também muitas garrafas de cerveja cheias, que no fim podiam servir de castiçais." Datas importantes para a comunidade negra, como o 13 de Maio e o Carnaval, eram comemoradas com dispendiosas bocas-livres de feijoada e vinho do Porto. Num lugar desses, o pagamento era incerto, mas, algumas vezes, generoso. Anos depois, de maneira indireta, esse tempo vai ser recordado:

> Um jornalista admirável dizia aos rapazes de quem ajudava a estreia. Trabalhe, escreva, esforce-se durante seis meses. Se ao cabo deste tempo não tiver recebido nenhuma carta anônima, quebre a pena, porque é um pastrana.
> Esse jornalista, José do Patrocínio, disse o mesmo a um inseparável amigo meu, quando, menino estudante, pretendia escrever no seu jornal. O meu amigo riu com certo acanhamento e publicou um artigo insuportável de citações e de criancice. Depois de lê-lo teve vergonha, e ia não sei se dormir ou suicidar-se. Mas o gerente lhe entregou uma carta. Era anônima. Chamava-o de todos os horrores imagináveis. Trêmulo, pálido, o rapaz relia o papel imundo quando Patrocínio rebentou pela gerência.
> — Que é isso?
> — Uma carta anônima.
> — A quem?
> — A mim.
> — Já?
> Houve um tumular silêncio. Depois Patrocínio meteu a mão no bolso.
> — Você escreve que ninguém compreende. O seu artigo não presta.

Mas seria um crime não o animar. Uma carta anônima ao primeiro artigo! Nunca vi estreia assim. Tome cem mil-réis. Você vai longe.

Paulo Barreto ficou ali até o final de 1900, quando a ingerência crescente da mulher e do filho do proprietário tornaram a situação insustentável. Quando o velho Zé do Pato se afastou definitivamente (maio de 1902) para dedicar-se com exclusividade à construção do balão Santa Cruz em São Cristóvão, ele não era mais colaborador. Entre janeiro de 1901 e março de 1902 escreveu consecutivamente em *O Paiz*, *O Dia* e *O Correio Mercantil* — esses dois últimos de curta duração.

Em que consistiu a produção do jovem jornalista, nesse pouco conhecido período de iniciação?

Paulo Barreto surgiu como um paladino do realismo e do naturalismo contra os românticos, e, principalmente, contra os simbolistas. Esses "usavam roupas esquisitas, embebedavam-se, andavam sujos e cantavam numa apoteose nevrótica, de palavras azuis e brancas, todos os vícios proibidos", e por causa deles "os métodos científicos vão por terra, todo o trabalho de gerações para a obra da Verdade, que começa no século XVI, termina aqui bruscamente diante da vara de um mágico ou da gritaria cavernosa do simbolismo". O naturalismo é a "arte sã" e só o realismo "fará a liberdade plena do escritor (...) o ataque às convenções, aos imitadores, aos impotentes". É muito rigoroso com os literatos nacionais: Casimiro de Abreu ("baboseiras em maus poemas e mau português"), José de Alencar (finge "ser original"), Coelho Neto ("a cada romance mimetiza nova escola"). Só elogia Aluísio Azevedo e Adolfo Caminha. Sua função de jornalista seria "plantar convincentemente o naturalismo, o realismo d'arte no torrão mole e indolente do Brasil com toda a nossa alma moça de 20 anos", nem que para isso precisasse aparecer "de chicote na mão". "Nós, os moços que se batem pela reação naturalista queremos o Socialismo, mesmo pelos mais violentos métodos como uma erupção

UM JOVEM DÂNDI DA VIRADA DO SÉCULO (1881-1903)

primária da Anarquia, à bomba." Há muitas citações (Comte, Wilde, Verlaine, Byron, Guerra Junqueiro), nem sempre as frases se sucedem sem atropelo, e a pontuação vez por outra prejudica o entendimento, ao invés de ajudar. Essas opiniões, muito próximas do positivismo, pertencem ao século que findava, e logo serão superadas.

Como crítico, adotou o pseudônimo de Claude (usado por Émile Zola, o grande escritor naturalista, na mesma atividade). Sua contribuição mais importante é para as artes plásticas, como a cobertura que fez do Salão de Belas Artes por cinco anos consecutivos.

Ao contrário dos pintores estrangeiros que trabalharam entre nós (Post, Rugendas, Debret, Taunay, Modesto Brocos), os artistas nacionais evitavam cenas de costumes populares, preferindo o paisagismo, o retratismo, o épico histórico, o indigenismo, a natureza-morta. Rodolfo Amoedo, Henrique Bernardelli e Belmiro de Almeida eram os expoentes dessa arte bem-acabada, mas quase sempre alienada. As poucas exceções — os retratos caipiras de Almeida Júnior ou certas paisagens de Antônio Parreiras e Batista da Costa onde se esboçam uma cor e uma luz "brasileiras" — incluem-se ainda na arte acadêmica. As investidas são impiedosas. O Salão "é mais que pobre, é mais que paupérrimo (...) a impressão que deixa é medíocre (...) não há nesses quadros nada de pessoal, nem mesmo de acadêmico. São trabalhos bem cuidados, certinhos, de uma banalidade chocante, de uma inépcia em estudantes de Desenho". O crítico declara ter "a alma desolada de ver a escola expositora invadida pelos pintores de portas e as senhoras desocupadas". A crítica especializada é generalizada como "hilariante", "feita de senhores a quem em primeiro lugar falta o imprescindível senso estético", cuja "retórica mofada (...) à cata de presentes dos expositores" ataca sem saber por que e defende "sem absolutamente falar em arte".

No primeiro dos muitos paradoxos que marcarão sua vida e carreira, Paulo Barreto desprezou a pintura naturalista, que seria o equivalente de suas preferências literárias. Os únicos pintores que elogiou, Elyseu Visconti e Helios Seelinger, têm inclinações *art nouveau* e impressionistas. Hoje em dia, analisando retrospectivamente, não há como condenar o gosto sofisticado do jovem jornalista.

Como ficcionista sua estreia foi escandalosa, embora pouco conhecida. O tema de "Impotência", publicado em *A Cidade do Rio* duas semanas depois de sua maioridade, é ousado ainda hoje. Gustavo Nogueira, 70 anos, virgem, relembra sua longa vida inútil num palacete de mármore cor-de-rosa, decorado com rosas vermelhas e cortinas de filó d'oiro. O conto mostra uma forte influência de *Às avessas/À rebours*, de Huysmans, a bíblia do decadentismo, livro que influenciou Oscar Wilde. Vemos que já se afastava do naturalismo. São especialmente notáveis as inclinações homossexuais do personagem, então assunto pioneiro. "A carne acendera-se na brutalidade do desejo, com saudades pelas horas de recreio onde rapazes de 18 anos (...) tinham delicadezas especiais para consigo, brincando com seus cabelos crespos (...). Um pedaço de saia causava-lhe nevrose, o cheiro dos criados estonteava-o, dera até para enfeitar-se, ajustando a calça, penteando delicadamente os cabelos, polvilhando de pó de arroz (...) apaixonara-se repentinamente pelo jardineiro forte e musculoso, mas o pobre homem respondia às intimidades (...) com sorrisos e monossílabos respeitosos", sonhando com "gigantes que lhe roubavam beijos com força e violência". Não se concretiza também, mais tarde, seu interesse por um estudante radical, nem a orgia que planejara com prostitutas. Gustavo Nogueira não se decide, e quando nota, o tempo passou. Ao ver-se no espelho envelhecido, desmaia.

O segundo e último conto dessa primeira fase saiu nove meses depois. Trata-se de "Ódio" ou "Páginas do diário de um anormal", outra peça curiosa. O narrador (Fábio de Aguiar) rememora sua infeliz relação com Felisbrino dos Santos, ex-vizinho de infância, ex-colega de internato. Esse é pequeno, linfático, cabelos negros, "ar de velho", lábios finos e descora-

UM JOVEM DÂNDI DA VIRADA DO SÉCULO (1881-1903)

dos, voz viscosa e morna "com a sonoridade do arrastar das serpentes por entre as folhas secas". Embora declare odiá-lo "instintivamente" por uma "força superior a todo ser, que me impedia, que me forçava", Fábio não consegue se libertar do desafeto. Quer surrá-lo, libertar-se da sua companhia. Ao descobri-lo no mesmo colégio, de "dormitório frio e mudo, onde aos montões dormiam corações prostibulando-se num contato torpe de quartel", sentiu "uma contração no baixoventre". Um dia, um contato casual traz a possibilidade de sexo. "Pôs nos meus joelhos as suas mãos moles, tumefatas, com umas unhas arroxeadas e largas — mãos idiotas e degeneradas", com "quentura". Fugindo das conversas imorais de Felisbrino, Fábio resolve reagir, transtornado pela "nevrose de gozar a dor da sua dor". Ensaboa um degrau da escada, causando-lhe um desmaio. Comanda uma vaia coletiva na porta da escola, e num crescendo obsessivo esbofeteia-o em plena sala de aula, sendo expulso do colégio. Anos depois, ao encontrar o ex-colega no camarim de um ator, não resiste ao "delicioso prazer de espancá-lo", provocando um bafafá. Mas, quando finalmente sabe da morte dessa sombra infernal, sente uma enorme frustração por não tê-lo morto com as próprias mãos "no supremo gozo do ódio!". São muitas as alusões à volúpia que Fábio sente em surrar o companheiro, que por sua vez não o larga, num relacionamento sadomasoquista de fundo homossexual.

As críticas do Salão de Belas Artes de 1900 apresentam outra característica do seu estilo em formação: diálogos com personagens fictícios, de fundo satírico. É o aluno André, "bota de pelica, calças de cachemira meio claro, redingote, luvas cor de ouro velho (...) monóculo com aro de tartaruga", sempre "fulgurante", um perfeito dândi. Essa poderia ser uma descrição do próprio Paulo Barreto, ou o *alter ego* do que almejava ser. Isso não o impediu de ser agressivo, e mesmo brutal, com outros escritores adandinados. Elysio de Carvalho foi duramente atacado na coluna "Crítica literária" por sua tradução de Oscar Wilde (*A balada do enforcado*), sendo tachado de analfabeto em inglês e desafiado a ler um livro nesse idioma diante de testemunhas idôneas — fato cobrado duas semanas depois. Félix Pacheco, um dos simbolistas de segunda geração, foi devidamente arrasado em sua monografia sobre Evaristo da Veiga, "livro perfeitamente insignificante, em estilo velho e grotesco, de uma mediocridade uniforme e aterradora".

***

Paulo Barreto passou a frequentar o badalado Café do Rio, na esquina das ruas do Ouvidor e Gonçalves Dias, onde senadores e deputados, jornalistas e estudantes revezavam-se num borborinho ensurdecedor. Segundo narrou futuramente, o proprietário, o velho Brito, não gostava de jovens literatos, mas

> por fatalidade os literatos eram fregueses permanentes e por coincidência obrigatoriamente íntimos. Como não havia dinheiro e mesmo na boemia passara a moda da embriaguez, as rodas sentavam-se, pediam um café, um copo de água gelada e ficavam ocupando a mesa, às vezes cinco ou seis horas. Os garçons, com um sorriso de desprezo superior, ouviam os discursos e nunca hei de esquecer de um, tremendamente confiado, que quando a roda ia levantar depois do café com água gelada, indagara:
> — Não são servidos de palitos?
>
> Éramos talvez uns 10 traquinas com ideias de elegância, estudando a maneira *fashion* de andar, o tom *up-to-date* de cumprimentar, com o interesse que nos atirávamos às capas amarelas das brochuras francesas. A nossa opinião sobre o Brasil fizera-se definitiva: tínhamos decretado que não existia (...). Nós éramos estrangeiros.

Depois do passa-fora, nosso amigo e sua turma invadiram o Café Paris, instalado num dos melhores prédios do Largo da Carioca, com

UM JOVEM DÂNDI DA VIRADA DO SÉCULO (1881-1903)

três andares, uma dezena de janelas e as tradicionais compoteiras de cerâmica no telhado. Chão de madeira, mesinhas pé de galo com tampo de mármore, muitos espelhos na parede, e, nos intervalos desses, pinturas a óleo de gosto duvidoso. À direita de quem entra, comunica-se com a charutaria. No fundo está o restaurante, também espelhado, com as mesas entoalhadas até os pés, os cabides metálicos, os guardanapos em riste saindo dos copos: um dos mais chiques e bem frequentados da capital federal. Na virada do século, não saíam de lá pintores como Helios Seelinger, os irmãos Chambelland e Thimóteo da Costa; o dândi simbolista Gustavo Santiago, sempre vestido de negro, e seus companheiros Luiz Pistarini, Colatino Barroso e Carlos Fernandes; o genial flautista Patápio Silva; Trajano Chacon, admirador da literatura russa e fundador da revista *Atheneida*; Luiz de Castro, crítico musical amante da música de Wagner; e o então poeta e futuro memorialista da cidade Luiz Edmundo.

Segundo esse, nesse local boêmio surgiu "a figura simpática e gordalhona do (...) adolescente imberbe (...) levando sob o braço o último número do *Mercure de France*, as últimas semanas do *Le Figaro* e do *Journal* (...) rapazote de carão largo e pálido, olhos dolentes a rolar no fundo de profundíssimas olheiras (...) ao canto do olho melífluo e sentimental, um monóculo". Há uma caricatura de Gil, publicada em 1903 na revista *A Avenida*, que comprova a descrição.

As discussões literárias sacudiram suas ideias moralistas, levando-o a sentir-se atraído pelo aspecto "degenerado" dos que anteriormente condenara. Raspou o rosto inteiramente. Na época em que praticou tal imprudência, a cara rapada só era tolerada nos atores e nos padres, e os pioneiros da novidade eram seguidos nas ruas aos assobios pelos molecotes. Vestia, vez por outra, um fraque branco (como o protagonista de *Às avessas*) ou um terno verde com bengala da mesma cor (como o *Monsieur de Phocas*, de Jean Lorrain). Não podia deixar de se fazer notar. Um colete cor de cereja causou um princípio de vaia no teatro Lírico.

Segundo o depoimento de Luiz Edmundo em suas memórias, organizou-se a partir das reuniões de início da noite no Café Paris um grupo literário batizado Zodíaco, no qual cada jovem membro tinha o codinome de um signo. A já fraca memória do cronista recorda-se apenas do nome de quatro participantes, além dele mesmo (Leão). Luiz Pistarini era Áries; Cardoso Júnior, Peixes; Benjamin de Viveiros, Sagitário; e Paulo Barreto, Escorpião. A escolha desse símbolo do sensualismo, da morbidez e da morte, e não do seu signo real (Leão), mais positivo e solar, já indica uma tendência "maldita" da qual o jovem jornalista não se separará jamais.

O quadro *Boemia*, de Seelinger, pertencente ao Museu de Belas Artes no Rio de Janeiro, é muito significativo desse clima sombrio. Em torno da mesa de um bar, um grupo de homens observa uma cigana (boêmia) exibir-se, ao som de um violão e um piano. Entre os espectadores é possível reconhecer as fisionomias dos pintores Rodolfo Chambelland e Thimóteo da Costa, do poeta Luiz Edmundo, da atriz Plácida dos Santos e dos críticos Gonzaga Duque e Paulo Barreto. Esse surge na extrema esquerda alta da tela, com chapéu, luvas brancas e bengalinha. A obra sem dúvida é uma reminiscência das reuniões de A Furna, como era conhecida a casa do pintor na esquina da Rua do Catete com a Ladeira Guaratiba. As farras barulhentas, com violão, gaita e poesias, reuniam, além dos já citados, também os caricaturistas K. Lixto e Raul Pederneiras.

***

Com a falência do efêmero *Correio Mercantil* em março de 1902, e do velho *A Cidade do Rio* no mesmo ano, pela primeira vez Paulo Barreto sentiu falta de espaço na imprensa, fechada "às minhas revoluções literárias de adolescente. (...) O jornal dava-me a impressão de turbilhão, onde fosse preciso bracejar incessantemente. Eu via a inveja (...) a calúnia sórdida, sentia a peçonha dos literatos emasculados, a ignorância re-

UM JOVEM DÂNDI DA VIRADA DO SÉCULO (1881-1903)

calcitrante dos políticos, a trama da ambição e do negócio. Teria de viver toda a vida assim: resistiria, naufragaria? E eu que sonhava escrever tantos livros importantes! (...) quis recuar, pensei em profissões tranquilas, um momento chegou a passar-me pela mente a possibilidade de vir a ser empregado público". Pensa na carreira diplomática: "Via-me em viagem. Via-me em Paris, de casaca. Quem não se imagina uma vez em Paris, de casaca?" Seguia o exemplo de companheiros da boemia dourada que abraçaram essa carreira, e resolveu pleitear uma vaga na comissão de fronteiras com a Colômbia, tendo como intermediário o embaixador Domício da Gama.

Certa manhã, tomou uma barca até o porto de Mauá, no outro lado da baía de Guanabara, de onde um trem conduzia os passageiros até Petrópolis, onde, desde o final do ano, o barão do Rio Branco preparava a reforma do corpo diplomático. Esse, então com 57 anos, filho de um importante político do Segundo Império, foi jornalista e deputado antes de ser diplomata, atividade em que se destacou. Mas a seriedade não o afastou, quando jovem, da boemia, nem das grandes paixões. Teve um sério envolvimento amoroso com uma dançarina belga da companhia Alcazar, Marie-Philomène Stevens, com quem futuramente veio a se casar e ter filhos. Em 1902, o barão acabara de assumir o Ministério das Relações Exteriores, onde faria uma excelente gestão, consolidando as fronteiras brasileiras com tratados definitivos. Paulo Barreto recordou o encontro:

> O homem extraordinário estava de sapatos pretos, calça de brim branco, colete (...) jaqueta de alpaca negra. Tinha a mão direita no bolso da calça. Na cabeça dominadora, os seus dois olhos percorriam-me frios.
> — Sente-se. O sr. Domício falou-me do senhor. Está há muito tempo em Petrópolis?
> — Subi hoje, Excelência.
> — Então trabalha em jornal?

— Transitoriamente, sr. barão.
— Também já trabalhei em jornais. Gosto muito. Os meus primeiros tempos de mocidade passei-os a escrever nos jornais.
— Sei que V. Exa. foi um dos nossos mais notáveis jornalistas.
— Simples rabiscador.
— Oh! Não...
Um silêncio caiu. Lamentável cena.

Depois de afirmar secamente que as vagas para a missão na Colômbia estavam preenchidas e ser "indispensável" o concurso público para a carreira diplomática, o barão despachou o jovem pretendente, que por ser gorducho e amulatado estava bem distante do tipo garboso preferido pelo chanceler para povoar o Itamaraty. Paulo Barreto, segundo seu amigo Gilberto Amado, era "muito moreno". Para Pedro Nava (*Balão cativo*), "era mulato indisfarçável, daquele verde desmaiado e precioso que só se encontra nos mestiços cariocas... beiços grossos e roxos".
Voltando ao Rio e sabendo de um amigo que era essencial "pedir empenho" (arranjar pistolão), nosso jovem idealista deixou escapar uma pergunta inocente:

— Mas é preciso empenho, mesmo com concurso?
— És criança demais!
(...) e eu, que vira o mundo se abrir tão claramente, resolvi não pedir.

Continuando, assim, na vida jornalística.

* * *

O jornal, na alvorada do século, é ainda a anêmica, clorótica e inexpressiva gazeta da velha monarquia (...) poucas páginas de texto, quatro ou oito. (...) Paginação sem movimento ou graça. Colunas

UM JOVEM DÂNDI DA VIRADA DO SÉCULO (1881-1903)

> frias, monotonamente alinhadas, jamais abertas. Títulos curtos. (...) Desconhecimento das manchetes e outros processos jornalísticos (...). Tempo do soneto na primeira página, dedicado ao diretor ou ao redator principal. (...) Começa, geralmente, pelo artigo de fundo (...) de ar imponente e austero, mas rigorosamente vazio de opinião.

Essa descrição da imprensa carioca por Luiz Edmundo, embora correta, é apenas parcial. O grosso dos diretores fazia do fisiologismo uma prática, sempre dispostos a apoiar o governo em troca de "algum", e combatê-lo pela melhor oferta. Nas colunas "a pedidos" eram publicadas denúncias anônimas, facilitando a chantagem. No entanto, desde os tempos de d. Pedro II reinava a liberdade de imprensa, interrompida apenas no governo de Floriano Peixoto. Dezenas de folhas de todas as tendências, do anarquismo ao jacobinismo, passando pela restauração da monarquia, formavam a imprensa nanica de então.

A grande imprensa consistia nos jornais matutinos, a maioria deles com sede na Rua do Ouvidor, então a mais movimentada da cidade. O *Jornal do Commercio* é o mais antigo. Dirigido por José Carlos Rodrigues, com opiniões conservadoras, nele trabalha Ernesto Senna, tio de Paulo Barreto. O *Jornal do Brasil* é o mais popular. Igualmente conservador, alinhado à política católica pelos diretores Fernando e Cândido Mendes. Afonso Celso destaca-se entre seus jornalistas. *O Paiz*, tido como o mais fisiológico dos grandes, é dirigido por João Lage, e conta com a colaboração diária de Artur Azevedo. A *Gazeta de Notícias*, favorita da elite cultural, tem uma tendência mais liberal, comandada por Ferreira Araújo, depois por Henrique Chaves. Seus colaboradores (Coelho Neto, Olavo Bilac, Emílio de Meneses) eram os mais bem pagos da imprensa brasileira. Em 1901 surge o *Correio da Manhã*, fundado pelo advogado Edmundo Bittencourt, cuja independência marcou época.

Os jornais vespertinos são menos informativos e mais dominados pelas personalidades de seus proprietários — vimos o típico exemplo de *A Cidade do Rio*. O mais vendido, *A Notícia*, tem como principal atrativo os contos e crônicas de grandes nomes como Medeiros e Albuquerque, Bilac, Coelho Neto e Artur Azevedo.

A renovação da imprensa brasileira começou no *Jornal do Brasil* e na *Gazeta de Notícias*. A última, notadamente, divulgou as principais novidades surgidas em Paris e Londres: manchetes, subtítulos, reportagens, entrevistas, caricaturas. A ida de Paulo Barreto para esse jornal como revisor, por indicação do deputado fluminense Nilo Peçanha, é uma prova inequívoca de prestígio, e vai colocá-lo novamente no centro do "turbilhão" do jornalismo, dessa vez para sempre.

Não apenas a imprensa passava por uma renovação radical. A própria capital da república passou por grandes mudanças no governo Rodrigues Alves, que assumiu com os cofres cheios, graças à impopular austeridade financeira de seu antecessor (Campos Salles). O novo presidente reuniu uma equipe de notáveis. Rio Branco na pasta das Relações Exteriores, Lauro Müller em Viação e Obras Públicas, Leopoldo de Bulhões na Fazenda, Oswaldo Cruz na Saúde Pública.

Entre esses estava Pereira Passos, velho funcionário sexagenário da Estrada de Ferro Central do Brasil, na Prefeitura do Rio. Ele recebeu plenos poderes para fazer a reforma urbana e o saneamento da cidade, diretamente inspirados na reforma de Paris realizada pelo barão Haussmann cinquenta anos antes, no governo de Napoleão III. Paralelamente, foi ampliado o porto. Não era sem tempo: a umidade e o calor cariocas provenientes do grande número de mangues, mais a falta de esgotos (os dejetos eram atirados nas praias) e de ventilação, ajudavam a proliferação de epidemias. Em 1891, por exemplo, 13 mil pessoas morreram de febre amarela, varíola, malária, peste bubônica ou tuberculose. O Rio de Janeiro passou a ser evitado por navios estrangeiros, e foi suplantado por Santos como principal porto exportador.

UM JOVEM DÂNDI DA VIRADA DO SÉCULO (1881-1903)

A reforma era ambiciosa e de longo prazo. Em menos de uma década desapareceram todas as praias e prainhas entre o Arsenal de Marinha e o Caju. A prefeitura e a saúde pública proíbem hortas e galinheiros no perímetro urbano; legislam contra os chalés de madeira, favorecendo os sobrados; interditam a venda em via pública de vísceras expostas às moscas; abolem a ordenha de vacas em plena rua; caçam milhares de cães vadios e ratazanas empesteadas. A construção da Avenida Central (atual Rio Branco) foi conseguida após o despejo sumário de 20 mil pessoas e a derrubada de dois mil imóveis.

Foi o célebre "bota-abaixo" que enlouqueceu a cidade durante 1903 e 1904, exatamente o período em que Paulo Barreto assumiu na *Gazeta* a coluna "A Cidade", assinando misteriosamente X. Inspirado no J. Repórter (Gastão Bousquet) de *O Paiz*, comentava fatos cotidianos, com diálogos irônicos ao estilo Artur Azevedo. "A Cidade" durou cerca de um ano, sendo fonte interessantíssima de informação sobre a mentalidade carioca.

> Água! H_2O, líquido de luxo, que forma os oceanos, os rios, os lagos, e que se encontra em todos os pontos da terra ... exceto nos encanamentos do Rio de Janeiro! (3/10/1903)

> Mas o senhor queria que os prédios de cinco andares, as belas calçadas e as árvores nascessem espontaneamente, antes das demolições, antes do alargamento da rua?
> — Não, mas queria que isso andasse mais depressa! (7/10/1903)

> E é interessante (para não dizer revoltante) que só nos mostremos impressionados pelos aspectos da nossa vida essencialmente urbana, e preocupados com o saneamento do centro da cidade — quando o grande mal, o mal terrível, o mal hediondo está nessas furnas, nessas bibocas, nessas betesgas imundas da nossa White Chapell — onde ninguém sabe ler e ninguém toma banho. (10/11/1903)

A *Gazeta* transcreveu do *Panorama* de 1844 um interessante artigo sobre a necessidade de ser aberta no Rio de Janeiro "a avenida da Prainha ao Passeio".

— Façam a conta, e verão que, entre 1844 e 1903, há 59 anos! Já morreu o autor do artigo, já morreram quase todos os que naquele ano liam *Panorama* — e há ainda quem julgue uma loucura, uma despesa arriscada, uma expressão de megalomania, a abertura da avenida. Mas se Deus e os santos permitirem que vivamos até lá — havemos de ver que esses censores, no dia da inauguração, serão os primeiros a dizer: "Nós sempre dissemos que o Rio de Janeiro não podia passar sem uma avenida." (11/12/1903)

Infelizmente a coluna "A Cidade" deixou de sair em março de 1904, não comentando as revoltas populares de novembro sob o pretexto da vacina obrigatória. Na realidade, essas revoltas foram uma reação violenta do lúmpen despejado pelo "bota-abaixo", insuflado pelos positivistas (que eram contra a vacina) e alguns militares, que aproveitaram a confusão para tentar, em vão, derrubar o governo. A repressão foi dura. Muitos revoltosos foram deportados para a região amazônica, onde grande parte morreu de malária e febre amarela.

Dias depois de estrear no novo jornal, Paulo foi logo brindado com esse soneto anônimo (possivelmente de Emílio de Meneses) publicado em *A Avenida*, como o segundo da série *Os prontos* (sinônimo de sem dinheiro na gíria da época):

> Quando sai da *Gazeta*, arranja a pose
> E, assestando o monóculo, solene
> Vai discutir o Téophile e o Taine
> Nas mesas do Paris, das 9 às 12.
>
> Contestar-lhe o saber não há quem ouse
> Atrevido, não há quem lhe condene

UM JOVEM DÂNDI DA VIRADA DO SÉCULO (1881-1903)

A crítica, as razões e a *mise-en-scène*
De afamado doutor em *quelque chose*.

O seu ar de pontífice dos novos
Faz perder o equilíbrio ao Camerino
Faz o Simas andar pisando em ovos.
Dizia-me o Chacon num grande apuro
Paulo Barreto é um crítico ferino
É o João Ribeiro próximo futuro!

O próprio Paulo deixou um depoimento sobre esse período, quando trocou o Café Paris pelo chique Restaurante Paris, na sala ao lado.

> Das 10 às duas da madrugada, salvo um ou outro par amoroso, ou alguma rapariga desolada por voltar só dos cafés cantantes, a roda era exclusivamente de políticos e jornalistas. E eu passei aí o período mais feliz da minha vida porque foi o período da saúde e do trabalho desesperado, para a conquista que todos nós temos a pretensão de tentar. (...) Nesta época trabalhava até de madrugada na *Gazeta*, seguindo o exemplo do chefe, e quando eu não ia cear na sua mesa com o Luiz de Castro, João Lopez, Salvador Santos, o amado Dr. Belisário de Souza e tantos outros — ia com Carlos Silva e Mário Cattaruza para uma outra (...). Era uma trituração de bifes, de ovos, de coisas picantes a mais não poder, comentando, discutindo, assassinando a adjetivos e gargalhadas (...) toda a humanidade.

Foi então que, aos 22 anos, nasceu João do Rio.

PARTE 2

O cinematógrafo vertiginoso e a alma das ruas
(1904-1915)

PARTE 2

O uso de pseudônimos era muito frequente na imprensa de então. Causaram pasmo e celeuma os incendiários Prudhome e Zé do Pato — ambos encarnações do velho Patrocínio. Coelho Neto preferia personagens shakespearianas (Caliban, Puck, Ariel) e Artur Azevedo, além de cronistas romanos (Juvenal, Petrônio), era também Gavroche e Frivolino.

Já vimos como Paulo Barreto fora Claude enquanto crítico de arte, e X. como cronista do cotidiano, tendo ainda assinado artigos esparsos como João Coelho e Caran d'Ache, uma homenagem ao grande caricaturista francês. Em 26 de novembro de 1904 surge um novo nome como o responsável pela reportagem "O Brasil lê": João do Rio. Não poderia adivinhar que essa alcunha viesse a suplantar sua verdadeira identidade, como um novo Felisbrino dos Santos, do qual não se libertará jamais.

A origem do novo pseudônimo foi durante muito tempo atribuída à admiração de Paulo Barreto por Jean Lorrain (*né* Paul Duval), o mais decadente de todos os decadentistas. Parece, no entanto, derivada de Jean de Paris, na verdade Napoléon-Adrian Marx (1837-1906), jornalista do *Le Figaro*. De Jean de Paris para João do Rio foi um pulo.

As principais entre essas primeiras matérias são entrevistas com diplomatas portugueses, italianos e japoneses sobre a questão da imigração. Essa estava sendo desviada para a Argentina por causa do famoso Relatório Rossi, que denunciava maus-tratos aos agricultores europeus em São Paulo por parte de fazendeiros até recentemente proprietários de escravizados. As declarações do ministro italiano, príncipe Cariatti, e do marquês Salemi Pace, enviados da Europa para verificar a veracidade das denúncias, levaram a uma reação da oligarquia cafeeira por meio do deputado Cândido Rodrigues.

* * *

De fevereiro a março de 1904, João do Rio publicou na *Gazeta* as célebres reportagens intituladas "As religiões no Rio". Muito se tem falado da origem francesa dessa obra, embora o autor declare ser ideia de Victor Viana, "o publicista excepcional (...) dos meus amigos de menino". De fato, *Le Figaro* publicara anos antes uma série semelhante de Jules Bois, posteriormente publicada em 1898 no volume *Les petites réligions de Paris*.

A estrutura das duas obras é a mesma: o narrador visita templos e sacerdotes de religiões desconhecidas de uma grande metrópole. Algumas seitas são comuns em ambas as obras, apesar dos títulos diferentes: *Les swendenborgiens/A nova Jerusalém*; *Vintras, Boullan et le satanisme/ O satanismo*; *Le culte de l'Humanité/A Igreja Positivista*. Apesar da opinião apressada de muitos, há mais diferenças do que semelhanças, principalmente no último texto, sendo o autor filho de um prosélito. Há escritos que beiram a estrutura das obras de ficção decadentistas, como "A missa negra", meio saída do *Là-bas* de Huysmans. Outros revelam confusão (*Os fisiólatras*), ou falta de densidade, como *O culto do mar*, um tanto ou quanto ralo. A maioria, no entanto, é jornalística. Maronitas, presbiterianos, metodistas, batistas, adventistas, israelitas, espíritas, cartomantes e até um frei exorcista do morro do Castelo são catalogados, descritos e observados com atenção e curiosidade.

As cinco reportagens sobre os cultos de origem africana vão mais além, pois atestam pesquisas pioneiras num assunto tão evidente quanto mal abordado, pois os estudos do professor Nina Rodrigues, feitos na Bahia, tinham circulação restrita e só serão publicados em livro três décadas depois. Guiado por um informante "inteligente e vivaz", o negro Antônio, movido a gorjetas, o narrador percorre a Cidade Nova, a Gamboa, o Santo Cristo e as cercanias da Praça Tiradentes, à procura dos africanos remanescentes e seus cultos. Suas informações são verídicas, e mesmo os cantos em iorubá (nagô) recolhidos por ele sobreviveram até os dias atuais.

O CINEMATÓGRAFO VERTIGINOSO E A ALMA DAS RUAS (1904-1915)

João do Rio dividiu os africanos da cidade em três categorias: os alufás ou malês, muçulmanos frequentemente ricos das etnias *hauçá* e *iorubá*; os orixás, das etnias *jêje* e *iorubá*, criadores do culto que hoje denominamos candomblé; e os *cabinda*, *congo* ou angola, criadores da macumba. Alufás e orixás falavam o mesmo dialeto, o *egbá*, originário do reino *iorubá* homônimo, uma das fontes de escravizados para o Brasil. A maioria era polígama. Suas casas "quase sempre rótulas lôbregas, onde vivem com o personagem principal cinco, seis ou mais pessoas. Nas salas, móveis quebrados e sujos, esteirinhas, bancos; por cima das mesmas, terrinas, pucarinhos de água, chapéus de palha, ervas, pastas de oleado onde se guarda o *opelé* (rosário de Ifá); nas paredes, atabaques, vestuários esquisitos, vidros; e no quintal, quase sempre jabotis, galinhas pretas, galos e cabritos".

O mais importante deles é Emanuel Ojó, nascido em Lagos, "um preto que se veste de branco, fala inglês", tido como parente do rei de Ifé, a cidade santa dos *iorubá*. Também fizeram nome Abubáca (Abu Bakr) Caolho, igualmente de Lagos; e entre os brasileiros, João Alabá (de *alagbá*, chefe do culto dos *eguns* ou antepassados), um "negro rico e sabichão", que virá a ser o pai de santo que iniciou o sambista João da Baiana. A famosa Tia Ciata ou Assiata (Hilária Batista de Almeida), na casa de quem Donga criará o *Pelo telefone*, o primeiro samba gravado, é descrita como "baixa, fula e presunçosa", e tida como "uma das feiticeiras de embromação". Outra mãe de santo, Zebinda, é baixa e gorda e suspeita pela "proteção anormal que dá a certas amigas". As duas são consideradas grandes festeiras.

De formação positivista, João do Rio observou os cultos com olhar científico e distante, quando não horrorizado com a possessão das *iaô* e a matança de animais. Isso não o impediu de descrever com minúcias a hierarquia sacerdotal do candomblé, o panteão dos orixás e o culto dos *eguns* na Casa das Almas. Chega a enumerar entre as entidades algumas que não chegaram aos nossos dias. Como o *jêje* Xapanã e o *cabinda* Cangira Mugongo, da varíola e da morte, suplantados pelos *iorubá* Omolu e Obaluaiê. E ainda Oraniã, o fundador mítico do reino de Oió; Obalufã, o patrono da tecelagem; o *jêje* Verequete (Avereketé); os *cabinda* Cubango e Ganga Zumba. Quanto aos malês, suas anotações indicam uma degenerescência do Islã, mais dedicada à feitiçaria e ao mau-olhado do que aos estudos do Corão.

A repercussão de "As religiões no Rio" alçou seu jovem autor à condição de personalidade jornalística. No exato momento em que o governo afrancesava a cidade com as reformas de Pereira Passos, eis que um jovem repórter expunha facetas menos civilizadas da capital da república. João do Rio foi acusado de, com suas reportagens, ter denunciado à polícia os *babalaôs* e *ialorixás*, porque, embora a Constituição garantisse a liberdade religiosa, os cultos de origem africana eram perseguidos como "exploração da credulidade pública". Houve, na verdade, um certo bafafá entre os negros, muito preocupados em identificar o informante do jornalista, provavelmente fictício, mas nenhuma prisão foi realizada, ao que se saiba.

Em dezembro chegou da Europa a edição em livro, com a ordem das reportagens habilmente alteradas. As cinco afro-brasileiras, que na *Gazeta* saíram no meio da série, passam a ser as primeiras. *As religiões no Rio* transformou-se rapidamente num best-seller. Seu valor antropológico foi reconhecido alguns anos depois (20/5/1907) no parecer da Comissão de História do Instituto Histórico e Geográfico Brasileiro, composta por Sílvio Romero, o visconde de Ouro Preto e B.T. de M. Leite Velho.

> O livro *As religiões no Rio* do sr. Paulo Barreto é único em seu gênero na literatura brasileira.

O CINEMATÓGRAFO VERTIGINOSO E A ALMA DAS RUAS (1904-1915)

Nós já possuímos, por certo, vários quadros de costumes, principalmente no romance, no drama, na comédia e em obras de viagem; não possuímos, porém, um quadro social, tão palpitante de interesse, como esse que o jovem dedicou às crenças religiosas do Rio de Janeiro.

Não é um livro, nem o autor se propôs a fazê-lo, de alta indagação crítica ou histórica sobre credos e teologia, ao gosto de Baurr, Strauss, Wald, Michel, Nicolas, Colani, Reville e outros, mas um apanhado em flagrante de várias crenças confessionais existentes nesta Capital, nas suas práticas cultuais.

Escrito com verve, graça e cintilação de estilo, o livro é uma verdadeira joia que deve ser apreciada pelos leitores competentes. Tem cunho histórico, porque fotografa o estado d'alma fluminense num período de sua evolução.

O autor merece um lugar neste Instituto.

* * *

— Mas que quer o público? (...)
— A curiosidade do verão.
— Uma curiosidade que desaparecerá como os figos e as mangas?
— Sim, não rias.

Mordido pela mosca azul, João do Rio dirigiu sua atenção para o mundo das letras, assunto de outra série de reportagens, "O momento literário", na *Gazeta*, de março a maio de 1905. Mais uma vez a inspiração veio da imprensa francesa: *Enquête sur l'évolution littéraire*, do jornalista Jules Huret, publicada em 1891 no *L'Écho de Paris*.

Embora a existência ou não de uma literatura nacional ainda fosse motivo de discussão entre os críticos, os literatos — esses, sim — existiam, ninguém podia negar. Desde o Segundo Reinado todo bacharel que se prezasse publicava sonetos, ou contos, ou teses. Uma verdadeira moda. Com a fundação da Academia Brasileira de Letras em 1896, eles passaram a adquirir importância. Em 1905, a ABL ganhou do governo parte do prédio do Silogeu Brasileiro, próximo ao Passeio Público. O ambiente era cheio de futricas e polêmicas furibundas sobre assuntos de menor importância. Realistas e naturalistas contra românticos. Simbolistas e anarquistas contra parnasianos. Todas as facções lançavam revistas-manifesto e procuravam ocupar as colunas dos jornais.

Essas adversidades conviviam fisicamente no modesto espaço da Livraria Garnier, na Rua do Ouvidor, grande importadora de livros estrangeiros e editora de autores nacionais. Ao fundo, próximo da mesa do funcionário Jacinto (Jacintíssimo, segundo Bilac), ficavam os medalhões da Academia gravitando em torno de Machado de Assis, seu presidente, saudado sempre como "mestre!": os críticos José Veríssimo, Sílvio Romero e Medeiros e Albuquerque; os poetas Raimundo Correia, Alberto de Oliveira e Olavo Bilac; mais o escritor Coelho Neto. Perto da entrada (apelidada de Sublime Porta em alusão à sede do governo turco, diante da qual os súditos tinham de curvar-se), em grupos menos compactos, ficavam os novos e os rebeldes — o crítico João Ribeiro, os poetas Gustavo Santiago e Nestor Vítor, além de Gonzaga Duque, Fábio Luz, Rocha Pombo, Cardoso Júnior. Esses se autointitulavam gênios incompreendidos, chamando os outros de bestas coroadas. As celebridades passaram a atrair curiosos, e a Garnier tornou-se ponto obrigatório para os literatos de província de passagem pela capital.

Outras livrarias também reuniam intelectuais, mas sem o mesmo brilho. Como a Laemmert, especializada em ciências, onde era comum encontrar Euclides da Cunha. Ou a popular Quaresma, ponto fixo de Catulo da Paixão Cearense e do próprio Machado, quando queria sossego.

O CINEMATÓGRAFO VERTIGINOSO E A ALMA DAS RUAS (1904-1915)

A série "O momento literário" teve publicadas na *Gazeta* 28 entrevistas com críticos e autores e foi posteriormente transformada em livro, virando outro best-seller. Na Introdução, bem ao seu estilo, João do Rio dialoga com "um homem muito sério e muito grave", e juntos combinam critérios e perguntas. Observando a entrevista com Medeiros e Albuquerque, surgem indícios de que ele seria o tal homem, fato reforçado dois anos depois, quando o trabalho saiu em volume com a seguinte dedicatória a Medeiros: "Permita V. que eu dedique ao jornalista raro, ao talento de escol e ao amigo bondoso este trabalho, que tanto lhe deve em conselhos e simpatia."

Observando a lista dos entrevistados para o jornal, vemos que os medalhões evitaram comprometer-se. Na sua ânsia de repórter, Paulo Barreto aproximou-se de Machado de Assis na Garnier: o "mestre incontestável percebeu que eu o acompanhava para lhe arrancar frases e tornou seco um pedaço de intimidade nascente". José Veríssimo e Alberto de Oliveira disseram não responder a inquéritos. Graça Aranha confessou escrever pouco. Aluísio Azevedo, num posto diplomático na Europa, replicou estar muito ocupado. O irmão desse, Artur Azevedo, junto com Emílio de Meneses, adiou *sine die* sua resposta. Não foram contatados, sabe-se lá por quê, Euclides da Cunha, Rui Barbosa, Capistrano de Abreu, Alcindo Guanabara, Carlos de Laet e os irmãos Salvador de Mendonça, entre outros.

Ainda assim, a série *O momento literário* é bastante expressiva como apanhado geral das opiniões de nossos escritores na passagem do século, com razoável representatividade das facções. Estão lá João Ribeiro, Júlia Lopes e Felinto de Almeida, Sílvio Romero, Coelho Neto, Medeiros e Albuquerque, Lima Campos, Afonso Celso, Clóvis Bevilacqua, Pedro do Couto, o padre Severiano de Resende, Félix Pacheco, Silva Ramos, Garcia Redondo, Frota Pessoa, Osório Duque Estrada, Fábio Luz, Mário

Pederneiras, Rodrigo Otávio, Inglês de Souza, Laudelino Freire, Elysio de Carvalho, Souza Bandeira, Gustavo Santiago, Afrânio Peixoto, Augusto Franco e Alberto Ramos. Merece destaque a presença inusitada de Magnus Söndahl, ex-colaborador de *A Cidade do Rio*, esotérico precursor do naturismo no Brasil, já presente no capítulo "Os fisiólatras" de *As religiões no Rio*. Vendo o sucesso das reportagens, outros aceitaram colaborar, mas, devido ao prazo, constam apenas da versão em livro: Olavo Bilac, Luiz Edmundo, Nestor Vítor, Guimarães Passos, Artur Orlando, Curvelo de Mendonça, João Luso, Rocha Pombo e Raimundo Correia.

Foram feitas cinco perguntas a todos os consultados. "1) Para sua formação literária, quais os autores que mais contribuíram?; 2) (...) Quais, dentre os seus trabalhos, as cenas ou capítulos, quais os contos, quais as poesias que prefere?; 3) Lembrando separadamente a prosa e a poesia contemporânea, parece-lhe que no momento atual, no Brasil, atravessamos um período estacionário, há novas escolas (romance social, poesia de ação etc.) ou há a luta entre antigas e modernas? Quais os escritores contemporâneos que as representam? Qual a que julga destinada a predominar?; 4) O desenvolvimento dos centros literários dos estados tenderá a criar literaturas à parte?; 5) O jornalismo, especialmente no Brasil, é um fator bom ou mau para a arte literária?"

As respostas ao questionário são interessantes, embora a maioria tenha sido enviada por carta e apenas oito sejam entrevistas *in loco*. A primeira pergunta (sobre influências literárias) assegura o domínio dos autores e escolas franceses: Victor Hugo (romantismo), Zola (naturalismo) e Flaubert (realismo) são os mais citados, mas surgiram ainda Maupassant, Balzac e até Baudelaire. Logo a seguir vêm os clássicos (Camões, Bocage, Shakespeare, Cervantes), seguidos pelos poetas nacionais (Gonçalves Dias e Cruz e Souza) e escritores portugueses (Eça de Queiroz, Camilo Castelo Branco e o anticlerical Guerra Junqueiro). Ninguém ousou pronunciar o nome maldito de Oscar Wilde, mas foram citadas influências extraliterárias como os anarquistas Prudhomme, Bakunin e Kropotkin; o pessimista Schopenhauer; o esteta Ruskin; além de Nietzsche e Diderot.

A quarta pergunta causou indignação a quase todos. Apenas Coelho Neto e Inglês de Souza apostaram na possibilidade de literaturas regionais, o segundo nem tão convincentemente assim. Luiz Edmundo chegou a afirmar que "parece pilhéria".

Mas foi na última, sobre a influência do jornalismo na literatura, que a coisa pegou fogo. D. Júlia Lopes de Almeida e Sílvio Romero, lúcidos, declararam, respectivamente, que o jornalismo "criou a profissão de literato", sendo seu "animador, protetor e criador". Bilac, Coelho Neto e Nestor Vítor destacam o papel da imprensa na divulgação dos autores, mas a maioria, talvez por não ter acesso às colunas da *Gazeta*, de *O Paiz* ou do *Correio da Manhã*, respondeu conservadoramente contra. "É péssimo e penso como toda a gente", declarou Luiz Edmundo, ele mesmo jornalista, apoiado por Duque Estrada ("atualmente é um péssimo fator"), Fábio Luz ("estraga e esteriliza os escritores e artistas"), Elysio de Carvalho ("o mais pernicioso dos fatores que embaraçam o nosso progresso literário"), Raimundo Correia, Mário Pederneiras e Gustavo Santiago.

* * *

Catorze dos focalizados por "O momento literário" eram membros da Academia Brasileira de Letras. É possível ver o livro como uma preparação de uma candidatura de seu autor. A idoneidade crítica dos acadêmicos foi posta em dúvida novamente em 1905. Em outubro, o poetinha Mário de Alencar (filho do autor de *O guarani*) foi eleito com 16 votos contra o vigoroso romancista Domingos Olímpio (autor de

Luzia Homem), que recebeu somente nove. A imprensa denunciou marmelada. Domingos Olímpio teria sido vetado pelo barão do Rio Branco e seu grupo, com apoio de Machado de Assis, por causa de divergências políticas quanto à questão fronteiriça do Acre. Mesmo assim, João do Rio, então com 25 anos e só um livro publicado, escreveu a Machado em 27 de dezembro uma carta demasiado melosa — "(...) que o mestre venerando perdoe ao mais humilde de seus admiradores" — pedindo inscrição na vaga aberta pela morte de Pedro Rabelo.

Luiz Edmundo narra que, por essa época, d. Florência Barreto resolveu ajudar a candidatura do filho, e abordou Machado na Garnier, assustando, com seu temperamento ardente, o tímido escritor, então com 66 anos.

— Dr. Machado, há muito que andava para lhe fazer uma pergunta.
— E acha V. Exa, minha senhora, que lhe poderei responder? — diz ele, já apavorado, pensando na resposta.
— Perfeitamente pode, dr. Machado.
E prosseguindo:
— Que juízo faz o senhor do talento do meu filho?
Machado de Assis não conhecia d. Florência. Ficou, por isso, um momento indeciso. Ela, porém, compreendendo a causa daquela indecisão, explicou-se melhor:
— Meu filho é o Paulo Barreto, João do Rio, esse jovem que o senhor deve conhecer e que anda a publicar crônicas pela *Gazeta de Notícias*...
Machado de Assis, que quase nada lera, então, de João do Rio, arregalou os olhos, e, num gesto largo, abrindo os braços, dando mostras de homem comovido, gentilmente, murmurou-lhe em surdina:
— Oh! minha senhora, mas seu filho... é o meu mestre!

* * *

O CINEMATÓGRAFO VERTIGINOSO E A ALMA DAS RUAS (1904-1915)

A agonia da espera atacou o fígado do candidato. Já nos referimos anteriormente à saúde frágil dos filhos de d. Florência e à morte do caçula. Tudo indica que João do Rio sofresse de hipotireoidismo, o que explicaria sintomas como rosto inchado, lábios espessos, calvície prematura, o ventre saliente e o excesso de peso. Também há vagas alusões a um problema hepático grave. Ele devia, certamente, seguir um regime alimentar rigoroso, inteiramente incompatível com seu espírito glutão e boêmio. Nada de vinho, café, chá ou chocolate, patês, frutos do mar, pimenta, ou os molhos preparados pelo maior cozinheiro da cidade, o português Pechincha.

"Adeus conservas, adeus camarões, adeus trutas!"

Em junho de 1906, a Academia elegeu o sexagenário Heráclito Graça, tio de Graça Aranha, com 17 votos contra oito de Paulo Barreto. Amargando violenta crise, esse tomou um trem para a vila mineira de Poços de Caldas, para uma estação de águas. Cinco artigos publicados na *Gazeta* dão um irônico retrato da estância, onde ficará até novembro: políticos, doentes graves, piqueniques e, acima de tudo, muita roleta.

Não desistira, porém. Em janeiro de 1907 voltou à crítica literária na coluna "Pequena crônica de letras", com novo pseudônimo, José. Nela encontramos elogios às últimas obras de Sílvio Romero, Goulart de Andrade (protegido de Alberto de Oliveira) e Júlia Lopes (que, dizem, mandava no marido acadêmico). Os mais maldosos veem nisso a preparação de terreno para uma nova candidatura. A oportunidade surgiu em abril, com o falecimento do poeta Teixeira de Mello. Em carta a Machado de Assis, dessa vez seca, sem os traços de subserviência da anterior, João do Rio declara-se candidato. Concorrem também o simbolista Virgílio Várzea e o herói da Guerra do Paraguai, barão de Jaceguay. É em torno desse, apesar das parcas aptidões literárias, que se reuniram os medalhões. As pressões foram tantas que os outros dois candidatos renunciaram.

O barão, candidato único, foi eleito em setembro, com grande número de abstenções.

João do Rio escreveu sobre o fato um texto de grande ironia. Dizendo-se provocado por cartas de leitores, e depois de insistir que a Academia fora outrora venal e desonesta, conclui:

> Eu abomino a luta, a cabala eleitoral, a campanha da eleição de um homem contra homens que exigem respeito e admiração, se não pelos seus dotes literários, pelo menos pela sua ação na vida nacional. É desolador ter de travar lutas, contar votos, incomodar tantos amigos. (...) E aqui está por que desisti da minha candidatura, saudando de coração mais uma vitória que decerto não será a última do valoroso e ilustre almirante Jaceguay.

* * *

Essa oposição sistemática dos medalhões por duas vezes consecutivas faz supor conotações extraliterárias. O preconceito contra a profissão de jornalista e repórter por parte de escritores é uma delas. A juventude do candidato, outra, embora nos dois casos haja precedentes. A causa principal pode ter sido de ordem moral, pois, tanto ou mais que o talento do escritor, a vida privada dos proponentes era importantíssima para Machado, Rio Branco e seu grupo, zelosos da honorabilidade da instituição.

Logo após *As religiões no Rio*, João do Rio prosseguiu na observação da cidade e seus habitantes. São dezenas de reportagens, e não apenas na *Gazeta*. Também na revista *Kosmos*, lançada em fevereiro de 1904. O equilíbrio entre a qualidade dos textos e o uso inventivo da fotografia e dos desenhos fizeram dela um acontecimento. Participar de seu ultrasseleto grupo de colaboradores (Bilac, Artur Azevedo, Euclides da Cunha, Nina Rodrigues, José Veríssimo, Coelho Neto) foi outro sinal de prestígio.

O CINEMATÓGRAFO VERTIGINOSO E A ALMA DAS RUAS (1904-1915)

Mas retornemos às crônicas, e de como podem ter ajudado na criação de uma aura nefasta em torno do autor.

De monóculo em punho, vestido exoticamente como um dândi, João do Rio observou a cidade de sua infância ser derrubada pelo "bota-abaixo", que no entanto percebeu inevitável. Toda a série de reportagens cariocas que se estende até 1908 é uma crítica nem sempre sutil à política do governo e da sociedade.

> (...) o Rio pode conhecer muito bem a vida do burguês de Londres, as peças de Paris, a geografia da Manchúria e o patriotismo japonês. A apostar, porém, que não conhece nem a sua própria planta nem a vida de todas essas sociedades, de todos esses meios exóticos e estranhos, de todas as profissões que constituem o progresso, a dor e a miséria da vasta Babel em demolição. E, entretanto, meu caro, quanto soluço, quanta ambição, quanto horror e também quanta compensação na vida humilde que estamos a ver. (6/8/1904)
>
> Vão acabar com os banhos do Boqueirão. Mais alguns dias e a montanha pétrea do cais bloqueará os banhistas entre as pontes velhas e o horrendo entulho.
> Estas palavras, para o homem que ama a sua cidade, são um duro golpe. O Rio perde o interesse, o cunho pessoal, que o fazia apreciado do estrangeiro inteligente, o Rio será em breve tipo de todo mundo, igual a todas as outras cidades e habitada por uns senhores que farão a mesma vida de outras distantes, em idênticas avenidas e botequins idênticos. (16/9/1904)

Continuou documentando os africanos sobreviventes e seus costumes carnavalescos e juninos, e também os negros ricos, quase todos descendentes dos malês. Numa dessas incursões escreveu a respeito dos moradores do morro de Santo Antônio, provavelmente a primeira descrição de uma favela. "Mais de quinhentas casas e cerca de 1.500 pessoas abrigadas lá em cima. (...) Todas são feitas sobre o chão, sem importar as depressões do terreno, com caixões de madeira, folhas de Flandres, taquara (...) várias ruas estreitas, caminhos curtos para os casinhotos oscilantes, trepados uns por cima dos outros."

> Com estes dias de sol formoso, eu tenho ido viajar pelos bairros. É um prazer e uma delícia para quem, como o cidadão urbano, oscila a sua vida entre o Largo do Machado e o Largo de São Francisco. Vou pela manhã, vou durante o dia, vou à noite, sempre que me der vontade de fazer uma longa viagem, instrutiva como todas as viagens, desde a de Ulisses. Sento-me no banco da frente de um bonde vagaroso, e vou por aí ao trote arriscado dos pobres burros, discreteando com o cocheiro ou tomando informações ao condutor. Às vezes um aspecto risonho me faz saltar. Salto. Toda a gente da rua percebe que eu não sou dali, e, mais ou menos nervoso, volto no bonde seguinte, tendo ganho o meu dia.

Nos subúrbios (chegou até Sapopemba, atual Deodoro) percorreu centros do baixo espiritismo e cartomantes, como numa sequência de seu primeiro livro. São 13 reportagens *in loco*, publicadas na *Gazeta* nos primeiros dias de 1908 com o título de "Dias de burla", seguidas de uma entrevista com o psiquiatra e escritor Afrânio Peixoto, diretor do Gabinete Médico-Legal.

Indo ainda mais longe, voltou a Minas Gerais, dessa vez a Congonhas do Campo, para a festa do Jubileu. Produziu seis matérias sobre o evento: a mendicância, a jogatina, a organização econômica dos frades, as cerimônias. Considerou os profetas do Aleijadinho "detestáveis, olhando o povaréu com ar zangado" e ficou apavorado com os Sete Passos da Paixão ("uma impressão de pesadelo se impõe... uma sensação mórbida me faz apressar a saída... basta! disse ao informante, é feio demais!").

A grande maioria de suas matérias, entretanto, se fez no Rio, e a pé.

O CINEMATÓGRAFO VERTIGINOSO E A ALMA DAS RUAS (1904-1915)

> Flanar! Aí está um verbo universal sem entrada nos dicionários, que não pertence a nenhuma língua! Que significa flanar? Flanar é ser vagabundo e refletir, é ser basbaque e comentar, ter o vírus da observação ligado ao da vadiagem. Flanar é ir por aí, de manhã, de dia, à noite, meter-se nas rodas da populaça, admirar o menino da gaitinha ali à esquina, seguir com os garotos o lutador do Cassino vestido de turco, gozar nas praias os ajuntamentos defronte das lanternas mágicas, conversas com os cantores de modinha nas alfurjas da Saúde, depois de ter ouvido *dilettanti* de casaca aplaudirem o maior tenor do Lírico numa ópera velha e má; é ver os bonecos pintados a giz nos muros das casas, depois de ter acompanhado um pintor afamado até a sua grande tela paga pelo Estado; é estar sem fazer nada e achar absolutamente necessário ir até um sítio lôbrego, para deixar de lá ir, levado pela primeira impressão, por um dito que faz sorrir, um perfil que interessa, um par jovem cujo riso de amor causa inveja. (...)
> Eu fui um pouco esse tipo complexo, e talvez por isso cada rua é para mim um ser vivo e móvel.
> Oh, sim, as ruas têm alma! Há ruas honestas, ruas ambíguas, ruas sinistras, ruas nobres, delicadas, trágicas, depravadas, puras, infames, ruas sem história, ruas tão velhas que bastam para contar a evolução de uma cidade inteira, ruas guerreiras, revoltosas, medrosas, *spleen*éticas, *snobs*, ruas aristocráticas, ruas amorosas, ruas covardes, que ficam sem pingo de sangue.

Músicos ambulantes, presepes, seresteiros, tatuadores, cançonetistas, mendigos, presidiários e outros tipos foram detalhadamente descritos por João do Rio. Um paralelo com Balzac vem bem a calhar, pois o romancista francês também captou a Paris do seu tempo num processo de "modernização". Há narrativas jornalísticas e diretas, como "Os cantores de chopps", quando percorre os cabarés populares do Passeio e da Rua do Lavradio, observando aqueles que são "a alegria dos pobres". Tudo bem objetivo: "Uma estrela baiana, cheia de langor e requebros vagarosos. Era a Iracema. O público preferia o seu violão a todos os saltos dos Rossi."

Ela dedilhou, afinou o bordão: 'a sorte bem o sabemos/ que é tal qual uma mulher/ que quando quer não queremos/ e quando queremos, não quer.'" Outras vezes, a realidade é transfigurada em mórbida ficção, como em "O papa-defunto". O narrador está no bonde quando presencia a expulsão de um passageiro pelos outros, indignados com o seu fedor. Saltando junto com o pobre homem, trava com ele um diálogo digno de Edgar Allan Poe. O dito-cujo é um lavador de cadáveres do necrotério, e, com indisfarçável prazer, conta como vez por outra leva um servicinho para casa, com o que a esposa já se acostumou. As mãos viscosas e outros detalhes lhe dão a aparência de um morto-vivo. Já em "Visões d'ópio" visitamos uma *fumérie* da colônia chinesa, próxima à Santa Casa de Misericórdia. Esse é um cenário frequente na literatura decadentista, mas Luiz Edmundo, entre outros contemporâneos, confirma a veracidade da aventura de João do Rio, aqui mais para o conto do que para a reportagem.

O flanar de João do Rio logo deu o que falar. Perambular em pleno dia pela Pequena África da Cidade Nova podia passar por excentricidade etnográfica, mas o que dizer das incursões noturnas ao morro de Santo Antônio, ou ao perigoso Bairro Rubro (Saúde), "onde o assassinato é natural"?

O maniqueísmo entre a luz e a treva, a razão e o desejo, passa a ser um de seus temas favoritos daqui por diante. Por vezes, como na casa de ópio ou em Congonhas, ele foge de um ambiente sufocante para o ar livre. Mas existe também o movimento inverso, que evita o fascínio das luzes multicoloridas para procurar o mistério da escuridão.

> São oito horas da noite. A rua está escura, está negra, sob o coruscamento maravilhoso de um turbilhão de estrelas que palpitam, ardem, fulguram, irradiam. (...) Saio. É preciso sair (...). Que se fará na rua assim? E eu vou por aí, com uma vontade de descobrir imprevistos,

O CINEMATÓGRAFO VERTIGINOSO E A ALMA DAS RUAS (1904-1915)

> de ver na treva talvez coisas horrendas. (...) Correr por uma rua iluminada é ter a sensação de que nossos passos são vistos, notados, e que após esta rua vem outra. Correr no escuro é positivamente a sensação de estar perdido num vago campo, onde o perigo espreita. Depois desta rua em que corremos, que virá? outra rua? o mar? um grande muro? o desastre? o campo?

Vimos anteriormente como as primeiras obras de ficção publicadas por Paulo Barreto, escritas aos 17 anos, tratavam de perversões sexuais. Textos posteriores, cada vez mais, vieram alimentar as suspeitas dos contemporâneos, intrigados por ele ainda morar com os pais, não ter noiva nem amante e, ainda por cima, ser dado a passeios noturnos em locais mal-afamados.

O homossexualismo sempre foi muito difundido no Rio de Janeiro, principalmente nas cercanias do Largo do Rocio (Praça Tiradentes), onde desde o final do século XIX "reuniam-se os pederastas passivos à espera de quem os desejasse (...) com voz adocicada e meneios provocantes e lascivos" — já nos informa um livro de 1894, *Atentados ao pudor*, de Viveiros de Castro.

Pires de Almeida vai ainda mais longe (*Homossexualismo*, 1906). Segundo ele:

> A prostituição masculina (...) em lugar algum lastrou tão ostensivamente como no Rio de Janeiro. (...) As portarias dos teatros, os cafés, os restaurantes, os bilhares, as portarias dos conventos, as escadarias das igrejas, os arvoredos do Campo de Santana, as casas de banhos, os porões do teatro são pontos onde entrevistam-se os pederastas e uranistas de todas as classes, categorias e condições.

Não podemos deixar de perceber as pistas deixadas nos textos de João do Rio, sempre de modo sinuoso e dissimulado, mas não menos evidente.

> (...) encontrei, depois da meia-noite, aquele grupo — um soldado sem número no boné, três ou quatro mulatos de violão em punho. Como olhasse com insistência tal gente, os mulatos que tocavam de súbito emudeceram os pinhos, e o soldado, que era um rapazola gingante, ficou perplexo, com evidente medo. Era no Largo da Carioca. Alguns elegantes nevralgicamente conquistadores passavam para ver os malandros que me olhavam e eu que olhava os malandros num evidente indício de escandalosa simpatia. Acerquei-me.

Teria João do Rio plena consciência do que escrevia, ou pretendia apenas "reclame" para vender livros, como insinuaram vários contemporâneos, inclusive Lima Barreto? Como interpretar o seguinte texto, escrito na primeira pessoa?

> Benedito mudou de casaco e aproveitou a ocasião para mostrar quatro ou cinco sinais de facadas e de balaços pelo corpo seco e musculoso. Depois cuspiu. (...) Um dos machos que dormiam embrulhados em colchas de chita ergueu-se, e saímos os dois sem olhar para trás. Era tempo.

Seria o autor tão ingênuo a ponto de acreditar que tais coisas passassem despercebidas em 1908?

"Que te parece o nosso passeio? Estamos como Dorian Gray, partindo para o vício inconfessável", escreveu sobre uma de suas incursões no Bairro Rubro, atrás de informações sobre menores infratores.

Em "A missa negra", um dos capítulos de *As religiões no Rio*, descreveu

> tipos ambíguos de calças largas e meneios nos quadris, caras lívidas de *rôdeurs* das praças, homens desbriados, toda essa massa heteróclita cacarejava impaciente para que começasse a orgia. Os velhos

O CINEMATÓGRAFO VERTIGINOSO E A ALMA DAS RUAS (1904-1915)

> tinham olhares cúpidos, melosos, os tipos dúbios tratavam-se entre si de comadre, com as faces pintadas (...) efebos diabólicos, de faces carminadas e sorrisinhos equívocos (...). O mulato (...) despregando a casula, surgiu inteiramente nu, com o cavanhaque revirado, mão na anca (...).

Também na crônica e na reportagem essa temática surge onde menos se espera, como ao falar dos parques públicos da cidade.

> Não fosse o jardim a revivescência da floresta antiga e não precisasse de bacantes e sátiros! E haveis de ver sujeitos nervosos que entram desconfiados, torcendo o bigode, aproximam-se de um, de outro, rodam como milhafres, ciciam propostas de arrepiar, metem-se nas sombras com criaturas que a tudo se prestam. As maiores devassidões, lembrando as orgias de Tibério, a polícia tem encontrado nos jardins (...). Os jardins públicos são os guardiões da sensualidade (...). Quando entra um sujeito desconhecido, o jardim parece recebê-lo com um sorriso nervoso de velho sátiro, e sempre um porteiro diz para o outro:
> — Esse cabra vem para alguma!

Para completar as suspeitas, João do Rio tornou-se paladino da divulgação da obra de Oscar Wilde no Brasil, como autor de más traduções de edições raras, em geral francesas, do grande escritor. Na *Kosmos* saiu a mórbida peça *Salomé*; na *Renascença*, *Frases e filosofias para uso da juventude* — ambos em 1905. Nessa última revista, dois anos mais tarde, começou uma adaptação da primeira biografia de Oscar Wilde, *História de um amigo infeliz*, de Harborough Sherard, mas parou no quinto dos 21 capítulos.

É interessante observarmos as suas mudanças de opinião sobre a vida escandalosa de Wilde. Em 1899 esse era um louco moral, um pervertido, um desequilibrado e um invertido vulgar, ao qual recomendava um tratamento "moderno" numa casa de saúde. Na Introdução de *Frases e filosofias para uso da juventude*, intitulada "O breviário do artificialismo", ainda trata do homossexualismo (sem ousar dizer seu nome) como "crime de que se tem acoimado os altos espíritos desde Platão até Jean Lorrain". Mas na apresentação do livro de Sherard, em 1907, fala apenas dos "costumes julgados maus" e do autor como "sedutor maravilhoso do espírito e da beleza", com obra "genial". Há uma liberalidade crescente em relação ao tema, presente mesmo em pequenos comentários, como esse, de novembro de 1907, onde comenta o escândalo sexual Kuno/Moltke, que abalou os círculos militares próximos ao imperador da Alemanha:

> (...) a sociedade é feita de covardias e convenções que a maioria impõe. Os que contrariam seus princípios básicos, os degenerados superiores de instintos baixos, são incapazes de ter a coragem de afirmar-se — porque o seu grande medo é serem postos à margem desta mesma sociedade (...). Seria um livro de psicólogos a análise dos sentimentos dos anormais para com a sociedade constituída, e não falo apenas do caso especial de Moltke, mas de todos os anormais rebelados contra a ordem atual das coisas.

Alguns viam nessa extroversão de João do Rio mais um meio de exibicionismo do que uma opção sexual. Lima Barreto o retratou como Raul de Gusmão em *Recordações do escrivão Isaías Caminha*, interessante e rancoroso romance sobre o meio jornalístico carioca, publicado em 1907 em capítulos na revista *Floreal*. Vejamos:

> (...) no domingo vimo-lo entrar numa hospedaria da Rua da Alfândega com um fuzileiro naval.
> — Qual — disse Leiva —, não creio. Ele faz constar isso para se ter melhor em conta o seu talento. O público quer que o talento artístico

tenha um pouco de vício; aos seus olhos, isso o aumenta extraordinariamente, dá-lhe mais valor e faz com que o escritor ganhe mais dinheiro.
— Como é que então entrou na hospedaria? — indagou o Marques.
— Tinha-nos visto, e, mediante uma gorjeta, obrigou o soldado a prestar-se ao papel... Aquilo é o gênio do reclame...

Em breve criou-se um anedotário satírico em torno do filho do professor Coelho Barreto. Voltemos às memórias de Luiz Edmundo:

— Pois não sabias? Ora essa! Uma coisa que todo mundo sabe!
E ele sorri, no entanto, superior e displicente, a todas essas misérias e torpezas, com um sorriso que nos faz mal, porque é sorriso falso e procurado, como feito de papelão ou de pano...
E sofre com isso? Dizem que sim, que sofre. E as razões de tanta maldade? João do Rio vive, com a sua pena, a semear ventos. Colhe, naturalmente, tempestades.

Poderia uma personalidade dessas ser facilmente assimilada pelos notáveis medalhões da Academia Brasileira de Letras?

* * *

O próprio modo de falar de João do Rio passou a ser uma atração nas conferências literárias do Instituto de Música, então na Rua Luís de Camões, na Praça Tiradentes. "Medeiros e Albuquerque voltara de Paris com a ideia das conferências à maneira do Odeon, falara a Olavo Bilac, e Bilac, no almoço oferecido a Luiz Mancinelli por Luiz de Castro, indagava de Alberto Nepomuceno." (...) Assim nos conta João do Rio a gênese dessa nova maneira de os literatos ganharem algum dinheiro, ideia que logo se tornou moda por mais de vinte anos pelo país afora. As conferências eram frequentadas principalmente pelo público feminino, daí a amenidade dos temas. Além dos já citados Medeiros e Bilac, participaram dessa fase pioneira Coelho Neto, Viriato Correia, Júlia Lopes de Almeida, Carmen Dolores, Oscar Guanabarino, entre outros.

Mas poucos agradaram tanto quanto João do Rio. Em novembro de 1905 ele apresentou *A rua*, pequena obra-prima, cujos trechos sobre a arte de flanar apresentamos páginas atrás. Vejamos a descrição da reportagem anônima da *Gazeta*:

> João acaba. Uma salva de palmas ecoa estrondosamente pela sala. O conferencista se levanta, e atiram-lhe flores.
> De repente, todo o estrado fica apinhado. São os seus amigos que o vêm abraçar. Coelho Neto tem essa frase:
> — Esperei muito, mas nunca esperei tanto.
> Medeiros e Albuquerque e Alcindo Guanabara apertam-no nos braços. Alcindo diz unicamente:
> — Não podia ser melhor.

Outras conferências de sua autoria nesse período foram "Modinhas e cantigas", "O flirt", "A delícia de mentir" e "O figurino". Um verdadeiro sucesso! Por isso, em 21 de junho de 1907 a Casa Garnier comprou do autor, por dois contos de réis (uma boa quantia para a época), o direito de edição de *O momento literário* — lançado no mesmo ano — e de um livro inédito, *A alma encantadora das ruas*, posto à venda em 1908.

* * *

Aparentemente uma mera coletânea, *A alma encantadora das ruas* é uma das melhores obras de João do Rio. Mais ainda: uma das três melhores obras sobre a cidade do Rio, ao lado do clássico de 1854 *Memórias de um sargento de milícias*, de Manuel Antônio de Almeida, e de *Vida e*

O CINEMATÓGRAFO VERTIGINOSO E A ALMA DAS RUAS (1904-1915)

morte de M.J. Gonzaga de Sá, que ainda estava sendo escrito por Lima Barreto e só seria publicado em 1919.

Não é verdade que tenha algum ponto de contato, fora a semelhança dos títulos, com *El alma encantadora de Paris*, 1902, de Enrique Gómez Carrillo, literato decadentista e diplomata guatemalteco radicado em Paris, ex-protegido de Rubén Darío. Esse é composto de ensaios sobre a arte decadentista de Huysmans, Moreau, Lalique, Lorrain, Wilde. O conteúdo do livro brasileiro tem mais a ver com *Les petites choses de Paris*, 1888, de Jean de Paris. Recuando mais um pouco, por que não *Paris inconnu*, 1878, de Alexandre Privat d'Anglemont, mulato de Guadalupe que retratou o desaparecimento da Paris medieval sob o "bota-abaixo" de Haussmann, com suas estranhas profissões (vendedores de gatos por lebre, trapeiros, músicos ambulantes)?

O livro abre e fecha com os textos longos das conferências "A rua" e "Modinhas e cantigas" (rebatizada "A musa das ruas"), ambos muito bons, especialmente o primeiro. O miolo é dividido em três agrupamentos temáticos. No primeiro ("O que se vê nas ruas") são descritos pequenos biscates e costumes cariocas, a destacar os vendedores de livros usados ou de ratos para a Saúde Pública e os tatuadores ambulantes. Uma comparação entre a versão original desse último texto (*Kosmos*, novembro de 1904), "A tatuagem no Rio", e a publicada em *A alma encantadora das ruas* prova que os textos foram revistos, aumentados, melhorados até, no correr do tempo. No segundo ("Três aspectos da miséria") surgem os problemas sociais da prostituição, da exploração de operários, da verdadeira e da falsa mendicância. Finalmente, no terceiro ("Onde às vezes termina a rua") reaparecem as seis reportagens na Casa de Detenção publicadas na *Gazeta*, intituladas "Nos jardins do crime", sendo os criminosos as flores. Mesmo nessas há momentos em que não sabemos se estamos lendo uma grande reportagem ou pura literatura. Como o que descreve a figura de uma famosa religiosa, famosa por seus atos beneficentes:

Um sino pôs-se a tocar. Era o fim da visita. Os sons vibravam duros, como uma ordem. Há sinos que choram, sinos que cantam, sinos que são tristes; há sinos feitos para dobrar os finados, como os há para cantar missas em ações de graça. Aquele sino era um aguilhão. O pátio esvaziara. A tropa partia, tropa desoladora, amiga do vício e do crime. Foi então que eu vi aparecer, carregada de embrulhos, com a sua coifa branca a ondular as duas grandes asas, a figura de bondade da irmã Paula. O guarda tirara o boné, cheio de um carinhoso respeito. Os malandros e os desgraçados, ainda à porta, tinham nos olhos uma expressão de timidez e de alegria.

— *Bonjour*, meu filho — fez a irmã com um gesto cansado. — O senhor administrador?

O guarda disse qualquer coisa, comovido. Ela arrumou os embrulhos, enxugou as mãos, subiu as escadas da secretaria. A sua coifa alva parecia uma grande borboleta branca.

A influência wildiana é evidente nas conferências, e mesmo nas reportagens entre os detentos, ou os vaqueiros de Congonhas, certamente inspiradas nas façanhas idênticas realizadas pelo autor de *O retrato de Dorian Gray* na sua viagem aos Estados Unidos.

* * *

Em maio, João do Rio testemunhou um fato tragicômico: a tentativa de desembarque de d. Luís de Bragança, 30 anos, filho da princesa Isabel e herdeiro presuntivo do trono depois da abdicação de seu irmão mais velho. Escreveu sobre isso muitos anos depois. A família real tinha sido banida em 1889 pelo governo provisório, mas a Constituição republicana proibia o banimento. A situação era discutível e Sua Alteza tentou criar um fato consumado, sem calcular a reação do governo.

Um jornal destacara-me para falar ao príncipe, a bordo de um navio fundeado na baía. Fazia um sol de fogo no cais Pharoux, cheio de povo, cheio de soldados, cheio de secretas. Um político, então ministro, afirmara-me que as instituições perigariam se o príncipe saltasse em terra (...) a multidão era bem democracia americana, curiosa, inofensiva, palerma. E a demonstração ofensiva do governo integralmente América Central.

Acompanhando os monarquistas Cândido Mendes de Almeida e o visconde de Ouro Preto, conseguiu chegar a bordo, onde pululavam dezenas de curiosos,

> todas as velhas titulares que ainda podiam andar e que, retiradas da vida, eram julgadas mortas, todos os velhos áulicos sobreviventes, lá estavam para beijar a mão de Sua Alteza (...) e os espectros continuavam a desfilar no azul esplêndido do dia, como um carnaval melancólico.

Não faltou sequer o abraço melodramático no preto velho que ensinara d. Luís a nadar. Apesar de "irritadíssimo com as precauções escandalosas e idiotas do governo", o príncipe causou boa impressão, pois o cronista confessa: "Vi em d. Luís o jovem brasileiro que podia ser exemplo e modelo dos jovens brasileiros, amando a sua pátria, certo do seu futuro, sensato, altivo, inteligente, bom. Nada de infantilidades, dos enganos esperados. Um conhecedor do Brasil e um sociólogo."

O governo Afonso Pena mostrou-se inflexível e o príncipe prosseguiu no navio *Amazon* rumo a Santos (onde a mesma cena se repetiu), Argentina, Uruguai, Paraguai, Chile... O resultado dessa viagem frustrada foi um interessante livro de viagens, escrito originalmente em francês, *Sob o Cruzeiro do Sul*, com belas páginas onde Sua Alteza observa de longe a pátria que deixou aos 12 anos e nunca mais irá rever.

* * *

Mil novecentos e sete deu ainda outro grande prazer a João do Rio. Em agosto, a *Gazeta de Notícias* adotou a impressão em cores na primeira página da edição dominical. Em todo o espaço não ocupado pela ilustração (em geral pintura acadêmica) surge "Cinematographo", coluna assinada por Joe, seu novo pseudônimo. Nela — dividida em tópicos com o nome dos dias da semana, como um diário pessoal à moda da imprensa parisiense, porém carioquíssima no raciocínio e no linguajar — cabia tudo: crônica literária, crônica social e de costumes, crítica literária e teatral, perfis de políticos ou artistas, confissões pessoais. Variedades como as que eram apresentadas nos cinematógrafos da cidade, daí o título. Durou mais de três anos (até dezembro de 1910), sendo, bem mais que a igualmente célebre "Binóculo", de Figueiredo Pimentel (também na *Gazeta*), o símbolo da nossa *belle époque* tardia, que sucede a inauguração da Avenida Central. Poucas vezes na imprensa brasileira, antes ou depois, um jornalista chegará ao prestígio de ocupar toda a primeira página de um órgão de grande difusão.

Joe muito pouco tem a ver com o impiedoso Claude de *A Cidade do Rio*. Também é menos preocupado que João do Rio com os aspectos pitorescos da vida da cidade. Representa uma faceta diferente da personalidade do autor. Os dois conviveram sem maiores problemas. Mas o nome João do Rio continuou imbatível na identificação de Paulo Barreto.

* * *

Ainda na passagem de 1906, João do Rio experimentará uma nova atividade: o teatro.

A grande diversão carioca era frequentar as companhias de ópera, de dança, de teatro trágico ou de revistas musicadas — que ofereciam mais de uma sessão diária de espetáculos que mal duravam três semanas, substituídos por outros igualmente breves.

O CINEMATÓGRAFO VERTIGINOSO E A ALMA DAS RUAS (1904-1915)

A principal casa ainda era o Lírico (ex-Imperial Teatro Pedro II), na Rua da Guarda Velha (atual Rua 13 de Maio), esquina com a Rua Senador Dantas, perto da casa dos seus pais. Tinha 1.400 lugares com acústica e visibilidade perfeitas, embora já demonstrasse sinais de abandono e má administração. Foi nele, nesse mesmo ano, que Sarah Bernhardt quebrou o joelho da perna que teve de amputar anos depois. Era usado para apresentações de óperas e local de um célebre baile de máscaras durante o Carnaval. Foi demolido em 1934. O preferido das plateias, no entanto, era o São Pedro de Alcântara (hoje João Caetano), na Praça Tiradentes, onde ainda existiam o Santana (ex-Cassino, hoje Carlos Gomes) e o Moulin Rouge (ex-Variedades Dramáticas, depois São José, hoje demolido). Entre os dois últimos, na Rua Pedro I, havia o Recreio Dramático e o Lucinda (construído para a atriz portuguesa Lucinda Simões) — também demolidos. Outras boas casas foram o Palace-Théâtre (depois cinema Palácio), no Passeio Público, o Fênix, na Rua da Ajuda (demolido), e o Apollo, na Rua do Lavradio (hoje uma escola pública).

Note-se que com três sessões diárias e contando-se apenas essas salas, havia uma oferta de mais de 10 mil lugares/dia, cerca de 300 mil ao mês. Sem rádio e com o cinema engatinhando, o teatro era a maior diversão, independentemente da classe social.

> Há uma porção de espectadores femininos. Vão porque é moda ir; (...) para mostrar os vestidos; (...) para fugir ao *tête-à-tête* marital de uma noite de inverno; vem a maior parte flertar, namorar, conversar (...). Se as mulheres fazem assim, os homens fazem pior. Há alguns que vão fazer a digestão; outros que vão fazer hora para os clubes; outros que lá estão por vício; outros obrigatoriamente porque o público fala-lhe das finanças se não forem (...). Nenhum ouve a peça, mesmo os críticos, que saem no meio dos atos, sensacionalmente, para — ai! Deuses poderosos! — para criticar!

As torrinhas e galerias manifestavam-se com aplausos ou vaias, dirigidas não apenas para artistas e músicos, mas também aos ocupantes dos camarotes e da plateia. Muitas dessas efusões eram remuneradas pelos empresários. Era a famosa claque. Outro espectador típico era o paquerador de atrizes. João do Rio os chama de coiós ou *professional conquerors*, dizendo que "invadem os teatros durante os ensaios, olhados com séria desconfiança, rogam apresentação, alugam para todas as récitas lugares fixos, fazem roda tal qual os pássaros quando querem agradar, mostram o sobretudo, o *smoking*, os brilhantes dos dedos, pagam bebidas, jantares, pândegas (...)".

O repertório do teatro declamado era apresentado em geral por companhias francesas e italianas que mambembavam no Rio e em Buenos Aires quando era inverno na Europa. Assim, o carioca estava acostumado aos grandes intérpretes: Eleonora Duse (1885 e 1906), Sarah Bernhardt (1886, 1893 e 1906), Réjane (1902), Fregoli (1906), Coquelin (1888 e 1905). As peças eram apresentadas na língua original, o que limitava muito a audiência, por mais que o francês fosse a língua franca dos intelectuais e artistas.

A divulgação dos autores modernos como Ibsen, Zola e Victor Hugo foi feita pelas companhias portuguesas, algumas de alta qualidade. Lucinda Simões, muito culta, filha, mulher, mãe e sogra de atores, era a estrelíssima. Cinquentona, ela agora era mais empresária e encenadora, passando os personagens da jovem heroína para sua filha Lucília, e lançando como galã o novo marido, o ex-advogado Cristiano de Souza. Lembremos que Paulo Barreto estreou no jornalismo criticando uma montagem de *Casa de bonecas* pela sua companhia. Uma outra Lucília (Perez), brasileira de Lorena, mantinha também um repertório sério e compenetrado.

Na revista, depois da aposentadoria da lendária Pepa Ruiz, brilhava a loura comediante Cinira Polônio, que cantava bem, e regressava ao Rio, depois de mais uma década na Europa. Entre os homens, os grandes nomes da época eram Brandão (o Popularíssimo) Antônio Peixoto, João Colás, Grijó — a maioria cômicos.

Em "Cinematographo", entre deslumbrado e irônico, revelou a personalidade de alguns por meio da descrição do camarim. O de Cristiano de Souza, "mobiliado como a tenda do imperador Guilherme no deserto, cheio de louças e de *escabeaux* antigos". O da divina Lucinda, "com uma tonalidade azul, agradável às atitudes da ilustre artista, para mostrar a beleza das mãos e do antebraço". O de Cinira, "todo de laca branca, com os utensílios de cristal de rocha e prata lavrada, as cortinas brancas avivadas de rosas. — Que tal? indagou a *divette*, pondo o chapéu. É ou não é *chic-chic*?".

O teatro brasileiro nos primeiros anos do século XX estava totalmente dominado pela personalidade de Artur Azevedo, mestre na comédia, mestre na burleta, mestre na revista. Coelho Neto era um dos poucos que pensavam o teatro como algo além de um caça-níqueis. Já no teatro de revista havia mais autores nacionais de talento, mesmo limitado pelas rígidas convenções do gênero: Gastão Bousquet (J. Repórter), Raul Pederneiras (Raul), Batista Coelho (João Phoca), Bastos Tigre. Todos jornalistas.

Nesse gênero imperava a *Revista do Ano*, que pretendia ser um comentário satírico-musical do ano anterior (cada empresário fazia a sua), e as revistas de meio de ano, menos luxuosas. Por volta de 1905, a velha e desgastada revista portuguesa, amparada em números cômicos e folclóricos, estava sendo ultrapassada pela revista de estilo parisiense, de quadros curtos, muita dança e *féeries* fantásticas proporcionadas pela difusão da iluminação elétrica. Isso revolucionou a Praça Tiradentes. João do Rio deixou um divertido testemunho (*A reforma das coristas*) dessa transformação.

> Ah, as coristas! Neste país onde as mulheres não têm grandes necessidades, o posto de corista era decididamente dado às infelizes (...).

Eram damas ou muito gordas ou muito magras, lamentavelmente sem graça. Quando aparecia uma criatura mais moça, ou não demorava ou morria, ou era logo artista empurrada pelos cômicos, jungida às ligações violentas. E era uma tristeza ver mulheres, velhas com famílias numerosas, o ventre enorme, o corpo numa elefantíase de linhas, cambando o sapato e sujando as gazes, clamarem nos revistões cariocas: "nós somos as ninfas" ou qualquer outra afirmação ainda mais escandalosa para ganhar cinco mil-réis.

Fascinado por teatro, pela arte de representar, por atores e atrizes, por pseudônimos descartáveis como personagens, por máscaras e outras tantas coisas ligadas ao disfarce, João do Rio fez sua primeira incursão como autor logo ao regressar de Poços de Caldas.

"Peça para agradar precisa apenas ter muitas danças intercaladas, duas dúzias de trocadilhos correntes, piada grossa de vez em quando (...)." Essa era a receita do sucesso. E talvez por tentar inovar, nosso autor não tenha sido muito bem recebido.

Anunciada como *A folia*, a primeira revista de João do Rio foi encomendada por Lucinda e Cristiano de Souza, e seria escrita em parceria com João Mateus, pseudônimo do chargista português Julião Machado. Quando finalmente estreou no Palace-Théâtre, em 29 de dezembro de 1906, o título mudara para *Chic-Chic,* e o coautor agora era o jornalista J. Brito (Juca Vadio). Os jornais anunciam "uma revista fantasia com três atos, seis quadros e três apoteoses", música do maestro Luiz Moreira e cenários dos chargistas K. Lixto Cordeiro e Crispim do Amaral. A diretora Lucinda interpretava o personagem Brasil; Cristiano de Souza, o Príncipe; Ferreira de Souza, o *compère*; e a versátil Cinira Polônio, nada menos do que sete papéis. Participava ainda a adolescente Itália Fausta, futuro monstro sagrado.

"Ao invés do que se esperava e do que desejavam todos os amigos de Paulo Barreto, não foi um sucesso a primeira apresentação da revista

Chic-Chic. Além de um tanto massuda, a peça apenas intermitentemente chispou água às fagulhas do fino espírito de João do Rio", observou Artur Azevedo em *A Notícia*, cinco dias depois. Continuando, reclama da eliminação das coristas, dos cenários "pré-rafaelitas", dos atores (elogia apenas Cinira), do personagem de um alfaiate de senhoras que "mais parece uma senhora do que um alfaiate", notando que os amigos e conhecidos que lotavam o teatro, "dispostos a aplaudir, a aplaudir muito", "nem ao menos se animaram a aplaudir a cena". Aconselha o autor: "ainda na idade em que recomeçar não cansa, não deve desanimar com o insucesso de uma revista, mas desforrar-se com uma comédia", salientando, entretanto, ditos e situações que fazem rir "os espectadores inteligentes". O anônimo cronista do velho *Jornal do Commercio*, discordando, citou "a felicidade das situações, o achado de certas frases (...) a graça de que está repleta (...) espetáculo que agradou bastante".

O público gostou, pois em 12 de janeiro o espetáculo mudou de teatro, indo para o Apollo, onde ficou dez dias. Nessa mudança foram incluídos novos quadros e uma série de surpresas, como em toda revista que se preza. Um desses esquetes ("Entra, simpático"), ambientado na zona do meretrício, originou uma carta de João do Rio à imprensa declarando não ser o autor. Essa indecisão teria inspirado o crítico Oscar Guanabarino (*O Paiz*), sob o pseudônimo de Carino, a ironizar um diálogo fictício entre o autor e um espectador:

> Que lenga-lenga sem graça!
> E João do Rio, sem perda de tempo:
> "Isso não é meu, é do J. Brito."
> O outro: "Esse último quadro é uma borracheira..."
> João do Rio: "Eu também acho..."
> O outro: "Já sei... Deve ser do J. Brito..."
> João do Rio: "Não... Esse é da Lucinda..."

Apesar de anunciada como luxuosa, a produção foi apressada. Quatro anos depois, ele anotará no "Cinematographo": "os artistas sem saber os papéis, o Cristiano a pensar que descia da sua dignidade em representar revista e a mostrar em cena isso". Apesar de ganhar dinheiro, João do Rio não gostou da experiência, como deduzimos do trecho seguinte, publicado um ano depois:

> Cavalheiro, você sabe o que é a minha peça, a peça que de resto nunca farei? Uma revista. Ora, uma revista com tipos novos é mais uma pilhéria, uma revista sem compadres, a negação do que tenho escrito há quatro anos achando que o molde da revista é a francesa, com compadres e sem comédia. Daí almejar fazer uma revista tal qual a dos outros, deixando os tipos novos e a arte pura (...).

Voltando à *Chic-Chic*: "Tudo prognosticava um desastre. Fui ao teatro, à espera da pateada, e gozei todas as misérias do autor abandonado (...). No dia seguinte abri os jornais. As notícias eram sapos vivos (...). Isso deu-me alegria para começar outra peça no dia seguinte."

Essa foi o drama em um ato *Clotilde*, já que não mais retornará ao gênero musicado. Convidado por Álvaro e Lucília Perez, João do Rio escreveu em tempo recorde, pois a estreia deu-se ainda no primeiro trimestre de 1907. Ele mesmo a definiu como *grand-guignol*, o que em teatro é quase sinônimo de melodrama exacerbado e irônico. E, prova de seu inegável prestígio, em programa duplo com *O dote*, hoje considerada a melhor comédia do mestre e ídolo de infância Artur Azevedo, por sua vez inspirado no conto "Reflexões de um marido", de Júlia Lopes de Almeida, publicado meses antes em *O Paiz*.

As duas peças tratam de desencontros conjugais, mas de maneira muito diferente. Em *O dote* as divergências são por causa dos gastos da esposa, e embora cheguem às vias da separação, os cônjuges terminam reconciliados por causa de uma gravidez inesperada. As maiores qualidades estão na fluência e nos diálogos de Artur Azevedo. Em *Clotilde* acontece o inverso. O enredo é mais interessante que a carpintaria e a moralidade fora do comum. Numa fazenda do interior, desconfiado que é traído, o proprietário cinquentão, revólver em punho, ameaça de morte a jovem esposa. Quando ele sai, descobrimos que essa, Clotilde, que até então julgávamos inocente, é mesmo adúltera, e não há tempo útil de avisar o jovem médico que entrará à noite pela janela de seu quarto. Ela então seduz o empregado encarregado de vigiá-la e o convence a pular a janela. Assim, o criado é morto pelo marido e o verdadeiro amante escapa. Não bastasse a amoralidade do enredo, onde o adultério não é punido, o pano cai com Clotilde agradecendo a Deus ter lhe salvado o amado, a vida e a honra, mesmo ao preço da vida de um inocente.

O duplo espetáculo estreou no Recreio Dramático em 8 de março, com a presença do novo presidente da República, Afonso Pena. *O dote* foi imediatamente consagrada, mas essa estranha *Clotilde* — rebatizada *Última noite* — criou controvérsia. Disse o *Jornal do Commercio*: "Desta vez ficaram em evidência os talentos de que dispõe João do Rio para a literatura dramática. Fez, com um fio de enredo muito simples, muito claro, um ato vivo, comovedor, de uma palpitante realidade." Mas, para o implacável Guanabarino, "se tivesse havido estudo e o autor conhecesse os segredos do teatro, é provável que esse *Última noite* se tornasse um drama de merecimento, mas tal como o ouvimos anteontem, não passa de um ensaio, convindo animar o autor a escrever mais, até adquirir as qualidades necessárias".

A peça, entretanto, não é nada má, e resistiu ao tempo. Embora tenha continuado a frequentar teatros e atores, João do Rio só voltará ao texto teatral em 1912. E dessa vez para vencer.

* * *

A estranha personalidade de Paulo Barreto o impelia a tentar desaparecer na multidão, como a fingir ser "mais um" e não "aquele diferente". Isso é bem evidente na sua abordagem do Carnaval, essa terra de ninguém onde vale tudo, e ao acerto das informações antropológicas soma-se tantas vezes o brilhantismo formal, entre confissões mal disfarçadas.

1904
A cidade é um antro infernal, povoado de diabos barulhentos, nestes dias agitados que precedem a folia carnavalesca.
O Zé Pereira é o senhor absoluto da *urbs*: no centro e nos arrabaldes, em todos os bairros fidalgos e populares, as ruas se enchem à noite do estrépito ensurdecedor desse zabumbar frenético, que é capaz, pela sua violência, de perturbar o sono dos mortos no cemitério (...). Mas não cuideis, ó sacerdotes do Zé Pereira!, que eu, desesperado pelo vosso barulho, venha impetrar, daqui à polícia, alguma medida que ponha cobro ao vosso fervor estrepitoso! Não! Arrebentai-me os ouvidos, mas continuai também a arrebentar os bombos e as caixas de rufo... A vossa matinada infernal dá vida e alegria à cidade, que bem precisa disso, para combater a sua modorrenta apatia: e eu prefiro morrer de atordoamento e loucura a viver numa cidade triste... Continuai! estafai-vos! ensurdecei-me! matai-me!

1908
O Carnaval é perturbador. Eu amo absurdamente o Carnaval, não o Carnaval elegante com os fatos de seda e complicações de bailes ultraperfeitos, mas o Carnaval delirante, despedaçante dos cordões suarentos, dos bosques, dos tambores, o Carnaval da rua e dos bailes públicos, o Carnaval em que a multidão urra, sem máscara, suando e bebendo, na ânsia de todas as luxúrias, de todos os excessos (...).

1920
Só uma vez em rapaz, tentei uma fantasia de caveira para pensar "trotes". Fui vestir-me à casa de um amigo, para guardar o incógnito; e, à

O CINEMATÓGRAFO VERTIGINOSO E A ALMA DAS RUAS (1904-1915)

> noitinha, sentindo a cara queimar-se sob a máscara, entrei no ex-Café Paris, falecido centro da elegância no Largo da Carioca. Tinha o pavor que me conhecessem. Bebi um gelado por canudo e não me achei com coragem de dirigir a palavra a nenhum daqueles cavalheiros, que aliás estavam deferentes ao meu mutismo, como se tratasse do meu enterro. Saí encafifado, olhando a cara grave do pintor Belmiro. Na primeira esquina, um "pai-josé" avisou-me:
> — O senhor traz um letreiro às costas.
> — Tire lá isso.
> Ele tirou. Eu lia letra do Belmiro de Almeida, que escrevera: "Eu sou o Paulo Barreto."

Depois que o prefeito Pereira Passos proibiu o entrudo nas vias públicas, que durante o Carnaval viravam palco de batalhas de baldes d'água e farinha, a festa popular, segundo João do Rio, teria acabado como a festa da Glória ou o bumba meu boi, se não fossem as centenas de cordões carnavalescos que proliferaram do Caju até a Urca.

> Era em plena Rua do Ouvidor. Não se podia andar. A multidão apertava-se, sufocada. Havia sujeitos congestos, forçando a passagem com os cotovelos, mulheres afogueadas, crianças a gritar, tipos que berravam pilhérias (...). Era provável que do Largo de São Francisco à Rua Direita dançassem vinte cordões e quarenta grupos, rufassem duzentos tambores, zabumbassem cem bumbos, gritassem cinquenta mil pessoas (...).

Assim começa "Os cordões", clássico texto de João do Rio, publicado na *Kosmos* e incluído em *A alma encantadora das ruas*. A estrutura é significativa. Relutante, o narrador é levado por um amigo ao desfile dos cordões, descritos como a fúria desembestada dos sentidos, que de tão poderosos terminam arrastando-os pela rua afora. Elementar, meu caro Watson, mas não vamos desprezar o lado documental. Destemidos do Inferno, Relâmpagos do Mundo Novo, Prazer da Pedra Encantada, Amantes do Sereno, Vitória das Belas, Beija-Flor, Rosa Branca, só os nomes nos fazem tremer. Esse último tem história. Segundo entrevista de Hilário Jovino Ferreira (Lalau de Ouro), festeiro pernambucano de renome na Pequena África, concedida ao jornalista Vagalume em 1931, o Rosa Branca foi fundado por ele na Gamboa, na casa de Amélia de Almeida, na Rua da América. João do Rio, num texto na *Gazeta* sobre afoxés, confirma que era na Gamboa, mas na Rua dos Cajueiros (atual Coronel Audomaro Costa). Já outro jornalista, Jotaefegê, afirma que o cordão foi fundado por Leopoldino da Costa Jumbeba, genro da tia Ciata, que morou na Gamboa.

João do Rio visitou a sede do Rosa Branca em 1905, deixando descrição, posteriormente confirmada por outras fontes, das festas das famosas tias baianas, entre elas Amélia de Aragão (mãe de Donga) e Presciliana de Santo Amaro (mãe de João da Baiana). "Quem quer sambar vai para os fundos, quem gosta de bailes, fica polcando na frente." É impressionante como suas informações coincidem com as de Lalau de Ouro, no que tocam à organização do cordão: mestre-sala ("papel muito mais difícil que dos marcadores de quadrilhas nos bailaricos burgueses"), porta-machado ("meninos encarregados de abrir caminho para o cordão"), porta-bandeira, pastoras. João do Rio ainda acrescenta o "achi-nagu ou homem da frente, vestido ricamente de veludo, seda e lantejoulas". Ambos citam o som da flauta, do cavaquinho, do violão e do pandeiro — o clássico conjunto de samba-choro. O estandarte do Rosa Branca tinha fundo encarnado e azul-marinho com um negro de perfil em primeiro plano, um elefante e uma palmeira.

A repercussão dos artigos atraiu a atenção da imprensa para o espetáculo popular, até então visto um pouco a distância pelos intelectuais. No ano seguinte, a *Gazeta* instituiu a Festa dos Cordões, concurso carnavalesco na segunda-feira de Carnaval, para premiar as agremiações vence-

O CINEMATÓGRAFO VERTIGINOSO E A ALMA DAS RUAS (1904-1915)

doras. João do Rio participou dos primeiros júris. Esse foi o embrião do hoje milionário desfile carnavalesco das escolas de samba.

Há pouco falamos da influência de Oscar Wilde, o cínico e espirituoso dândi. Merece também ser citada a de Jean Lorrain, principalmente a dos contos reunidos em *Le crime des riches* e *Histoires de masques*. Mais exagerado e agressivo que seu colega irlandês, em seu estilo surgem mais evidentes os excessos de adorno, as obsessivas descrições de cores, assim como os abundantes paradoxos que caracterizam o *art nouveau* nas artes visuais e na literatura. A fusão das elaboradas construções desse estilo com os fluentes diálogos de Artur Azevedo, e outro tanto da veemência panfletária de José do Patrocínio (morto esquecido em 1905), resultou na prosa de João do Rio. A presença de Lorrain é uma constante, particularmente curiosa em dois contos ambientados nos bailes carnavalescos populares da Praça Tiradentes.

O primeiro, "Atrás do máscara/História de carnaval", de março de 1908, é praticamente desconhecido, pois nunca foi publicado em livro, ficando esquecido na coleção da *Gazeta*, na Biblioteca Nacional. A construção deixa a desejar. Começa com a descrição do desfile dos cordões (com frases inteiras do artigo da *Kosmos*), sendo o narrador guiado por um pierrô elegante e magro, com dois olhos ardentes por trás da máscara branca. Subitamente, passam a seguir um homem alto fantasiado de Morte, primeiro na rua, depois no baile do São Pedro, onde esperneavam...

> rapazes de família rica quase bêbados, cocotes, criaturas indecisas, senhoras burguesas um tanto assustadas com a companhia, atrizes dando gritinhos nervosos (...) fúfias desgrenhadas tinham arrotos de cachaça (...). Uma loucura de depravação desencadeara-se paroxismando as velhas paredes do teatro. Cada um dançava como queria... No corredor das frisas, um grupo de estudantes, às gargalhadas, torturava um ser ambíguo, vestido de espanhola, com os olhos pin-

tados e um sinalzinho na face. É homem! Não, senhor, é mulher! E a espanhola, batendo o leque: *Dios que quiero volver al baile...*

Depois de muito procurar, encontram a Morte num camarote, em atitude suspeitíssima com um casal de mulatos. No momento em que o estranho personagem vai reagir, algo acontece lá fora, mudando pela terceira vez o curso do enredo.

> Todos se voltaram para um camarote. Trepado no balaústre vermelho, de perfil, numa atitude estudada, uma criatura tão fina e airosa que mais parecia um Saxe frágil, estendia os dois braços róseos e nus. Tinha o calção de seda cinza, o torso esculturado em veludo verde, nos cabelos cor de libra esterlina uma cabeça de bicho, e, caindo largamente das espáduas por fora do camarote, um manto largo de penas estreladas de olhos de ouro, como a cauda imensa de um pavão real.

É o Vício Triunfal tripudiando sobre a multidão. Aproveitando o descuido, a Morte escapa de mansinho, e o conto termina com comentários sobre o Pavão Misterioso.

> É o Parazêda, chegou de Nápoles, onde teve complicações com a polícia. Filho da mais rica viúva do Brasil. Deve ter para defender a exibição alguns capangas no fundo do camarote, mas acaba apanhando, como acontece todos os anos. Inteiramente doido. Heliogábalo, meu caro!

Esse personagem é sem dúvida inspirado em Umberto Parazêda, transexual brasileiro que se apresentava como condessa na Alemanha, e suicidou-se às vésperas de seu casamento com um barão. A tragédia foi publicada na *Gazeta* dois meses antes do conto. Também possui muitos traços do escandaloso príncipe russo Noronsof, do romance de Lorrain

O CINEMATÓGRAFO VERTIGINOSO E A ALMA DAS RUAS (1904-1915)

Le vice errant. Ambos eram filhos de viúvas milionárias. A Morte também é personagem de um conto desse autor, "La vengeance du masque". Em determinado momento o narrador de João do Rio fala da "vingança dos máscaras, o vitríolo", revelando conhecer o texto de Lorrain. Nele, durante o Carnaval de Nice, um casal inglês reage assustado a um mascarado, defendendo-se a guarda-chuvadas. O folião fica cego sem que eles saibam. Anos depois, no mesmo local, vestido de Morte, ele se vingará jogando vitríolo nos seus agressores. A surpresa final, quando debaixo da máscara carnavalesca surge a chaga horrenda, dá o tema do segundo conto em questão, publicado 15 dias depois.

"O bebê de tarlatana rosa" é o conto mais conhecido de João do Rio e um clássico da literatura brasileira. A estrutura é bem mais firme e sofisticada que a do anterior, pois não tem indecisões sobre a preparação do clímax. Ambos, no entanto, originam-se em *The masque of Red Death*, de Allan Poe, onde a Morte Vermelha (a varíola) penetra sem ser percebida no encantador baile do Príncipe Próspero, sendo confundida com um convidado mascarado.

Heitor de Alencar, incorrigível *blasé*, conta para um grupo de amigos uma estranha aventura de Carnaval. Indo chafurdar na volúpia dos bailes do teatro Recreio, conhece alguém fantasiado de bebê, com quem se diverte durante os três dias de folia. Seu sexo é ambíguo, pois embora em certos momentos o narrador exclame "Que mulher!", por 13 vezes se refere ao Bebê como "ele", contra 14 como "ela". No final de cada madrugada, desaparecia. Na última noite resolvem ir às vias de fato na escuridão das cercanias da Praça do Rocio, mas, oh! surpresa, ao arrancar o nariz postiço do Bebê para melhor beijá-lo, depara com a cara deformada e cavernosa de uma leprosa, que empurra para longe, enojado.

— Perdoa! Perdoa! Não me batas. A culpa não é minha! Só no Carnaval é que eu posso gozar. Então aproveito, ouvis-te? Aproveito. Foste tu que quiseste...

Num ambiente de permissividade momentânea (o baile popular carnavalesco), a Morte ronda o Prazer, sugerindo ameaças de pancada ou terríveis epidemias para os que ousam ultrapassar os limites da interdição. No Rio de Janeiro da época imperavam a bexiga, a sífilis e a gonorreia. Já na sua famosa reportagem sobre o morro de Santo Antônio, do mesmo ano, João do Rio retorna do samba de madrugada, pensando na possibilidade de ter pegado alguma doença. Era uma paranoia carioca. Moralismo e complexo de culpa, lado a lado, surgem transfigurados nas imagens faiscantes do *art nouveau*.

* * *

— A civilização caminha. Esteve no bar do Botafogo, no Pavilhão Mourisco, no Leme. Está agora na Exposição. Para onde irá amanhã? Para a ilha Rasa.
— E V. Exa. acompanha-a?
— Que se há de fazer?

Em 9 de julho de 1908, uma quinta-feira, a primeira página da *Gazeta de Notícias* foi toda ocupada por um grande anúncio do governo. Abaixo da frase "O novo rumo da administração brasileira", uma alegoria onde Pedro Álvares Cabral e uma senhora não identificada (será a nação brasileira?) contemplam satisfeitos a baía de Guanabara, às margens da qual se ergue um conjunto de construções bizarras. Um texto esclarece: "Exposição Nacional de 1908 no Rio de Janeiro para comemorar o primeiro centenário da abertura dos portos do Brasil ao comércio internacional abrir-se-á de 14 de julho e encerrar-se-á a 12 de outubro — A Exposição constará das seguintes seções: Agricultura. Indústria Pastoril. Várias Indústrias. Artes Liberais." No miolo do jornal, mais três páginas sobre o evento, matéria paga governamental.

O CINEMATÓGRAFO VERTIGINOSO E A ALMA DAS RUAS (1904-1915)

Também nas duas quintas-feiras seguintes, quatro páginas sobre o mesmo assunto, a grande Exposição! Assim como Rodrigues Alves marcara sua presidência com o saneamento e a reforma do Rio de Janeiro, Afonso Pena aproveitara a onda de otimismo ("o Rio civiliza-se", dizia-se então) para lançar a feira de produtos nacionais. Foi um evento milionário que, em menos de oito meses, construiu uma verdadeira cidade na praia Vermelha, na Urca. Cada estado da federação teve direito a um pavilhão (leia-se palácio), e foram feitos ainda dois teatros e três restaurantes. As fotografias de *A Revista da Semana* atestam o delírio visual. Passando por uma Porta Monumental amouriscada, destacavam-se os edifícios dos três principais estados (São Paulo, Bahia e Minas Gerais), no estilo dos sepulcros indianos de Agra, entre outras influências mirabolantes.

Paralelamente à criação de bois-zebus, artesanato em folha de bananeira e pedras semipreciosas, a exposição manteve atividades culturais, mostras de quadros e concertos. Ali foram tocados pela primeira vez no Brasil os novos compositores russos que impressionavam a Europa (Borodine, Rimsky-Korsakov), ao lado de Wagner e dos brasileiros José Maurício e Carlos Gomes. Também se apresentaram modinhas brasileiras, por sugestão de João do Rio (que reclamou no "Cinematographo" do beletrismo de Catulo da Paixão Cearense corrigindo os erros populares e tirando a espontaneidade do evento) e os tanguinhos brasileiros de Ernesto Nazareth. Até mesmo uma banda de índios bororós, ensaiada por um padre salesiano, teve a sua vez.

Apesar de anunciada para 14 de julho, a exposição só abriu mesmo em 11 de agosto, inaugurada pelo presidente da República e os dois responsáveis pela façanha: o ministro Miguel Calmon (Obras Públicas) e o engenheiro Sampaio Correia. No dia seguinte estreou o teatrinho João Caetano, apresentando um repertório nacional, selecionado e dirigido por Artur Azevedo, e interpretado por atores famosos. Duas peças dele mesmo (*Vida e morte* e *O dote*), duas de Martins Pena (*O noviço* e *O irmão das almas*), duas de Coelho Neto (*Quebranto* e *A nuvem*), uma de França Júnior (*As doutoras*), uma de Machado de Assis (*Não consultes médico*), uma de José de Alencar (*Asas de um anjo*), uma de Goulart de Andrade (*A sonata ao luar*) e uma de cada uma das partes do casal Júlia Lopes e Felinto de Almeida (*A herança* e *O defunto*).

A tentativa vinha coroar a campanha de Artur por um auxílio estatal para o teatro dramático nacional, com a criação de uma companhia e um teatro municipais (esse já em construção). O resultado, no entanto, não foi dos melhores, dado o repertório numeroso e o pouco tempo de ensaios. Num momento de lucidez crítica, João do Rio, observando esse florilégio da nossa escassa dramaturgia, notou como a maioria era composta por dramalhões centrados em mulheres infelizes, poucos personagens femininos escapando de alguma modalidade de martírio.

Com tudo isso e mais regatas, banquetes, festas infantis, corso e batalha de flores, somando-se o apoio da imprensa, a exposição tornou-se um ponto de encontro obrigatório para os cariocas. Havia o ponto dos *snobs* (o restaurante Pão de Açúcar), o ponto dos fofoqueiros (o bar da Brahma) e o dos anônimos (o restaurante Rústico). No pôr do sol, ao esmaecer dos tons rubros e dourados, vinha o grande espetáculo: o acender de milhares de luzinhas multicoloridas e faiscantes, pelo meio das plantas, caindo das árvores, cobrindo os detalhes suntuosos dos palácios dessa milionésima segunda noite. João do Rio escreveu sentir-se qual um personagem futurista de H.G. Wells "a fazer uma longa peregrinação dentro de um diamante colossal". E tinha mais. Depois do escurecer, vinha a queima de fogos de artifício, ainda mais deslumbrante, segundo as descrições. "Nuvens de rubis e safiras, nuvens de âmbar e rubi, nuvem prateada, nuvens de turquesas e esmeraldas, aluvião de libelinhas formada por imensos foguetes, cachoeira misteriosa despenhando-se em silêncio sobre a superfície do mar, rodamoinhos ígneos..." Ufa! Quanta cor!

Durante os três meses que durou (até 15 de novembro), a exposição sofreu dois baques que a poderiam ter destruído. Em 29 de setembro morreu Machado de Assis, o mestre da Academia. Menos de um mês depois, Artur Azevedo, o mestre da ribalta. Por coincidência, trabalhavam ambos na mesma repartição do Ministério da Agricultura. Os respectivos velório e funeral movimentaram a cidade, e João do Rio esteve presente em ambos. Não sendo próximo a Machado, e certamente ressentido com a oposição que esse ofereceu nas duas vezes que tentou ser acadêmico, não dedicou a ele uma linha sequer. A Artur Azevedo, quase um amigo, deixou uma bela homenagem em *A Notícia*.

Voltemos à Exposição Nacional. Terá sido ela apenas um acontecimento mundano e festivo, sem nenhuma outra contribuição?

Pelo contrário, parece ter acelerado um processo nacional de autoconhecimento, embrião de um orgulho e consciência brasileiros. Na coluna "Cinematographo" e em outros artigos João do Rio condena a tentativa dos esnobes em ignorar o evento, e de como foram obrigados a frequentá-lo para não ser ultrapassados pelos acontecimentos. No antológico "Quando o brasileiro descobrirá o Brasil?", publicado às vésperas da inauguração, desmonta a mentalidade tacanha dos que conhecem a história de cada ruela de Paris ou Istambul e nada sabem das nossas coisas, que consideram "maçantes" e de "mau gosto". Esses, conclui, estarão definitivamente deslocados dentro da Exposição Nacional. E não deu outra.

— Mas, então, Minas não tem porto de mar?
— Infelizmente, minha senhora. Apesar do Brasil ter as costas largas, Minas é um dos quatro estados centrais, sem porto de mar.

— Quatro, só?
— Infelizmente, quatro só. Apesar do Brasil ter muitos estados, os outros não aderiram no movimento de horror ao oceano.

Até então João do Rio vinha se destacando principalmente pela descrição de costumes das classes populares, vistas quase como pertencentes a um outro mundo, outra cultura. Pouco a pouco, esse admirador de Balzac vai se aventurar pelas classes mais altas, que observará de um ponto de vista terrivelmente crítico, irônico até. Se aos dominados deplora a pobreza e a falta de cultura, nos dominadores criticará a insensibilidade social e... a falta de cultura.

Embora a formação positivista lhe tenha dado uma boa base em história e sociologia, creio não ser temerário dizer que o próprio cronista foi um dos seduzidos pelo país apresentado na Exposição, "mostruário colossal para o mundo e para o Brasil", anunciando o progresso "com a entrada de capitais para a exploração das riquezas naturais e o desenvolvimento das indústrias e as consequências do íntimo conhecimento interestadual", pois "o Patriotismo não é manifestação de bandeira, nem gritos contra estrangeiros quando eles afirmam sua superioridade (...) é demonstrar no concerto das nações, o seu valor igual ou maior do que os outros, na indústria, na arte, no progresso (...)".

* * *

Conhecer a Europa, principalmente Paris, era condição *sine qua non* para ser alguém na sociedade carioca da bela época. Todo ano, iam e voltavam os felizardos, que traziam as novidades e exageravam qualidades para seus parentes e amigos. Tendo sido 1908 um ano de boa produtividade, com dois livros (no final do ano saiu a tradução da *Salomé* de Oscar Wilde) e duas peças encenadas, João do Rio, de posse de algum dinheiro, preparou-se para sua primeira viagem transoceânica.

O CINEMATÓGRAFO VERTIGINOSO E A ALMA DAS RUAS (1904-1915)

Viajar! Como eu sentia a necessidade de viajar, só, inteiramente só! E foi, quando a Exposição terminou, quando bruscamente a Cidade Maravilhosa, a obra estupenda, apagou o seu sonho glorioso, não resisti. Vou!
Corri com um ar estrangeiro à agência de paquetes, comprei uma passagem e toquei para uma fábrica de malas, sorti-me de tudo que o fabricante julgava necessário, e quando o homem dizia:
— Vejo que V. Exa. parte para uma viagem? Longa decerto?
— Dois ou três anos — fiz com altivez, para ocultar a mentira (...).
E saí triunfante.

Assim, ao meio-dia de 2 de dezembro, João do Rio embarcou no *Araguaya*, da Mala Real Inglesa, com destino a Lisboa. Além da aflita d. Florência, compareceram ao embarque amigos como Helios Seelinger e Medeiros e Albuquerque. Viajavam no mesmo navio Olavo Bilac, o grande parnasiano, já tendendo ao alcoolismo, na sua décima quinta viagem à Europa; Batista Coelho (João Phoca), o célebre jornalista e revistógrafo; o empresário teatral Celestino Silva, dono do teatro Apollo; o importante político baiano J.J. Seabra. Depois de duas escalas, uma em Salvador (cuja Cidade Baixa o fascinou numa visita de poucas horas) e outra em Recife (não deixou registro), "perdemos terras brasileiras e não vimos Fernando de Noronha. Felizmente! Cada um de nós, brasileiros a bordo, demos esse ufff! de liberdade que se transformará em suspiro de saudade dentro de alguns meses".

As duas semanas da viagem transcorreram sem maiores incidentes e foram bem documentadas: os maçantes passageiros ingleses, o alemão que se atirou ao mar "para nadar" e foi preso depois de recolhido; a festa da tripulação na passagem do equador; as conversas no convés com os companheiros de bordo. Há momentos de pura ficção com a personagem Kanitat, passageira de "pele vesperal e o olhar cor das vagas verdes" com os "cabelos dourados", que surge como uma "encantadora tentação de bordo". É quase um diário, embora com trechos discordantes, como as duas maneiras como narra a primeira visão de Lisboa. No artigo para *A Notícia*, ele, sonolento, chega de má vontade ao convés no exato momento em que o *Araguaya* entra no rio Tejo. Já na *Gazeta de Notícias*, ao contrário, todos os passageiros, excitados, escutam alguém apontar os principais monumentos da cidade, relembrando o passado de Portugal.

Assim que o navio atracou, Bilac, mais do que depressa, pegou um trem e seguiu para Paris. João Phoca tinha negócios a tratar, pois fora fazer duas conferências. Guiado pelo jovem diplomata Oscar de Teffé, João do Rio hospedou-se no Hotel Europa (defronte do Chiado), "sem vislumbre de luxo". Fora para ficar dois dias, e ficou duas semanas, porque na verdade apaixonou-se por Lisboa de tal modo que sua vida pessoal e profissional nunca mais foi a mesma. "Que poder tóxico tem Lisboa!", desabafará muitos anos depois. E deixou-se viciar.

A situação em Portugal era ambígua. Um ano antes, na Praça do Comércio (Terreiro do Paço), no coração da capital, dois anarquistas, um professor português e um operário espanhol, assassinaram a tiros, de uma só vez, o rei Carlos I e o príncipe herdeiro d. Luís Felipe. O soberano era altamente impopular pelas medidas repressoras do ministro João Franco. O novo rei (d. Manuel II) tinha apenas 19 anos, e embora tenha decretado uma anistia e suspendido a censura à imprensa, era inteiramente dominado pelo partido clerical, por intermédio da rainha-mãe, d. Amélia. Assim como no Brasil, a excessiva subserviência dos Bragança à Igreja Católica Romana ameaçava o futuro da monarquia.

Entre nós a colônia portuguesa era bastante numerosa no Rio, em Salvador e no Pará. E também muito rica, o que equivale a dizer poderosa. Boa parte da imprensa brasileira era paga com seus investimentos, muitos portugueses ocupavam cargos de direção, e cada jornal tinha a

O CINEMATÓGRAFO VERTIGINOSO E A ALMA DAS RUAS (1904-1915)

sua coluna (quando não uma página semanal) de assuntos portugueses. Pois bem, os lusitanos cariocas eram monarquistas, e ficaram perplexos com os acontecimentos. Um livro apologético do falecido monarca tinha sido encomendado pela Garnier a João do Rio, que o escreveria com o pseudônimo João Oliveira, mas a tragédia gorou o projeto. Raimundo Magalhães Júnior, em *A vida vertiginosa de João do Rio*, declara que a viagem à Europa teve como único objetivo as reportagens portuguesas.

Seus guias em Portugal foram Manuel Souza Pinto e Carlos Malheiro Dias, dois portugueses nascidos no Brasil. O primeiro, ex-cronista do *Correio da Manhã*, o segundo, autor de um romance escandaloso (*A mulata*) e na época diretor de *A Ilustração Portuguesa*. João do Rio foi levado ao Tavares, o melhor restaurante, e apresentado ao Teixeira, o mais importante livreiro da cidade, cuja loja era um ponto de encontro equivalente à Garnier, no Rio. Travou, assim, conhecimento com os principais nomes da literatura local, dos quais deixou impressões inesquecíveis. O contista Fialho de Almeida, cujo estilo exacerbado e satírico era condenado pelos conservadores, autor de "O cancro" (outra possível fonte de "O bebê de tarlatana rosa"), é assim descrito: "homem grosso, de estatura meã, *cavaignac* quadrado, boca espessa e sensual e dois olhos miúdos, mas de uma viveza excepcional (...) a voz (...) um pouco rouca." E o extemporâneo Júlio Dantas, o autor teatral de maior sucesso, compondo em alexandrinos sentimentais as célebres *A severa* e *A ceia dos cardeais*: "de negro, com uma pulseira de ouro no punho direito, dois olhos lindos e inquietos, o ar vagamente nervoso". Ou ainda o naturalista radical Abel Botelho, "artista integralmente notável", que vinha de publicar o quarto livro de sua série "Patologia social", cujo primeiro (*O barão de Lavos*, 1891) tratava do ousado tema do homossexualismo, antecedendo em quatro anos o nosso *Bom crioulo*, de Adolfo Caminha. João do Rio recebeu boa acolhida da elite lisboeta, como podemos deduzir das resenhas de *A alma encantadora das ruas* e de *O momento literário*, que localizamos em *O Século*.

Na correspondência entre Lima Barreto e Noronha Santos ambos reclamam que João do Rio teria dito a Teixeira nunca ter ouvido falar do *Isaías Caminha* e seu autor. O livro estava para ser publicado em Portugal (e foi). Mas como esperar solidariedade de João para um romance, que, como vimos, o satirizava impiedosamente? Quando voltou da Europa ele teria procurado Noronha e Lima para se explicar. Esse, numa carta de maio de 1909, escreveu: "O Paulo encontrou-me na rua e falou-me cheio de blandícias. Que filho da puta!"

Para um *flâneur* compulsivo, Lisboa é um excelente cenário, quer por suas praças bem projetadas no Centro, quer pelas ruelas pitorescas do Chiado ou das Costas do Castelo de São Jorge. É linda, e seu povo muito sociável. Como é adequada a sua descrição do velho mosteiro dos Jerônimos, "joia colossal e magnífica", cujo interior, "na semissombra avivada pelos grandes olhos pálidos das rosáceas, deu-nos de repente uma impressão de esmagamento". Anota a crescente população negra da capital portuguesa, pretos ricos das ilhas cacaueiras de São Tomé. Compara o conservadorismo das mulheres ("católicas, verdadeiramente"), a irreverência dos homens ("o povo odeia os padres de tal modo... que eles não se atrevem a andar com as suas vestes") e a beleza da população ("os garotos portugueses são as mais belas formas que Deus pôs no mundo"). Atestou o republicanismo latente nas entrevistas que realizou com populares, políticos e jornalistas. Reclama do custo de vida.

Não poderia deixar de frequentar os teatros, que não considerou melhores que os nossos. Aproximou-se do empresário Eduardo Vitorino, que vinha da façanha de encenar no teatro Príncipe Real 27 peças no intervalo de um semestre. Conhece Adelina Abranches e reencontra Lucília Simões, filha da grande Lucinda. Essas três são as grandes estrelas. Entre os homens, encantou-se com Augusto Rosa:

O CINEMATÓGRAFO VERTIGINOSO E A ALMA DAS RUAS (1904-1915)

> (...) deve ter mais de 50 anos. É um tipo gordo e alto (...) encarna a compreensão mais acabada, a mais moderna do teatro. Não é uma vocação impulsiva; é um mental; não é um ator, é um artista; não é um fazedor de cenas, é o criador de mundos artificiais, mundo que ele anima de uma vida irradiante (...). Os que gostam de teatro frenético, dos versos em italiano, das vozes em *tremolo*, dos grandes gestos pantafaçudos, não o vão ver (...). É o mesmo que dar a apreciar a um glutão um prato refinado.

Escravo da noite, João do Rio também percorreu, no baixo mundo da Alfama e da Mouraria, as casas de fado, com origens tão próximas do banditismo, da prostituição e da ciganagem. "As baiucas lembravam coisas por mim vistas na Saúde no Rio. Uma atmosfera encorporada de fumo e de cigarros, da fumaça das coisinhas, embaçava os lampiões (...). Havia esparsos pelas mesas, sentados em bancos, uns homens pálidos, de cigarro no canto da boca, o olhar ou indeciso ou irônico." Estamos em plena atmosfera decadentista, mas nem por isso menos verossímil.

> Havia na sala mais de uma dúzia de homens. Nenhum deles era o amante ou o preferido. Certo a Júlia era fácil, certo se algum deles a desejasse talvez não houvesse dúvida da parte dela, desde que um pouco de simpatia a prendesse. Mas se o seu perfil era curioso e a sua carne moça, os que lá estavam tratavam-na como camarada e eram de fato fascinados pelo seu fado. Ela bebia cerveja, café, vinho branco. Queria alegrar-se. Estava vestida simplesmente e não tinha uma joia. A cada novo fado sentia-se rouca, deixava que a rogassem (...) sorria e cantava, a guitarra na mão, o pé esquerdo na cadeira onde me sentara (...). Era como uma estranha música da vida em que cada som, em íntima harmonia com os sons da guitarra, correspondia e tonalizava de cor justa cada palavra da letra; era a dolorosa vida humana feita de sangue, de miséria, de alegria e de chalaça (...).

Deixou Lisboa na direção norte, rumo ao Porto. Ficou encantado por descobri-la menos afrancesada que a capital, bastante próxima de seu adorado Rio de Janeiro anterior a Pereira Passos.

> Basta lá passar uma semana para se ter certeza de que foi a gente do norte de Portugal que formou as nossas cidades. (...) Descobri ruas evidentemente mães da antiga Rua da Carioca, da Rua Correia Dutra, e, em arrabaldes na estação da Boa Vista, por exemplo, não sabia bem se estava no Porto, se no *boulevard* de Vila Isabel ou na estação final da Rua Voluntários da Pátria.

João do Rio não foi ao norte apenas para passear. Interesses menos mundanos o conduziram aos Irmãos Lello Editores, assinando com eles um contrato para o livro *Cinematographo*, seleção de artigos tirados da *Gazeta* e de *A Notícia*, a grande maioria sobre a Exposição Nacional. Os Lello "são bons, meigos, honrados à antiga portuguesa, têm o precioso respeito, a veneração pelo talento". Eles o conduziram ao maior nome da literatura portuguesa da época: Guerra Junqueiro, então com 59 anos, ex-teólogo, ex-deputado, poeta tonitroante e anticlerical, republicano radical, perseguido político, grande idealista. Uma espécie de Victor Hugo português.

> Diante de mim, a esfregar as mãos com muito frio, estava um homenzinho. Tinha um grande sobretudo, um gorro e uma barba fluvial. Na face acentuava-se a curva do nariz e brilhavam dois olhitos ironicamente. (...) Estava pobremente vestido e suas barbas tinham um vago brilho de azeviche (...). Era um ser de onde irradiava qualquer coisa de supremamente bom e formoso (...) desses varões tão nobres e tão cheios de bondade ingênua, que a gente tem vontade de beijá-los com respeito.

O CINEMATÓGRAFO VERTIGINOSO E A ALMA DAS RUAS (1904-1915)

O veterano poeta de *A velhice do Padre Eterno* e o jovem cronista de *As religiões no Rio*, surpreendentemente, se deram às mil maravilhas, chegando a encontrar-se duas ou três vezes no mesmo dia. Conversaram sobre ocultismo, um interesse comum, e sobre a possível ida do português ao Brasil, para conferências.

Era hora de seguir viagem. Embora tenha posteriormente declarado que esteve em Londres, João do Rio nada escreveu sobre a cidade onde brilhara Oscar Wilde. Paris foi diferente. Rendeu quase uma dezena de artigos: o trabalho de divulgação de nossa embaixada, os estudantes brasileiros na França, as pontes e os cabarés da Cidade Luz. Matérias um tanto ou quanto didáticas, mesmo quando disfarçadas de ficção. Notou a presença de Santos Dumont, que continuava morando no Champs--Elysées, visitando a família imperial no exílio e frequentando a roda boêmia do Maxim's em companhia do caricaturista Sem. Emocionou-se ao reencontrar o companheiro de adolescência boêmia, o seresteiro Geraldo, brilhando no Abbaye d'Albert, "o ponto *chic* de Paris", cantando e dançando o maxixe "Vem cá, mulata", a ponto de enriquecer em pleno Pigalle. Mas o que mais o impressionou — mais que os quadros de Gustave Moreau, a visita ao túmulo de Wilde no cemitério Père-Lachaise ou as estátuas gregas do Louvre — foi uma bailarina americana a quem assistiu numa matinê repleta no teatro Gaité-Lyrique, ao lado de Edgar de Almeida Prado e Severiano de Resende.

> (...) desde que o pano se ergueu sob um cenário flutuante cor de palha de seda, e essa mulher apareceu, eu tive a sensação de que era arrebatado (...). E o meu arrebatamento era o de toda a gente. (...) Paris devia prosternar-se diante da divina Isadora.

Sim, Isadora Duncan, consagrada aos 29 anos nessa sua segunda apresentação na capital francesa. Veremos que futuramente se tornarão grandes amigos. Mas não agora. João do Rio também entrevistou Réjane, a mais importante atriz francesa depois de Sarah Bernhardt, que já conhecia o Rio e se preparava para nova excursão pela América do Sul.

E não poderia faltar o artigo ambíguo e decadentista sobre o submundo dos gigolôs — ou apaches, como eram então conhecidos.

> Para conhecer uma cidade vale conhecer a camada alta e a camada baixa. A média é perfeitamente inútil e desinteressante (...). Se o mundo não tivesse bandidos declarados e assassinos — era preciso inventá-los (...). Com raras exceções, o apache é moço, adolescente. Quase sempre tem a beleza animal que as mulheres amam.
> Cada apache é uma recordação turva do esplendor de Alcebíades: combina o vício, a coragem, a beleza e a inconsciente imprudência, abocanhando a vida com gula voraz (...). E percorríamos a pé os lugares sinistros, os banhos de vapor baratos, as *maisons louches*, os bares macabros, investigávamos os passeios do Sena (...).

E depois de tudo isso, o tal apache, Lulu la Brosse, ainda recusou teatralmente a gorjeta do repórter brasileiro. Realidade ou ficção?

Ao visitar a sede da editora Garnier, na Rua de Saint-Pères, e comentando como ficara impressionado com o cancioneiro lusitano, recebeu imediatamente a encomenda de uma coletânea, assinando ali mesmo o contrato e embolsando o adiantamento. Assim nasceu *Fados, canções e danças de Portugal* (35 fados, 85 canções e 78 danças — muitas delas com a partitura musical). A Introdução foi escrita em março, em Nice, a capital da Côte d'Azur, onde três anos antes falecera Jean Lorrain. Lá, flanando em companhia do fictício Olegário Pradal, encontrou o fotógrafo Estévan Lartignac, vindo do norte da África, que lhe vendeu fotografias de jovens magrebinas que enfeitarão um artigo n'*A Ilustração Brasileira*.

Da Riviera João do Rio retornou a Portugal, através da Espanha, da qual não deixou também um só registro. Não é possível precisar a data,

O CINEMATÓGRAFO VERTIGINOSO E A ALMA DAS RUAS (1904-1915)

mas foi seguramente no início de março, pois no dia 13 desse mês sua presença foi notada em Lisboa pela imprensa portuguesa num banquete em homenagem a Júlio Dantas, em companhia do Fialho, do Abel e do Malheiro. Três dias depois, embarcou no *Danube* de volta ao Brasil.

* * *

O destino certas vezes nos prega peças, compensando cada pequena alegria com uma grande tristeza. Ao mesmo tempo que o filho embarcava em Lisboa de volta para casa, no Rio de Janeiro, seu pai, o professor Coelho Barreto sentiu-se mal, com tonturas e dificuldade para respirar, suspendendo as aulas na Escola Normal. Mesmo sob os cuidados de d. Florência e suas irmãs, além de uma junta médica, veio a falecer no dia 20 de março, de colapso cardíaco, aos 54 anos.

Observando seu último desejo, foi sepultado segundo o ritual do Apostolado Positivista, no cemitério São João Batista, em Botafogo. Na lápide de seu mausoléu foi gravada a mensagem: "Procurei sempre pôr o meu sentimento, a minha inteligência e a minha atividade a serviço da Humanidade."

Uma semana depois, estando a viúva impedida "em respeito às convicções filosóficas do marido", os cunhados Ernesto Senna, Thimocleia e Adelina mandaram rezar missa na Igreja de São Francisco de Paula. Florência enfrentou todas essas cerimônias com inesperada sobriedade, mas não pôde conter as lágrimas quando o filhinho querido finalmente desceu no cais Pharoux, já avisado por telegrama da morte do pai, na escala do Recife.

A morte do professor Coelho Barreto, lamentada não apenas pelos familiares, vai marcar um afastamento gradual de João do Rio dos temas antropológicos de seus primeiros livros, rumo a um mundanismo crescente e a um excessivo burilamento de estilo. Por influência da mãe.

Os dois ficaram praticamente sós no mundo. Sem ascendentes de posse e sem dinheiro, o professor tivera uma vida exemplar de estudioso, sem deixar herança, a não ser a própria Florência. E essa não será um fardo leve. Possessiva e meio infantil, ávida de borborinho e aplausos, ela não desgrudará do filho até a morte desse, e posteriormente cultuará sua memória. Pedro Nava, que a viu pessoalmente quando criança, exatamente nessa época, a descreveu como "uma confusão de veludos e sedas pretas, de plumas, de véus com *pois*, de cabelos pintados, de enfeites, de olhos grandes (...) ela lembrava uma gôndola, mais que isso, uma supergôndola". Em suma, uma perua.

Quando prestes a adquirir independência econômica, João do Rio se viu como arrimo de família. As despesas duplicaram. Logo mudaram-se da Rua Senador Dantas para duas casas menores, porém próximas. Uma para ela, na Rua do Resende, nº 20; outra para ele, na Avenida Mem de Sá, nº 91, esquina com Rua Gomes Freire. Assim se foi a maior parte do conto de réis recebido com o novo contrato assinado às pressas com a Garnier para a coletânea de contos *Dentro da noite*.

***

O ano de 1909 foi marcado por outras mortes, algumas bem ilustres. Desde janeiro a situação política fervia, evoluindo para a crise que encerrou a fase áurea da República Velha, que, mal ou bem, vinha modernizando o Estado: institucionalização sob Prudente de Moraes, saneamento financeiro sob Campos Salles, saneamento e modernização sob Rodrigues Alves, continuado por Afonso Pena. Esse pretendia passar a faixa presidencial para seu jovem ministro da Fazenda, David Campista. Mas surge algo inesperado: o ministro da Guerra, Hermes da Fonseca, sobrinho do velho Deodoro — célebre pela reforma do Exército, positivista e admirador da Prússia (porém legalista em duas tentativas de golpe militar) —, é lançado

O CINEMATÓGRAFO VERTIGINOSO E A ALMA DAS RUAS (1904-1915)

candidato por um grupo de políticos dos estados menores, revoltados com o rodízio São Paulo/Minas Gerais (a célebre política café com leite). Entre esses estava o poderoso senador gaúcho Pinheiro Machado, líder carismático que dominava a máquina por meio de mecanismo (legal) de confirmação, ou não, dos eleitos. Esse derrubou o líder do governo na Câmara (Carlos Peixoto), provocando uma crise. Outro senador, Rui Barbosa, de tendência liberal e possível candidato, revoltou-se e rompeu com Machado, seu compadre e amigo. É interessante vermos tão cedo delineados três dos arquétipos mais frequentes da política brasileira: o militar nacionalista, o líder populista e o senador liberal.

Nessa confusão toda, o presidente da República, pressionado por todos os lados, caiu de cama no início de junho, falecendo duas semanas depois. Assumiu o vice, Nilo Peçanha, político fluminense que, como já vimos, indicou Paulo Barreto à *Gazeta de Notícias*. O país ficou traumatizado e os opositores da candidatura militar vagaram atrás de um candidato ideal. Convidam Rio Branco, o que teria feito do Brasil a única república da história a ter um barão na presidência e uma ex-bailarina de cabaré como primeira-dama. Esse relutou, e os dois meses perdidos serão fatais para essa facção. Logo veremos como João do Rio foi envolvido nessa história.

* * *

A *belle époque* era uma festa que não podia parar. Rasgada em 1905, a revolucionária Avenida Central agora chegava ao término das obras, com a realização de um concurso para as fachadas das novas construções. O resultado foi eclético, exuberante e muito colorido. Prédios de vários estilos, inclusive mouriscos e góticos, além da maioria neoclássica. Em seu trecho final foram agrupadas as relíquias nacionais: Escola de Belas Artes, Biblioteca Nacional, Supremo Tribunal Federal e o tão esperado Teatro Municipal. Desde 1894 se recolhiam impostos para construí-lo e não se fazia a obra, finalmente incluída na reforma de Pereira Passos depois de insistente campanha da imprensa comandada por Artur Azevedo, durante uma década. Dos sete projetos apresentados, dois foram selecionados para a prova de maquete, sendo escolhido o de Oliveira Passos, talvez não casualmente, filho do prefeito.

Diretamente inspirado na ópera de Paris, o Municipal chega a superá-la na decoração dos interiores, com as esculturas de Bernardelli e as pinturas de Elyseu Visconti realçando na profusão de mármores, cristais, espelhos e dourados. Sem falar no novíssimo sistema de ventilação instalado para felicidade de seus 1.736 espectadores, capaz de diminuir em 10ºC a temperatura ambiente. É imprescindível citar o célebre pano de boca, pintado por Visconti, com uma enorme alegoria alada da Arte, tendo, à esquerda, a Música Instrumental e, à direita, a Poesia portando uma lira. Ao lado de personalidades internacionais como Dante, Da Vinci, Michelangelo, Shakespeare, Camões, Verdi, Beethoven, Victor Hugo e Wagner, grandes nomes brasileiros como José de Alencar, Carlos Gomes, Pedro Américo, Vítor Meireles, Gonçalves Dias, Casimiro de Abreu e Castro Alves.

A inauguração do teatro deu-se a 14 de julho, data nacional francesa, exatamente um mês depois da morte de Afonso Pena, quando o país ainda devia cumprir luto oficial. Isso foi motivo para as primeiras fofocas contra o governo recém-empossado. Mas foi um sucesso, ninguém deixou de ir, é só consultar as listas na imprensa. Entre eles, o nosso João do Rio, respeitosamente citado como Paulo Barreto.

> De longe todo ele arde e cintila como uma joia colossal. Em derredor, pela Avenida, pela Rua 13 de Maio, pelo Beco Manoel de Carvalho, a multidão acotovela-se num denso e espesso oceano de curiosidade admirativa (...). Pelas escadarias solenes sobem casacas, sobem mantos largos e caros, deixando entrever *toilettes* maravilhosas. Todos querem

ser do grande momento inaugural, todos querem ter estado ali, no primeiro dia, na primeira vez, na noite de abertura (...). Em cima, dispersam-se apressadamente figuras de mulher e homens graves tirando o paletó (...) o luxo vai diminuindo a acabar nos casacos saco e nos *vestons* dos rapazes que estão na galeria, perto do céu com as suas esperanças, a sua mocidade, os seus desejos (...). Subamos à plateia. Toda ela é rosa. É de rosa, é de branco e é de ouro (...). Está reunido nesta sala o grande Rio — desde o presidente da República à mais linda senhora, todas as autoridades: as do governo, as da beleza, as do talento, as da indústria, e nesta esplêndida *corbeille* o fulgor dos olhos femininos, o cintilar das gemas ardentes e as vibrações da luz fazem uma atmosfera inebriante, em que se deseja viver indefinidamente (...). A orquestra toca o Hino Nacional. Vai falar Bilac, o poeta máximo.

O discurso de Bilac, segundo suas próprias palavras, "o prólogo dessa grande festa da civilização brasileira", foi recebido com aplausos entusiasmados. Em seguida passou-se à programação, toda nacional, como convinha à ocasião. Primeiro o poema sinfônico *Insônia*, do maestro Francisco Braga, exibido sem os versos de Escragnole Dória, "taciturnos demais para a solenidade", segundo Oscar Guanabarino em *O Paiz*. A seguir, o "Noturno" da ópera *O condor*, de Carlos Gomes. Depois, a comédia em um ato de Coelho Neto, *Bonança*, onde um padre ajuda a devolver à mãe desesperada uma criança sequestrada por ciganos. Finalmente, a ópera *Moema*, de Delgado de Carvalho, com cantores nacionais. Arrematando, uma recepção no restaurante Assírio, no subsolo, inspirado nos altos-relevos de Persépolis e Nínive.

— Hás de convir que é luxo demais! — diz-me encantado um homem.
— Luxo demais! Só o supérfluo é realmente importante na vida. Esse supérfluo tem de fato moralmente mais utilidade que uma porção de coisas úteis.

No dia seguinte entrou em cartaz, para temporada de um mês, a companhia de Réjane, fina flor dos teatros parisienses e que, ao contrário das de Duse e de Bernhardt, gostava muito do Brasil. Chauvinistas protestaram. Coelho Neto, que nos intervalos de sua extensa obra literária era também deputado pelo Maranhão, pregou na Câmara a proibição sumária de companhias estrangeiras na nova casa. João do Rio discordou, preferindo a velha plataforma de Artur Azevedo, uma companhia financiada pelo Estado (como a *Commédie Française*) para apresentação de textos brasileiros de qualidade, mas sem monopólio ou exclusividade. O problema, segundo ele, é que,

> salvo Martins Pena na primeira metade do século passado, e Artur Azevedo na segunda metade, de profissionais de teatro, de escritores teatrais só tivemos propriamente tentativas de amadores mais ou menos brilhantes. Gonçalves Dias era um grande poeta. Os seus dramas são doces tentativas. O abundante José de Alencar e o não menos copioso dr. Manoel de Macedo deixaram na pacotilha da sua vastíssima obra trabalhos encantadores. Mas o teatro de ambos é infantil, e era a menor de suas preocupações.

Essa questão ainda vai se arrastar por dois ou três anos. A crise do teatro nacional não entusiasmou nem a imprensa nem a opinião pública, e não apenas pelas opiniões jacobinas do escritor maranhense. Outras notícias mereceram manchetes.

Em 15 de agosto, outro acadêmico, Euclides da Cunha, invadiu, no subúrbio de Piedade, a casa do jovem militar Dilermando de Assis, amante de sua esposa Ana, disposto a limpar a honra com sangue. No tiroteio que se seguiu, saíram feridos o militar e seu irmão, morrendo, entretanto, o grande escritor. Um escândalo que nada fica a dever aos mais descabelados melodramas teatrais.

João do Rio conhecia Euclides de longa data, tendo os dois, no início do século, participado de um grupo de estudos políticos conhecido como

O CINEMATÓGRAFO VERTIGINOSO E A ALMA DAS RUAS (1904-1915)

Jardim de Infância. Considerava *Os sertões*, ao lado de *Canaã*, de Graça Aranha, uma das únicas obras nacionais de envergadura no nascente século XX. Numa nota sentida na coluna "Cinematographo" o definiu como "o estilista mais original da terra brasileira", depois de descrevê-lo como "acanhado, bisonho de gesto (...) martelava as sílabas".

Em novembro, premido pela necessidade financeira, João do Rio lançou, em parceria com Viriato Correia, o livro de contos infantis *Era uma vez...*, edição da livraria Francisco Alves. Ele é autor de seis das 18 histórias, que diferem, com nítida desvantagem, das de seu coautor. Seus textos são excessivamente burilados e metafóricos, enquanto entre os de Viriato encontramos pelo menos um clássico do gênero (*A onça e o bode*). O sucesso foi escasso, e João do Rio nunca mais insistiu no gênero.

Em setembro faleceu em Paris o poeta Guimarães Passos, um dos últimos remanescentes da geração boêmia. Candidataram-se à sua vaga na Academia Brasileira de Letras o general Dantas Barreto, apoiado por Coelho Neto, e João Pereira Barreto, apadrinhado por Sílvio Romero — ambos pouco representativos literariamente. João do Rio nunca perdoara suas derrotas, que atribuía à politicagem interna da casa, e vez por outra dava suas alfinetadas. Depois da morte de Machado de Assis chegou a citar nominalmente seus adversários, com fina ironia, respondendo a uma suposta carta de um leitor paulista.

> Ah! Não! Meu amigo, é preciso não deixar morrer a Academia de que fazem parte Jaceguay, Heráclito Graça e tantos outros nomes nas letras notáveis. Sou forçado a culpá-los de um crime, tanto mais grave quanto é contra as letras. Deixar desaparecer assim a Academia...

João do Rio lançou-se candidato em novembro, sendo o terceiro Barreto a disputar a vaga de Guimarães Passos. Logo tentou atrair o apoio de Coelho Neto, cobrando retribuição para sua admiração pública diante dele, quase em êxtase. O apoio de Neto a Dantas Barreto "foi como uma pranchada na nuca. Estou *assomê*", disse numa carta ao próprio, hoje nos arquivos da ABL. O relacionamento entre os dois escritores sempre foi muito ambíguo. Já vimos como, quando adolescente, João do Rio o acusara de mimetismo diante dos estilos da moda. Depois se tornaram quase amigos. Neto foi um dos seus entrevistados em "O momento literário" e recebeu elogios frequentes nas colunas da *Gazeta*. Talvez agora estivesse sendo pressionado, pois corria o boato de que o general prometera uma sede definitiva para a Academia. Era um personagem interessante. Se na obra é prolixo e excessivamente eclético, tendendo ao acadêmico no pior sentido do termo, na vida pessoal frequentara o meio boêmio antes de se casar, tinha fascínio por esportes, especialmente o *football* e a capoeira, da qual era praticante.

João do Rio vai receber apoio de onde menos espera. Em agosto, com a definitiva negativa do barão do Rio Branco em ser candidato à presidência da República, os antimilitaristas chegaram a um acordo em torno de Rui Barbosa, escolhido para enfrentar Hermes da Fonseca nas urnas. Pela primeira vez desde a proclamação da República, o Brasil assistiu a uma disputa eleitoral, a chamada "campanha civilista", pregando o voto secreto, as reformas cambial e eleitoral, o incentivo à educação e outras reivindicações. Os hermistas, por representarem mais nitidamente o *status quo*, nada reivindicavam na área social, mas agiam habilmente nos bastidores.

Os comícios civilistas começaram em São Paulo, em dezembro, onde o velho senador ficou quase duas semanas antes de partir para a Bahia, e depois Minas Gerais. Voltando da Conferência Internacional de Haia, onde defendeu o princípio da igualdade jurídica das nações, Rui era então considerado o mais capaz dos brasileiros, honra do espírito latino, cheio de ideias democráticas e modernizantes, expressas, entretanto, num estilo caudaloso e cansativo. A *Gazeta de Notícias* e *O Correio da Manhã* o apoiam; *O Paiz* e *A Tribuna* sustentam o general. João do Rio,

O CINEMATÓGRAFO VERTIGINOSO E A ALMA DAS RUAS (1904-1915)

o grande nome da *Gazeta*, apoiou os civilistas, chegando a utilizar um novo pseudônimo (Simeão) para suas ácidas observações durante os quatro meses da campanha.

Não esqueçamos que Rui Barbosa era agora também o presidente da Academia Brasileira de Letras, e o seu secretário-geral, Medeiros e Albuquerque, também coordenador da Grande Comissão Popular, nome que os civilistas adotaram no Rio. Ora, Medeiros era muito ligado a João do Rio, desde que esse aparecera no Café Paris e no Salão Nacional. Estava, assim, criado um ambiente favorável à candidatura do autor de *A alma encantadora das ruas*. Vendo que ia ser derrotado, o general Dantas Barreto retirou a candidatura, inscrevendo-se na vaga recém-aberta de Joaquim Nabuco. Dessa maneira, evitou um conflito civilistas *versus* militaristas também nas eleições acadêmicas.

— Ainda continuas dignamente civilista?
— Você julga que é possível mudar de convicção como quem muda de camisa?
— Mas quando outras convicções têm um emprego, têm um cargo, têm dinheiro? Mas tu não és um animal político...
— Felizmente.

Apesar das multidões que acorreram aos seus comícios, Rui Barbosa não logrou quebrar a espinha do sistema oligárquico, talvez por sua candidatura ser apoiada por dissidentes, e não por verdadeiros opositores do regime. Isso se deveu também à quase nula penetração das suas ideias liberais no Rio Grande do Sul (positivista e fiel a Pinheiro Machado); à "traição" de Minas Gerais (que preferiu emplacar o inexpressivo Venceslau Brás como vice de Hermes da Fonseca) e à ambígua neutralidade do presidente Nilo Peçanha. Esse anunciara um governo de "paz e amor", inaugurando uma obra atrás da outra. Suas recepções no Catete abriram os salões políticos para o *grand monde*, afastado desde a proclamação da

República, jovens diplomatas, jornalistas e artistas. Num filme revista de Antônio Simples (Patrocínio Filho), *Paz e amor*, estrondoso sucesso no cinematógrafo Rio Branco, a Presidência da República, interpretada pela bela Ana Pelissier, cantava quadrinhas sobre a campanha eleitoral:

> Entre a toga e a espada eis-me metida
> Num verdadeiro beco sem saída, sem saída...
> (...) Entre o direito da força
> E a força do direito
> Vejo-me sem jeito,
> Como escolher?

Tropas do Exército foram mandadas para São Paulo. No dia da eleição, 1º de março de 1910, a violência comeu solta, com capoeiristas contratados ameaçando os eleitores, sumiço de listas, violação de urnas. Ainda assim, os civilistas venceram em São Paulo, no Rio de Janeiro e na Bahia, chegando perto de um terço dos votos (222.822), contra 403.867 dos conservadores. Rui alegou fraude. Provavelmente estava com a razão, mas não havia mais nada a fazer.

A 7 de maio, a Academia elegeu João do Rio com 23 votos, contra cinco de Pereira Barreto.

* * *

Erra quem pensar que essa aproximação de Paulo Barreto com o mundo da política tivesse apenas em vista a eleição acadêmica. Seria muito penoso para o leitor uma análise minuciosa das referências político-sociais na sua extensa obra.

Limitemo-nos a dois temas emblemáticos, que serão decisivos nas décadas seguintes: a questão feminina e a questão operária. São suficientes para provar a precedência das opiniões ousadas sobre a oportunidade eleitoreira.

O CINEMATÓGRAFO VERTIGINOSO E A ALMA DAS RUAS (1904-1915)

> Eu sou feminista. E feminista não de hoje, mas feminista histórico como os republicanos (...). Eu sou inabalavelmente feminista (...). E sou isso por várias razões. A primeira é que o feminismo é a única ideia revolucionária bonita e sempre na moda (...) já uma vez jogando prendas num certo salão — muito divertido — ao ver-me perguntado — por que está na berlinda? Respondi:
> — Porque sou feminista, porque deploro a esposa infeliz, porque quero o divórcio, porque faço questão dos direitos da mulher e do amor livre (...) o direito de voto e o assento nas duas casas do Congresso. (...)
> Foi a noite de maior sucesso da minha vida.
> (*A Notícia*, 16/1/1908)

Não é pequena a ousadia dessa posição. Mais de uma década depois, Lima Barreto, tido apressadamente como o ancestral dos nossos escritores progressistas, ainda escreveria barbaridades como "a mulher é mais ou menos o equivalente do louco, do menor, do interdito. Está sempre debaixo da tutela e proteção de que ela carece etc. etc.". ("O nosso feminismo", em *ABC*, agosto de 1922). Diretamente ligado à emancipação feminina estava o divórcio, cujos projetos de lei eram boicotados no Congresso pela inesperada união de católicos e positivistas. João do Rio considerava "a legislação atual quanto ao divórcio (...) simplesmente um crime permanente e legal", e sobre um projeto em tramitação no mesmo ano de 1908 fala de "moças aflitas, cavalheiros com a vida quebrada, famílias com casos esquisitos, homens ciumentos, mulheres torturadoras". O projeto foi derrotado como os anteriores, e o divórcio teve de esperar mais 70 anos para ser aprovado no Brasil. E o voto feminino, 21 anos.

São também muito impressionantes suas descrições das condições de trabalho dos estivadores e carregadores de minério, vergados por 10 horas de trabalho braçal contínuo, e que remontam a 1904, prosseguindo nos cinco anos seguintes. Estão incluídas em *A alma encantadora das ruas*. Impressiona também que, até o final da década de 1970, quando Antonio Candido os analisou em *Radicais de ocasião*, esses textos tenham permanecido invisíveis para os pesquisadores do tema.

> A algumas braças de Niterói, há uma ilha que se intitula suavemente de Fome Negra. Os homens nessa região (...) são aparelhos da grande máquina de lavar o minério, o piquiri, para os navios de carga.
> São quase todos portugueses ou espanhóis, que chegam da aldeia, ingênuos. Alguns saltam da proa do navio para o saveiro do trabalho tremendo, outros aparecem pela Marítima sem ter o que fazer e são arrebanhados pelos agentes (...). Vivem quase nus. No máximo, uma calça em frangalhos e uma camisa de meia (...) só têm um instinto: juntar dinheiro (...) o dinheiro que a pá levanta para o bem-estar dos capitalistas poderosos (...).
> Que querem eles? Apenas ser considerados homens dignificados pelo esforço, e a diminuição das horas de trabalho, para descansar e viver. De vez em quando um desses devotados, também humilde mas possuído da vontade fraternal de melhorar a sorte dos companheiros, surge, fala de emancipação do operariado e outras coisas graves, solenes e vazias. É um homem ao mar (...) a polícia já sabe que o bandido é um anarquista infame, os feitores não o largam com o olhar, os companheiros o evitam ou chasqueiam na sua ignorância das suas ideias de associações de classe, e o diretor da companhia (...) tem o seu retrato com uma cruz no grupo fotográfico dos operários, recebe informações da sua pessoa (...) para esmagá-lo com uma patada na primeira ocasião.

Uma nova classe social preparava-se para entrar em cena. Em 1906, o Congresso Operário, reunido no Rio, reivindicou o ensino laico, a emancipação feminina, a diminuição das horas de trabalho e a proibição do emprego de crianças. Em represália, no ano seguinte, foi aprovada a Lei Adolfo Gordo, prevendo a deportação de imigrantes anarquistas, introdutores da consciência operária na América do Sul.

O CINEMATÓGRAFO VERTIGINOSO E A ALMA DAS RUAS (1904-1915)

— Por que não pedem a diminuição das horas de trabalho?
As pás caíram bruscas. Alguns não compreendiam, outros tinham um risinho de descrença.
— Para que se quase todos se sujeitam?
Mas, um homem de barbas ruivas, tisnado e velho, trepou pelo monte de pedras e estendeu as mãos:
— Há de chegar o dia, o grande dia!
E rebentou como um doido, aos soluços, diante dos companheiros atônitos.

* * *

João do Rio nunca teve a classe política em boa conta, com bons motivos, pois, no início da carreira, chegou a ser agredido fisicamente por um deputado (Heredia de Sá) devido a um motivo irrelevante (criticou a gravata de Sua Excelência), segundo as memórias de Joaquim de Salles.

O ambiente era realmente pouco animador. Com a possível exceção do PRP (Partido Republicano Paulista), não existiam agremiações políticas sólidas. Tudo acontecia através dos líderes locais, os coronéis, chefes patriarcas e carismáticos cujo poder vinha da agricultura e da pecuária. Alguns estados, como o Rio Grande do Sul e Mato Grosso, viviam à beira da guerra civil. Morria-se muito por política no interior, e o voto era de cabresto. Foi esse o eleitorado que elegeu Hermes da Fonseca. Mais do que reacionário, era conservador e fisiológico.

No centro, a oligarquia cafeeira do PRP, absolutamente elitista, mas com a tradição de governantes dinâmicos como Prudente de Moraes, Campos Salles e Rodrigues Alves. Aliando-se à nascente classe média urbana, o PRP foi o principal esteio da campanha civilista, ficando momentaneamente abalado com sua primeira derrota importante desde que forçara a saída de Floriano Peixoto em 1894. Desfazia-se, assim, a aliança política café com leite, que assegurava a estabilidade.

À direita, os católicos conservadores, cujos intelectuais mais importantes (Carlos de Laet, Afonso Celso) eram contrários às teorias evolucionistas de Darwin e simpáticos à monarquia. Foram os estimuladores da viagem frustrada de d. Luís ao Brasil, nem puderam garantir o seu desembarque. A maior parte da rica colônia portuguesa simpatizava com essa prestigiosa facção.

Nem católicos nem monarquistas, os positivistas perdiam a cada dia a influência que exerciam, tomando posições próximas aos conservadores no que toca ao divórcio e à admiração de um governo autoritário. Perderam o bonde da história em 1904, quando insuflaram a população carioca contra a vacina obrigatória, porque, homeopatas, não acreditavam na existência de vírus e micróbios.

Quase na extrema direita, os hipernacionalistas ou jacobinos, poderosos na ditadura Floriano, no momento dispersos, mas muito militantes. Ainda não existia a esquerda democrática dos socialistas, mas apenas uma extrema esquerda radical proletária representada pelos anarcossindicalistas, em geral imigrantes europeus.

Esse era o leque das opções, muitas não representadas no Congresso, ocupado apenas pelos oligarcas e seus protegidos.

O célebre alfinetinho de ouro da mordacidade de João do Rio fica ainda mais aguçado quando ironiza parlamentares, transformados quase em figuras de chanchada. Em "O esteio da nação/Museu de atualidades", publicado em dezembro de 1909 (início da campanha civilista) em *A Notícia,* descreveu o arquetípico senador Chico da Conceição Praxedes, provinciano e submisso, falando português errado e mascando fumo de rolo. Pior é o deputado Polixeno, descrito numa edição da coluna "Cinematographo" de outubro do ano seguinte, que de humilde virou milionário criando impostos em benefício próprio, morando num palácio e empregando como serviçais intelectuais outrora promissores.

O CINEMATÓGRAFO VERTIGINOSO E A ALMA DAS RUAS (1904-1915)

> Não há partidos organizados. Não há chefes propriamente. Há uma certa classe de cavalheiros profissionais, políticos com medo uns dos outros, satisfazendo-se uns aos outros, odiando-se cordialmente e tratando dos seus interesses. O progresso do país, a utilidade pública, que em outras partes do planeta são necessariamente as bases das preocupações dos estadistas, no Brasil são o que menos os preocupa (...). E a politicagem entra em tudo: nega a entrada à cultura porque é analfabeta, entrava o progresso porque não o sente senão como estorvador das suas ambições, toma as posições pelo valor da massa bruta e das intriguinhas, faz e refaz porque não sabe bem o que há de fazer (...). É o oportunismo o grande partido a que pertence toda a gente e mais alguém. Não é preciso ter uma alta visão sociológica para ver claramente o fenômeno e para concluir que a politicagem de um certo grupinho, alheado do povo, que está com todos os chefes, com todos os presidentes e não tem uma ideia sincera.

Esse trecho foi publicado na imprensa paulistana, pois João do Rio passou a ter uma coluna semanal no matutino *O Comércio de São Paulo* em junho de 1910, já depois das eleições, portanto. Ali encontramos artigos em sua maior parte inéditos, e não meras reproduções da imprensa carioca. São apenas 11 (a coluna foi interrompida em outubro). Tratam das estatísticas da criminalidade carioca e da falta de policiamento; da influência da imprensa na mitificação do jovem assassino de Euclides da Cunha; ou faz perfis, como do ator italiano Grasso e da escritora Carmen Dolores. Em 25 de julho encontramos um elogio (ou defesa?) do ministro da Agricultura, Rodolfo (Nogueira da Rocha) Miranda, fazendeiro de café e industrial têxtil de Piracicaba, que modernizou a prática do *lobby* pessoal. João do Rio, por exemplo, foi presenteado por ele com um alfinete de gravata com uma pérola barroca de rara beleza, com fama de dar boa sorte ao seu proprietário. O interessante do fato é que Miranda foi um dos poucos membros do PRP a recusar apoio a Rui, preferindo não arriscar, ao lado de Hermes. Era muito atacado por vários setores, entre outras coisas, por não ser bacharel. Na sua gestão, inspirado pelos positivistas, foi criado o Serviço de Proteção ao Índio.

Em maio havia falecido Henrique Chaves, um dos proprietários da *Gazeta de Notícias*. Os outros dois, Oliveira Rocha (Rochinha) e Salvador Santos, temendo represálias por terem apoiado os civilistas, pensaram em fechar o jornal. Além da nova colaboração na imprensa paulista e da aproximação com um aliado da facção vencedora, tudo indica que João do Rio realmente temeu pelo seu futuro profissional. Em junho ele emprestou a Irineu Marinho, colega de redação, a vultosa quantia de 20 contos de réis para a fundação de um novo jornal, *A Noite*. É possível que o dinheiro viesse do ministro, que tentou, inutilmente, ser indicado ao governo de São Paulo.

Na verdade, a pressão da necessidade era muito grande no mundo jornalístico, e boa parte da imprensa, acusada de receber dinheiro. É famoso o caso de Alcindo Guanabara, que, quando jovem, ainda no tempo do Império, passou da noite para o dia de secretário da folha abolicionista de José do Patrocínio para diretor do órgão principal do gabinete escravagista do barão de Cotegipe. João do Rio não deve ter escapado dessas tentações ocasionais, pois segundo a afiadíssima língua de Agrippino Griecco (vide *Memórias 2*),

> algumas das entrevistas de Paulo Barreto — e ele não ocultou nunca — passavam pela gerência do jornal em que iriam ser estampadas com retrato e cabeçalho vistoso. Mas por que recusar o ouro dessas Califórnias da vaidosa paspalhice? E a serenidade com que Paulo Barreto, inventor de tudo que se atribuía ao entrevistado, ouvia desse:
> — Memória fidelíssima a sua. Não se perdeu nada do que eu disse.

Veremos no desenrolar destas páginas que isso não o impediu de ter seus próprios ideais, alguns impopulares, e defendê-los, literalmente, até a morte. Separar o joio desse trigo é um dos objetivos deste livro.

O CINEMATÓGRAFO VERTIGINOSO E A ALMA DAS RUAS (1904-1915)

Nem sempre os elogios eram obtidos na base do dinheiro vivo. Amizade pessoal e alianças políticas também contavam, e muito. Vejamos um exemplo típico. O então adolescente Théo Filho, filho do deputado nordestino Theotônio Freire, lançou seu segundo livro, *Dona Dolorosa*, com elogioso prefácio do rigoroso crítico Sílvio Romero, amigo do pai do rapaz. O anúncio no *Correio da Manhã* de 21 de fevereiro diz que "o trabalho até certo ponto toma a proporção de escandaloso quando faz surgir algumas figuras do nosso meio literário, figuras que ora são ridicularizadas, ora esboçadas em rápidos traços".

Os literatos citados são Bilac, Coelho Neto, José Veríssimo, Figueiredo Pimentel e João do Rio. Mesmo assim, provocativo, o autor enviou a esse último um exemplar com a seguinte dedicatória: "ao delicioso cronista, uma homenagem sincera". Mal começa a folhear o volume, "brochura com o retrato da Duse na capa", toca o telefone. É Luiz Edmundo, recomendando o autor. Desliga. Recomeça a ler, e fica abismado. Tanto que escreveu na "Cinematographo" do dia 27:

> A sra. Nair vai a uma casa mundana e aí é apresentada ao sr. Olavo Bilac, poeta e orador demagógico das festas oficiais, ao sr. José Veríssimo "que tem alguma coisa de coruja", e a mim, que nesse dia havia escrito quatro ou cinco mil sandices num folhetim, como sempre. E sabem o que eu digo a essa senhora, diante desta pergunta de menino em literatura?
> — Qual o melhor cronista?

Eu respondo:

> — O segundo... o segundo, pergunte-me o segundo...
> É positivamente a mais néscia das fatuidades. E porque, jovem sra. d. Nair? Por que o jovem sr. Theotônio escreve um livro de contos e manda-me, sem me conhecer, chamando-me delicioso (...). Por que

criaturas consideráveis como o sr. Edmundo telefonam-me exigindo esta grande dose de sandices (...). Sinto que o sr. Theotônio não quisesse ser como os piores um minuto, e em vez de fazer a sua arte, boa ou má, para fingir intimidades com outra roda, que não o conhecesse, resolvesse ofendê-la.

Essa reação não ficou sem resposta. E foi através do *Correio da Manhã*, em que escreviam Romero e Edmundo, e que promovia o novo contista, também colaborador. Um belo dia, ao ler os jornais da manhã, deu de cara com a seguinte nota na coluna policial:

> O nacional Paulo Barreto, pardo, que alegara ser jornalista, foi colhido em flagrante, num terreno baldio, quando entregue à prática de atos imorais, tendo como parceiro um soldado da polícia.

Empalideceu. Começou a suar frio. Tomou seu remédio para pressão. Tinha de reagir, de fazer qualquer coisa. Pegou o telefone e ligou para o jornal. Com voz abafada, perguntou ao primeiro que atendeu quem tinha sido o plantonista da véspera.
— Foi o Luiz Edmundo.
Desabou na poltrona, estatelado. Por quê? Um ataque dessa baixeza, vindo de um velho amigo! E por causa de um escritorzinho de bosta! Foi a gota d'água que encerrou uma amizade de mais de uma década.

Na verdade, todo esse episódio é mal explicado. Sua fonte principal é o depoimento do próprio Luiz Edmundo a Raimundo Magalhães Júnior, reproduzida na biografia que esse escreveu de João do Rio. Ele diz que naquela noite teria trocado o plantão com outro colega (não diz o nome), esse, sim, responsável pela maldade. Carlos Maul, que também trabalhava lá, em *O Rio da bela época*, inocenta Luiz Edmundo, mas nada fala da troca de plantão, culpando Humberto de Campos, que nessa época nem morava no Rio. Pesquisando na Biblioteca Nacional e em outros locais,

O CINEMATÓGRAFO VERTIGINOSO E A ALMA DAS RUAS (1904-1915)

não encontrei a malfadada nota na coleção do *Correio*, nem tampouco a resposta de João do Rio na *Gazeta*, que se intitularia *O ingrato*. No entanto, sendo verídico, o episódio tem de ter acontecido depois de fevereiro (quando, como vimos, atendeu Luiz Edmundo ao telefone) e antes de dezembro (pois tem de ter acontecido em 1910, pois voltaram a reencontrar-se apenas "cinco anos depois", num evento que aconteceu em 1915). O mais provável é que tenha sido por volta de junho/julho, quando João do Rio interrompeu subitamente, ainda no sétimo capítulo, o romance folhetim *A profissão de Jacques Pedreira*, e teve um sério problema de saúde. Assim anotou a revista *Careta* de agosto:

> Morte trágica.
> Acaba de suicidar-se, dando tiro nos miolos, o sr. Jacques Pedreira, um dos mais esperançosos rebentos da nova geração (...). O acontecimento foi tão trágico como inesperado, pois toda a gente e até mesmo a *Gazeta* dizia e era de esperar que Jacques Pedreira teria uma vida longa e muito gloriosa. Ao seu digno pai, o nosso confrade João do Rio, que terá certamente o seu coração acadêmico enlutado, os nossos sentidos pêsames.

Voltaremos a essa obra, quando da sua publicação em volume. No momento, lembramos simplesmente as semelhanças entre o protagonista do folhetim e o autor de *Dona Dolorosa*. Esse, nas próximas edições do livro, que foi um sucesso de público, eliminou o texto polêmico. Só existe na primeira edição, uma raridade. Isso ajuda a entender muita coisa.

* * *

Finalmente, às 20h30 do dia 12 de agosto, aconteceu a tão esperada cerimônia no prédio do Silogeu. A posse de João do Rio na Academia se reveste de algumas características peculiares. Em primeiro lugar, foi um grande acontecimento social, o que não era comum. Todas as grandes famílias estiveram lá representadas, ministros de Estado e até o presidente da República. Em segundo, ele foi o primeiro acadêmico a tomar posse de fardão, que acabava de ser instituído por sugestão de Medeiros e Albuquerque.

Por motivo de saúde, a sessão não foi presidida pelo presidente da casa (Rui Barbosa), substituído pelo secretário-geral (Medeiros). Depois de sua pequena fala, entrou João do Rio, acompanhado de Afonso Celso, ambos fardados. Aplausos. Comandadas pela jovem senhora Laurinda Santos Lobo (com um chapéu original de Paris), algumas moças jogaram pétalas de rosa no homenageado. Ele então vai falar. E o faz num de seus melhores momentos. Primeiro, homenageia Guimarães Passos, seu antecessor, que conheceu pessoalmente e entrevistou em "O momento literário". Explica a boêmia romântica dos poetas do Segundo Reinado, criticando-a para os dias de 1910. E de repente:

> O sonho particular não interessa mais, porque todos nós vivemos num extraordinário sonho de Beleza e de Força. Nunca houve na vida humana um momento igual ao presente (...). Tudo quanto parecia impossível no mundo antigo e não passava de símbolo e de ficção, a imensa e infinita aspiração dos homens desde os Atridas para conhecer e fixar, domar os elementos, criar, gerar, inventar, realizar, descobrir o mundo onde habita e os outros mundos e o seu próprio ser e a sua própria alma (...) tudo o homem realizou materializando o sonho. É o milagre permanente, é a maravilha normal. (...) a paisagem com a vegetação dos canos das usinas, as sombras fugitivas dos aeroplanos, a disparada dos automóveis, os oceanos desventrados pelos submarinos (...) obrigam o artista a sentir e ver d'outro feitio, amar d'outra forma, reproduzir d'outra maneira (...). A aspiração dos artistas novos seria a de fixar através da própria personalidade o grande momento de transformação social de sua pátria na maravilha da vida contemporânea, a de refletir a vertiginosa anciã de progresso (...) a de gravar o instante em

O CINEMATÓGRAFO VERTIGINOSO E A ALMA DAS RUAS (1904-1915)

> que os velhos sonhos afundam, com todas as superstições de outrora, inclusive a da moral, na eclosão de uma vida frenética e admirável.

Aplausos.

Quase um libelo pré-modernista, o discurso está em perfeita sintonia com as ideias do autor desde os tempos de *A Cidade do Rio*: a arte, queiramos ou não, deve estar de algum modo vinculada à época em que foi concebida. João do Rio amadureceu e burilou essa ideia, incorporando alguns dos novíssimos conceitos do *Manifesto do futurismo*, de Marinetti, publicado no *Le Figaro* no início do ano anterior.

Depois falou Coelho Neto:

> A Academia acaba de abrir as portas aos novos; é bom que assim seja (...) Bem é que venha a mocidade ver como aqui se vive e trabalha, e trazer-nos o seu ardor, o sol do espírito, que é o entusiasmo, e o sonho, que é a flor que nos perfuma e alegra a vida árida e triste. E a Mocidade aí está. Alas à Primavera!

Mais palmas e pétalas de flores. O presidente Nilo Peçanha e o ministro Rodolfo Miranda têm precedência nos cumprimentos, enquanto outros se acotovelam, nervosos porque alguns chapéus femininos dificultam a visibilidade. E assim terminou a cerimônia, esticada com os mais íntimos para uma lauta ceia regada a champanhe. Sucesso total.

Dizem que o gorducho Emílio de Meneses, poeta satírico e irreverente que já tentara mais de uma vez ser eleito para a Academia, em vão, vingou-se com uma quadrinha ferina, composta numa das mesas da confeitaria Colombo, associando a "frescura" de João do Rio com o "frescor" que teria trazido à embolorada instituição.

> Na previsão de próximos calores
> A Academia, que idolatra o frio,

> Não podendo comprar ventiladores
> Abriu as portas para João do Rio...

* * *

Logo depois, d. Florência Barreto embarcou para a Europa, acompanhada da irmã mais velha, Thimocleia, para conhecer Lisboa, Paris e Viena. Regressou em novembro. Adorou a capital austríaca, mas, por algum motivo, não gostou tanto de Paris, onde não procurou Medeiros e Albuquerque, amigo de seu filho, recém-mudado para lá. Nunca saberemos detalhes dessa viagem, portanto, tudo podemos supor.

* * *

O ano de 1910 foi pródigo em acontecimentos políticos. Em 5 de outubro os republicanos portugueses revoltaram-se contra o rei, e, apesar da indecisão da ala militar do movimento, os civis derrubaram d. Manuel II, o Formoso, e instauraram um governo provisório. Entre seus primeiros decretos estavam a separação entre a Igreja e o Estado e o casamento civil. A colônia portuguesa no Brasil, monarquista, ficou desorientada.

No Brasil, o presidente eleito, Hermes da Fonseca, estava em viagem à Europa, tendo recebido a visita do monarca deposto na véspera da proclamação da República. No Brasil, antes mesmo de sua posse, começaram as represálias dos partidários de Pinheiro Machado contra os que apoiaram Rui Barbosa. O caso mais grave foi no Amazonas, onde a oligarquia dos Nery, aliada a comandos militares, bombardeou Manaus, depondo o presidente civilista. Nilo Peçanha, com apenas 40 dias de mandato para cumprir, rompeu com Machado, reempossando o demitido. O seu grupo, ao qual de certa maneira está ligado João do Rio, continuará iso-

O CINEMATÓGRAFO VERTIGINOSO E A ALMA DAS RUAS (1904-1915)

lado e sem maiores chances de firmar uma terceira posição num ambiente em que mesmo a segunda não sobrevive sem dificuldades.

* * *

> A primeira vez que fui a São Paulo, no comboio, vi de repente que o terreno até então inculto se fazia civilizado, cheio de plantações.
> — Que é isso? — indaguei do chefe do trem.
> — São Paulo — disse ele simplesmente.
> Nunca esqueci esse momento breve. A minha leviandade de menino da capital começava a descobrir o Brasil.
>
> Não há homens em mangas de camisa, mostrando os braços cabeludos, nem gente descalça. Todos andam calçados. O pé no chão é uma propriedade do Rio e de Lisboa, entre as grandes capitais (...). Em São Paulo há por momentos o orgulho de ser brasileiro.

Por intermédio de Rodolfo Miranda e outros amigos, João do Rio foi cada vez mais envolvido pela capital paulista, caminhando para meio milhão de habitantes, onde já estivera rapidamente em 1906 para uma conferência.

Ele chegou à Pauliceia no dia 23 de outubro, ao romper do dia, vindo no trem noturno. Exclusivamente para fazer a conferência *A delícia de mentir*, no teatro Santana, em benefício do Centro Acadêmico 11 de Agosto, da Faculdade de Direito. Alice Dubois, a colunista social de *O Comércio de São Paulo*, descreveu-o como "um tipo *chic*, elegantíssimo e fino. Sem tolas preocupações com a moda, veste-se tão bem como o mais *smart* frequentador de Piccadilly (...) *causeur* admirável, ilustrado, cheio de verve". Depois de uma refeição na *rôtisserie* Sportsman e de uma homenagem no Centro Acadêmico, onde foi saudado pelo estudante Abadie

Farias Rosa, foi a vez, às 16 horas, da conferência (com a presença da ex-primeira-dama sra. Campos Salles), seguida de uma visita às obras do Theatro Municipal paulistano, jantar com amigos e retorno ao Rio na mesma noite. Vertiginoso.

* * *

Para a posse de Hermes da Fonseca, em 15 de novembro, vieram até esquadras dos países vizinhos, pois a nossa Marinha de Guerra era então a terceira do mundo, e os incomodava.

Uma semana depois, estava o presidente no Clube da Tijuca ouvindo Wagner, quando se escutaram ao longe dois tiros de canhão. Eram 11 horas da noite. Nesse mesmo instante, na Glória, o estudante Oswald de Andrade deixava uma pensão de artistas, quando viu grupos de populares correndo para a Praça Paris. Foi atrás, e testemunhou os estragos de uma granada atirada na Avenida Beira-Mar por um navio de guerra. Nessa mesma noite, João do Rio fazia a sua ronda noturna habitual no bairro da Misericórdia, quando ouviu os dois tiros de canhão e presenciou a tragédia de duas crianças, mortas por estilhaços enquanto dormiam numa cabeça de porco.

Começava a Revolta da Chibata, com o motim das guarnições das nossas principais belonaves (*Minas Gerais, São Paulo, Bahia* e *Deodoro*), perfazendo 2.500 homens. Golpe civilista contra Hermes da Fonseca? Revolução anarquista confirmada pelo içamento de bandeiras vermelhas? Nada disso. Os marinheiros, sem maiores pretensões, queriam a melhoria do soldo e da alimentação, e o fim dos castigos corporais. A revolta estourou antes da data marcada, antecipada pelo brutal castigo de 250 chibatadas imposto ao marinheiro Marcelino. A legislação vigente só autorizava um máximo de 25, e mesmo assim por falta muito grave. A tomada dos navios não foi feita sem resistência, e pelo menos seis oficiais

O CINEMATÓGRAFO VERTIGINOSO E A ALMA DAS RUAS (1904-1915)

foram trucidados. Em terra, ninguém sabia de nada. Apenas no dia seguinte a situação foi esclarecida.

> Não queremos a volta da chibata. Isso pedimos ao presidente da República e ao ministro da Marinha. Queremos resposta já e já. Caso não tenhamos, bombardearemos a cidade e os navios que não se revoltarem.

O tom era desafiador. Que fazer? O senador Pinheiro Machado manda a bordo o deputado e comandante gaúcho José Carlos de Carvalho para parlamentar com os rebeldes. Boa parte da Marinha se revolta com isso e faz uma câmara ardente para os oficiais mortos. Nas ruas, acontece o contrário: o carioca tende a simpatizar com o negro João Cândido, o marinheiro que comandava a revolta, por odiar Hermes, fragorosamente derrotado nas urnas da capital frente a Rui Barbosa. Esse, com o ex-presidente Campos Salles mais 13 senadores, apresenta um projeto de anistia, ampla, geral e irrestrita. Será aprovada? O presidente, como militar zeloso da hierarquia, assinará? A crise é grave. João do Rio comenta na coluna "Cinematographo":

> A revolta não é política. É uma reclamação justa, feita um pouco fortemente talvez. Também outro dia em Odessa, não se lembram? (...) Chibata não é brinquedo. (...) Quero examinar a minha opinião e acho difícil. Sou pela anistia sob ultimato? Não. Sou contra os marinheiros? Ao contrário. Então que sou eu? É uma complicação.

A ameaça de bombardeio e os estilhaços da Glória e da Misericórdia levaram o pânico à população. O exemplo recente de Manaus não se tinha apagado e os mais velhos recordavam estarrecidos a Revolta da Esquadra contra Floriano. Mais de três mil pessoas abandonaram a cidade rumo a Petrópolis e outras cidades serranas. A tensão aumentava, assim como os boatos.

> Vai haver o bombardeio. Vai haver? Por quê? Por que depois de 17 anos de esforço para apagar a fama de república sul-americana, caímos nessa miséria e temos de repente a destruição de uma grande cidade! De quem é a culpa? (...) Como não tenho para onde ir, corro entre a Avenida e Ouvidor, como muita gente, clamando indignação. Eu não sei bem o que penso. Mas quero, quero violentamente que não se dê o bombardeio. Isso é o que eu quero. Senão perco a cabeça. Contra? Contra qualquer coisa.

Depois de alguma lenga-lenga e muita retórica, a anistia foi aprovada e assinada na tarde do dia 25, sexta-feira, pondo fim aos três dias que abalaram o mundinho da capital. É um episódio *sui generis* na história do Brasil, pois, apesar de possuir poder de fogo para derrubar o governo, os marinheiros de João Cândido em nenhum momento perderam a disciplina, ou se deixaram manipular. Essa foi a sua força, mas também a sua fraqueza. Apesar de anistiados, serão perseguidos e punidos.

Uma semana depois da revolta, começaram a ser presos os marinheiros apontados como conspiradores. Em 9 de dezembro, agitadores provocaram um incidente no Batalhão Naval, na Ilha das Cobras, com nova revolta. O governo pede então o estado de sítio, aprovado por 36 votos contra um (Rui Barbosa). Tropas invadem a ilha, encontram resistência e promovem um massacre, inclusive de civis. São detidas 600 pessoas. João Cândido, que durante o incidente estava em alto-mar no *Minas Gerais*, foi preso no dia seguinte, sem acusação formada.

Temeroso de represálias, como todos os que tinham apoiado os civilistas, João do Rio achou conveniente se ausentar do Brasil. Para isso, era preciso dinheiro. Em 19 de dezembro assinou com a Garnier mais um contrato de quatro livros, a serem editados em um ano: *Portugal d'agora* (reportagens), *Vida vertiginosa* (crônicas), *A profissão de Jacques Pedreira* (romance) e *Psicologia urbana* (conferências). No dia 30 partiu para a Europa no navio holandês *Zeelândia*.

O CINEMATÓGRAFO VERTIGINOSO E A ALMA DAS RUAS (1904-1915)

Antes de acompanhá-lo nessa segunda travessia do oceano, recordemos duas grandes ignomínias cometidas pelo governo federal antes do final do ano e que, durante muito tempo, permaneceram fora do conhecimento da opinião pública.

No dia de Natal, por ordem do delegado Flores da Cunha, foram embarcados no navio *Satélite* cerca de 105 marinheiros revoltosos, ao lado de 300 criminosos comuns e 45 prostitutas, rumo ao Acre, para prestar trabalhos forçados na Comissão Rondon. Nove dos chefes da Revolta da Chibata foram embarcados com os nomes assinalados com um X na lista dos prisioneiros. Antes do navio passar pelo Recife, foram fuzilados sumariamente e atirados ao mar.

Um dia antes, no Rio, João Cândido e 17 companheiros considerados de alta periculosidade foram encerrados numa cela subterrânea do Arsenal de Marinha. Quando pediram água, o comandante Marques da Rocha mandou soterrá-los com cal virgem, enquanto abafava seus gritos com o rufar dos tambores. Dezesseis desses infelizes morreram queimados ou sufocados, alguns inchados como sapos. João Cândido, no entanto, foi um dos dois sobreviventes. Voltou para a solitária, de onde só saiu quatro meses depois, para ser internado num hospício.

Começava para valer o mandato do marechal Hermes, o primeiro a mostrar a face horrenda do regime brasileiro, que parecia tão cordial desde a posse de Campos Salles em 1900.

* * *

A segunda viagem de João do Rio à Europa foi mais longa. Cinco meses. E não apenas dedicada ao lazer, pois devia aos editores vários livros novos, e observava a imprensa europeia em busca de novidades para a *Gazeta* e o novo jornal de Irineu Marinho. Um dos livros, *Portugal d'agora*, já em produção, com a proclamação da República tornou-se obsoleto, e era preciso modificá-lo. A chegada a Lisboa mostrou que tudo havia mudado.

> Quando cheguei, numa noite de chuva do mês de janeiro, as autoridades da terra, de luva e ar de quem tem de explicar graves acontecimentos, deram aos passageiros, em francês, uma notícia horrível. Havia greve. Greve de quê? Greve de tudo. Como a República nova permitisse a greve, os operários portugueses tomavam um fartão de greves. Havia a greve dos caixeiros, a greve dos gasomistas, a greve dos matadores de porcos, a greve dos ferroviários... Desci só, resistindo ao receio, e assim voguei para a terra, sobre o Tejo, rio glorioso.

Nessa confusão, obrigado a carregar suas pesadas malas até a condução improvisada pelos amigos, não deu muita importância aos portugueses. Ficou pouco mais de uma semana, incluindo a ida ao Porto, onde assinou contrato com os Lello para novo livro, *Os dias passam...*, nome da coluna que substituirá "Cinematographo" depois do regresso ao Rio.

Embora tenha deixado algumas pistas, não é fácil reconstituir o itinerário. Do Porto, João do Rio partiu de trem para Madri, aonde chegou exausto depois de uma péssima viagem, hospedando-se no Ritz. "Tomei um banho de duas horas. Em Portugal — oito dias — só consegui lavar-me numa bacia de rosto", escreveu numa carta a Irineu Marinho, divulgada por Raimundo Magalhães Júnior. Foi também a Barcelona e Londres, aqui para observar as modernas tipografias do *Daily News* e outros jornais. Mas não publicou nada sobre essas cidades.

Em Paris, foi outra coisa. Dois colegas acadêmicos residiam lá. Um, Medeiros e Albuquerque, era um velho conhecido. O outro, Graça Aranha, um dos poucos escritores brasileiros que confessadamente admirava, era o embaixador do Brasil na França. Ele escrevera, em francês, a peça teatral *Malazarte, une légende en trois actes*, encenada por um diretor vanguardista de prestígio, Lugné-Poe, incentivador do teatro simbolista. Interessante como concepção, com cenas empolgantes e belas, personagens do nosso folclore e *mise-en-scène* feérica, o espetáculo agradou à crítica, mas desconcertou os brasileiros presentes na estreia, em 19 de fevereiro. Num artigo em *O Comércio de São Paulo*, João do Rio reclama que o autor "pouco se importou com as regras do diálogo, com a técnica, com a contrarregra", elogiando, entretanto, algumas situações como "vistas sob um sonho de haxixe".

> Os mais prudentes indagavam:
> — Que tal acha?
> Os mais audazes murmuravam:
> — Um tanto esquisito.

A pequena colônia brasileira de Paris era dada a excessos, e volta e meia nossos milionários apareciam nas crônicas de Jean Lorrain (Pepê Soares — real ou ficção?) e outros. O alagoano Virgílio Maurício de Souza, autointitulado estudante de pintura, levava uma vida de luxo e de vício, digna de um Dorian Gray tropical. Além de promover orgias heliogabálicas, segundo as memórias de Luiz Edmundo, compareceu a um baile à fantasia vestido de marajá e montado num elefante alugado. Vimos como na sua viagem anterior João do Rio encontrara o mulato Geraldo enriquecendo à custa do maxixe, que, rebatizado *la matchiche*, continuava na moda. Sobre esse ritmo há outra história saborosa.

> Numa tarde de muita neve, o criado veio dizer-me:
> — Esteve cá um cavalheiro brasileiro que não deixou cartão. Vinha acompanhado de outro que parecia ator. Voltarão.
> A campainha retiniu. O criado sumiu-se. Eu não tive tempo de pensar se não receberia o visitante (...). Depois, sentou-se e falou com a continuidade picada de uma fita Morse (...). Interrompi-o, inquieto:

— Creio que o vi no Rio.
— Eu sou o dentista Diniz. Vim completar os estudos em Paris. Mas não me seduz voltar a tratar de bocas no Rio e vinha propor-lhe um negócio.
— Qual?
— Comprarmos o Moulin Rouge. É uma questão de um milhão de francos, apenas.
Habituado aos imprevistos, respondi, impassível.
— Mas para quê?
— Para ganharmos uma fortuna.
E torrencial expôs o seu plano. Era preciso obtermos o Moulin Rouge para o transformar num salão de maxixe brasileiro. Ele dançava bem. Ele criara o maxixe feito dos passos de todas as nossas danças; ele estava dando lições de maxixe à Mistanguette — conhece a Mistanguette?
— Mas o Moulin Rouge é um lugar frequentado apenas por provincianos, americanos de segunda classe e mulheres feias.
— A clientela mudará! (...)
— Mas eu não tenho um *sou*.
— E não arranjará um milhão?
— Com quem, sr. Diniz?
— Então escreva-me algumas palavras explicando em francês o que é o maxixe...

João do Rio escreveu a apresentação sem imaginar o resultado surpreendente que teriam essas poucas linhas no futuro do jovem dentista, como veremos no momento oportuno.

Cansado do inverno, partiu para a Riviera (Cannes, Nice, Monte Carlo e San Remo), onde enturmou-se em ceias e passeios mundanos, segundo suas próprias palavras, com o "embaixador da Itália em Londres, o príncipe russo Casseli, o duque de Connaught". Seria um grupo de uranistas, quais viúvas-alegres a borboletear na Côte d'Azur? Alguma coisa soa diferente nas entrelinhas de uma descrição rotineira dessa bela região, na correspondência com Irineu Marinho.

> Imagina um mar ternamente azul, um céu que tem todas as cores do azul, um sol de ouro, a vegetação em que se misturam o coqueiro da África, a magnólia, com os pinhos doces, as ameixeiras, os ciprestes e um clima entre nove e dez graus. (...) Nesse paraíso da natureza, arranjado com imenso tino pelo homem, palácios magníficos, *villas* maravilhosas, jardins admiráveis, sítios celestes. (...) Como seria bom ter dinheiro e nunca mais deixá-los, a amar, amar, amar... (...) Há para todos os gostos... e com uma naturalidade...

Entrando pela Itália, que não pudera conhecer da vez anterior, passou por Turim e Gênova no caminho de Roma. Nessa primeira cidade visitou uma exposição de produtos brasileiros, que achou desorganizada, embora promissora. Da capital italiana escreveu a Medeiros e Albuquerque em 11 de março: "A Itália e principalmente Roma tomaram-me de súbito, torceram-me, jogaram-me face a face com a energia antiga, com a Roma imperial (...). Os dias passo-os na contemplação do mármore dos museus." Ficou tão entusiasmado com a arte clássica que chegou a esnobar o Renascimento, que classificou de "uma insensibilidade, de uma frieza completa". E para arrematar: "Heresia!"

Nem tudo, porém, eram flores. Surpreendentemente João do Rio confessa ao amigo que detestou Nápoles, tão semelhante à sua querida Lisboa e ao Rio anterior ao "bota-abaixo". "Um dédalo de ruas de sete palmos, com casas em ruína cujos habitantes trabalham e catam-se nas ruas e aí fazem seus despejos. O fedor era tanto que apanhei uma terrível dor de cabeça." E para Irineu Marinho:

> O belo golfo? É verdade. O belo golfo está belamente aí. É uma baía do Rio de Janeiro menos 20 furos. Há mesmo, a partir do Arsenal,

uma série de avenidas à beira-mar, com a intenção de imitar a esplêndida, a deliciosa, a incomparável Nice, mas apesar de ter sido arranjada há uns 20 anos, lembra quando muito o Russell, o Flamengo ou Botafogo antes da obra (...).

Em outra carta a Irineu, entra em maiores detalhes confessionais. Conta que ia ver o aquário da cidade com o Lino Bessa ("um rapaz do Rio que encontrei... um caboclão burro"), quando

> o cocheiro, tipo de adolescente de 16 anos (...) perguntou-nos se queríamos em vez de ir ver um *aquarium* ver um quarto de meninas nuas, por 20 liras! Todas sérias, dizia ele (...). Eu sorri e não estive com história, passei-lhe as mãos no *derrière*. E o *ragazzo*, sorrindo e iluminado: — *Anche questo si vuole, signorino!*

Parece que não foram mesmo ver os peixes, pois voltou a referir-se ao caso na próxima carta: "Umas damas que eu fui ver com o Bessa, rapaz do Pará totalmente burro, tinham a camisa de três meses e nas orelhas plantações de milho. O irmão cocheiro de carro... faça você a ideia da limpeza do irmão!" Pano rápido.

> Mas a Itália tem uma cidade única no mundo: a divina Florença (...) tudo é fino, calmo, doce. É como se estivéssemos numa grande casa de ourives artistas (...). Agora eu estou em Veneza (...). Vim de Florença no mesmo *wagon*, no mesmo compartimento com um inglês, Sir Campbell (John Arnold Campbell). Ele é louco. Gasta dinheiro e tem a moléstia da pompa veneziana. Temos uma gôndola de luxo com coxins de seda e oiro.

Veneza foi outra cidade que o enlouqueceu,

O CINEMATÓGRAFO VERTIGINOSO E A ALMA DAS RUAS (1904-1915)

> construída sem simetria, de mármores do orbe inteiro, de pórfiro e de basalto, de mármore velho como marfim e mármore novo de Carrara, de mármore azul, e amarelo, e verde, e cinza, e roxo, e negro e rosa (...) palácios que encobrem mistérios de amor, e crimes e venenos (...) ambiente de pérola diluída e opalas irisadas, essa suntuosa música de cor (...) leve, imponderável, movediça e infinitamente perturbadora (...).

Foi lá, num pôr do sol extasiante, digno de um quadro de Turner, que viu passar, numa negra e assustadora gôndola, o *kaiser* Guilherme em visita a uma amante. No intervalo de tantas atividades, João do Rio ainda trabalhava. Foi lá que escreveu, até as duas horas da manhã, a introdução à sua tradução de *Intenções*, de Oscar Wilde, e começou a traduzir o *Dorian Gray*.

Quase arruinado por seu capricho italiano, voltou a Paris depois de dois meses, apenas de passagem por Lisboa, onde chegou nos primeiros dias de maio para ficar 15 dias. A situação estava mais tranquila, as greves menos frequentes. Encontrou os velhos amigos na Livraria Teixeira. Numa tarde, na calçada defronte, exaltado, diante de Manoel Souza Pinto e João de Barros, de acordo com depoimento desse, João do Rio pregou uma aproximação cultural luso-brasileira oficial. Cinco anos depois, os dois fundarão uma revista com esse objetivo.

Em 21 de maio embarcou de volta ao Rio no paquete holandês *Frísia*. Esse trazia, em todas as três classes de passageiros, mulheres europeias que vinham fazer a vida no Rio ou em Buenos Aires, entre elas notórias aliciadoras de menores. Romenas, húngaras, judias, armênias, ucranianas — e as famosas "polacas". João do Rio denunciou o que viu a bordo em "Um aspecto do tráfico das brancas", publicado na *Gazeta* no dia seguinte à sua chegada. Essa se deu em 5 de junho, pouco depois do raiar do sol. Uma comissão da Associação Comercial foi saudá-lo a bordo, pois apoiava o projeto de lei que regulamentava o horário dos comerciários, que cumpriam então uma desumana jornada de trabalho de 16 horas sem descanso semanal. D. Florência engasgou-se de emoção. Os amigos e bajuladores habituais amontoavam-se no cais Pharoux. Estava de volta a Abominópolis.

* * *

"Preservai-nos, Senhor, das coisas terríficas que andam à noite." (rei Davi).

Pouco antes do retorno de João do Rio, começaram a circular os primeiros exemplares de seu novo livro, *Dentro da noite*, cujas referências na imprensa datam de final de abril. É um dos seus melhores, e difere dos anteriores por não ser composto de reportagens ou crônicas, mas de 18 contos filiados à literatura decadentista. Vendeu bem e chocou moralistas, como era de esperar.

A epígrafe bíblica não engana. É a maior coleção de taras e esquisitices até então publicada na literatura brasileira. Oito contos tratam de formas diversas de deformação sensorial (hiperestesia): sonoras, olfativas, sadomasoquistas, incluindo drogas, jogatina e cleptomania. Cinco abordam diretamente o relacionamento sexual de pessoas da elite com parceiros das classes baixas. Três outros ameaçam com o pânico das doenças contagiosas, oriundo dessa mistura. Nem todos os contos são posteriores ao contrato com a Garnier assinado dois anos atrás. Apenas meia dúzia. Dois terços são anteriores. Um deles, "A noiva do som", é de 1904. Alguns já são nossos conhecidos, como "O bebê de tarlatana rosa". Três são inéditos. O restante saiu na *Gazeta*.

Há três contos mais tradicionais, mais serenos. "O fim de Arsênio Godard", ambientado durante a Revolta da Esquadra contra Floriano em 1893; "Coração", relato autobiográfico nas entrelinhas; e "Última

O CINEMATÓGRAFO VERTIGINOSO E A ALMA DAS RUAS (1904-1915)

noite", as últimas horas de um jovem imigrante português que se atira de um trem da Central.

Os outros 15 contos estão impregnados de decadentismo barroco assimilado de Wilde e Lorrain, que se reflete e repete não apenas no enredo, mas principalmente no estilo. Vários se desenrolam em gabinetes de ricaços excêntricos ou em mesas de restaurantes, onde alguém narra ao narrador — que nos narra — alguma aventura *sui generis* como a morte de uma prostituta numa orgia lésbica regada a éter, ou as confissões de um noivo sádico que enfia alfinetes nos braços da amada e ela deixa. Merece nota especial a criação de personagens constantes. Em seis narrativas encontramos o barão de Belfort, "esse velho dândi sempre impecável, que dizia as coisas mais horrendas com perfeita distinção", "velho alto de monóculo" filosofando sobre a inutilidade da vida e a corrupção inata do homem contemporâneo. O barão chama-se André, como aquele estudante fictício que acompanhava, na virada do século, o jovem Paulo Barreto no Salão de Belas Artes, e talvez seja o seu desenvolvimento natural, um descendente direto do pervertido Lord Wotton do *Dorian Gray*. Representa o decadentismo em si. Nada tem de bondoso. Notemos a satisfação com que observa a destruição daqueles que induziu ao vício do jogo, ou a indiferença com que comenta a morte da cocote Elsa de Aragon. Belfort fez um grande sucesso e será mantido vivo por seu criador ainda por muitos anos.

Escolhemos, por falta de espaço e oportunidade, comentar mais detalhadamente apenas dois contos do livro, que bem resumem a complexidade existente em todos os outros.

Vejamos "A mais estranha moléstia", publicado em 4 de dezembro de 1910, e dedicado ao psiquiatra e romancista Afrânio Peixoto. O narrador se encontra no terraço de uma confeitaria, tomando absinto e observando a Avenida Central, quando surge Oscar Flores, "do qual diziam horrores e que de resto parecia ter na alma fatigante segredo (...)

encantadoramente lindo com seu ar de adolescente de Veroneso, a pele morena, o cabelo anelado. Como devia ser feliz assim rico e belo, com a sua bengala de castão turquesa (...) a atitude inquieta de um príncipe assassino e triunfante (...)". Conversa vai, conversa vem, o rapaz acaba por confessar o seu terrível segredo: "O desenvolvimento assustador de um dos sentidos, capaz de dominar todos os outros, submetê-los e virar aos poucos em fonte de todos os prazeres, um único foco de sensações agradáveis, em tirano da impalpável luxúria." Esse sentido é o olfato, e o pobre Oscar, apesar do sobrenome, evitava as flores, sempre à procura de algo melhor. "É possível cheirar certas flores sem odiá-las? (...) a gente absorve o odor, cheira, cheira e depois estraçalha por ódio, porque prometem mais do que dão, porque deixam em meio o gozo, não nos completam o prazer." Passa a gostar do cheiro de jovens proletárias, que seduz para cheirá-las nuas, como numa prise de éter. Um dia, percebe que finalmente entrou em êxtase, mas perde a mulherzinha de vista. Não lhe resta outra alternativa senão procurar, procurar, procurar... E dito isso, desaparece na multidão, abandonando o narrador a admirar a avenida que acende suas luzes.

    Esse conto é quase uma variante do que deu título ao livro, escrito em 1906, pois em ambos o protagonista é movido por um instinto irresistível. "Dentro da noite", o do tal noivo que espeta alfinetes na bem-amada, é como uma intromissão do marquês de Sade no mundo ficcional de Machado de Assis. A estrutura é bastante intricada: o narrador, que cochila num trem noturno, escuta a confissão do sádico a um velho amigo, e a repassa ao leitor, em tempo real. Como em "A mais estranha moléstia", o narrador toma absinto, e aqui ele está sonolento, não é ilegítimo botar em dúvida a própria veracidade da narrativa. Será um delírio? "Dentro da noite", pelo inusitado de sua proposta e a dinâmica de seu estilo, tornou-se um clássico do conto brasileiro.

O CINEMATÓGRAFO VERTIGINOSO E A ALMA DAS RUAS (1904-1915)

"O carro da Semana Santa", inédito na imprensa, é dedicado a Elysio de Carvalho, provavelmente em retribuição à dedicatória desse em seu *Five o'clock tea*, inspirado nos diários dos irmãos Goncourt. A ambientação tenta ser mais carioca. Numa quinta-feira Santa, no Centro do Rio, um estranho grupo está reunido num bar modesto. "Dois homens que riam de tudo e pagavam a despesa, um menino com ar de Antínoo viçoso, cujos princípios todos ignoravam, um poeta obrigado a ser espirituoso, dois jornalistas, eu. Havia também um homem chamado Honório." Todos bebem e conversam animadamente sobre as indecências e gatunagens que presenciaram durante a missa da Candelária e da igreja de São Francisco. "Fazer horrores junto ao corpo do Senhor morto! Mas deve ser uma delícia!, paradoxou o jovem ambíguo." O estranho Honório prefere teorizar. "Tudo na vida é luxúria. Sentir é gozar, fundir desejos, na raiva de possuir. É uma doença? Talvez..." Narra então seu encontro, três anos antes, numa igual quinta-feira, com o Carro da Semana Santa, gigantesca berlinda larga e vasta, "quase um leito", dentro da qual, sempre invisível, uma pessoa voraz caça companheiros pela madrugada.

> Fuzileiros navais, ébrios, malandros de calça bombacha, marinheiros formavam grupos perigosos, fora da calçada. Criaturas ambíguas chispavam olhares desvairados de esguelha no burburinho da populaça (...). Já ouvi dizer que é uma mulher com bexigas, outrora bela (...) consta que é queimada (...) outros asseguram que tem pústulas.

Terminada a narrativa na porta do bar, Honório e seus companheiros veem então ao longe o carro sinistro, rápido e misterioso, desembarcando um adolescente.

Dessa vez, embora a temática seja semelhante à de outra história do livro, "O bebê de tarlatana rosa" — os subterfúgios dos "diferentes" em satisfazer-se sexualmente sem ser percebidos —, o autor logrou acentuar bem melhor as diferenças, e não as semelhanças.

Outro detalhe que chama a atenção em *Dentro da noite* é o seu sensualismo exacerbado. Sem dúvida há muitas influências da célebre *Psicophatia sexualis*, de Richard von Kraff-Ebing, então o que havia de mais científico sobre desvios sexuais. É impressionante a volúpia com que João do Rio descreve a boca de suas criaturas. Algumas são vermelhas como fruto maduro, outras têm a polpa carnuda como a flor que desabrocha. Umas são quentes, outras são frias. Essas são apetitosas, aquelas, quando sugadas, emanam um mel feito de perfumes campestres. O clima sufocante em que vivem os personagens, apesar do luxo que cerca a maioria deles, revela, sem subterfúgios, uma classe dominante deformada pela devassidão.

* * *

Ao voltar da Europa, João do Rio tem de enfrentar a realidade da *Gazeta de Notícias*. Irineu Marinho, um dos subsecretários, saíra com 12 colaboradores para fundar *A Noite*, lançado em 18 de junho. Como já vimos, João do Rio ajudara financeiramente o novo jornal, na dúvida se a *Gazeta* prosseguia ou se acabava. Numa carta a Medeiros e Albuquerque, datada de agosto, ele observou:

> (...) De resto *A Noite* foi um crescente êxito. É admirável de benfeita. As tiragens — fato espantoso! — nunca baixaram a menos de cinco mil! Perguntará o Medeiros: — E você?
> — Eu, meu caro amigo, sou um sujeito um tanto delicado. Desde que consegui o capital inicial, percebi que o meu nome era afastado delicadamente. Aí em Paris deixei entrever isso. Quando cheguei tinham feito Marques & Marinho e nada me disseram. Quando foi do jornal, escrevi-o, dei ideias. Mas notava, no burburinho, que me faziam o convidado à força. Cessava de escrever, quando rebentou o conflito na *Gazeta*. Eu era o único a quem o Rochinha não tinha

O CINEMATÓGRAFO VERTIGINOSO E A ALMA DAS RUAS (1904-1915)

estabelecido condições, porque, me parece, eu sou o João do Rio nos jornais, isto é, um jornalista que escreve neles mas não é o cozinheiro diário. O Marinho inquiriu-me.
— Você naturalmente não sai?
— Claro que não, porque seria cometer com o Rochinha um ato que não me deu o direito de praticar ainda.
— E *A Noite*?
— Sinto que venham os dois casos juntos. Mas nada tenho com eles.

Excetuando a tradução em folhetim do *Dorian Gray*, trabalho não assinado, só existe um artigo de João do Rio no jornal de Irineu Marinho, publicado sem nenhum destaque, nas páginas de dentro, exatamente no dia do seu aniversário.

Perguntou ao Marinho se estaríamos de boas relações? Mas ótimas! Não escrevo no jornal dele (que aliás é um sucesso definitivo), mas dou-me com todos. Na organização comercial que tarda, desejo nem ser sócio nem perder meus 20 contos. Toda prudência é pouca numa *entente* em que não haja perdas.

O dinheiro foi pago integralmente um ano depois, encerrando-se o episódio.

Restava ainda a *Gazeta*. Pela sua fidelidade e competência João do Rio foi alçado à função de diretor, tornando-se o terceiro homem do jornal, depois de Rochinha e Salvador Santos. Entre seus colaboradores mais próximos e amigos da redação figuram o quarentão Figueiredo Pimentel, ex-poeta, autor das famosas *Histórias da Carochinha* e responsável pela célebre coluna "Binóculo", em que misturava crônica social com conselhos de etiqueta e elegância; o jovem maranhense Viriato Correia, bom repórter e bom contista; o estranho, lívido e talentoso Roberto Gomes (o Bemol da crítica musical), riquíssimo, educado em Paris, sempre de negro, iniciando promissora carreira de dramaturgo denso e fora do comum. Pelo cargo de secretário, o mais próximo do novo diretor era Cândido de Campos, "que se deslumbrara com ele que chegara a imitar-lhe o modo de falar e os gestos". Assim o descreveu Gilberto Amado, sergipano que surgiu no Rio em 1910 como uma revelação. Sem conhecê-lo, João do Rio elogiara uma crônica sua em *O Paiz*. Ficaram amigos. Então...

> Encontrei-o na noite deste dia num restaurante, o Sul América, à Rua Sete de Setembro. Jantava (...) com Cândido de Campos. Fumavam ambos charutos (...). Cândido de Campos, muito mais moço, um adolescente quase, branquíssimo, a fronte larga, ria às soltas, com os olhos presos nos do escritor (...) tive a impressão, olhando-os, antes de me aproximar, de que a vida parara para eles num oásis de felicidade, tal a alegria que demonstravam.

Gilberto Amado era afilhado político de Pinheiro Machado e logo foi nomeado em maio, aos 23 anos, professor de direito criminal na faculdade de Recife, desaparecendo momentaneamente da cena carioca. Outros jovens, talvez de menor talento, chegarão à capital cada vez em maior número, indo logo procurar João do Rio, um dos "embaixadores" da cidade para os novatos. Alguns serão aproveitados na *Gazeta*: Abadie Farias Rosa, um dos que o saudaram no ano anterior no grêmio 11 de Agosto em São Paulo; o poeta catarinense Diniz Júnior; Benedito Costa (o futuro Paulo de Gardênia), funcionário do Itamaraty; o contista Sebastião Sampaio; o então poeta Agrippino Griecco. Alguns serão colaboradores pelo resto da vida. Pelo menos um, Humberto de Campos, ao ser rejeitado após algumas colaborações como poeta, será um inimigo fiel, também para o resto da vida.

Por acumular tantas atividades, João do Rio produz nesse período uma ficção bem menos densa e interessante. A destacar, apenas os contos "O milagre de São João", onde insiste na temática portuguesa (um imigrante volta corrompido a Portugal e bate a carteira da própria mãe, sem reconhecê-la), e o aflitivo "Pavor", com atmosfera gótica inspirada em Edgar Allan Poe (na escuridão do quarto, o protagonista ouve ruídos e se acha observado, mas não sabe por quem).

* * *

Como tantas pessoas que conseguem ascender socialmente, João do Rio começou a ficar deslumbrado. Amigos e populares o esperavam na porta do jornal, para bajulá-lo, ou simplesmente admirar seu modo peculiar de falar. Era a hora da audiência.

> O espanejamento de cabotino chamando atenção sobre si, à porta da *Gazeta* e em toda parte (...) os gestos esvoaçantes e as manigâncias jogralescas em que se comprazia (...).
> — Paulo, não faça isso! — Muitas vezes lhe gritava eu, zeloso do seu destino, quando o via esfarinhar-se em maneirismos grotescos para atrair afeto dos indiferentes e bondade de quem não a possuía. Mas a febre da publicidade o fazia delirar (...). Que o apupassem, mas que não o deixassem fora do Carnaval, escreveu Gilberto Amado décadas depois.

Agrippino Griecco diz que o chamavam então de "Madama Bicicleta, porque todo mundo montava nele". No mês seguinte ao seu retorno, o mensário humorístico *O Gato*, já no seu primeiro número e em página inteira, publicou uma charge de Seth com João do Rio e Bilac num museu italiano, admirando uma estátua nua do imperador bissexual Heliogábalo. João olha a estátua pela frente, Bilac por trás. Legenda:

> "— Soberbo, hein?
> — Que delicioso se todos os homens fossem assim."
> É o preço da fama, ser gratuitamente atacado por tudo quanto é jornal novo e jornalista exibido.

* * *

No final de julho, apareceu em *A Notícia* mais uma estranha crônica do nosso biografado. Tem a forma de uma carta de um leitor anônimo, que se afirma autor do assassinato insolúvel de uma prostituta. Depois de dizer que "o verdadeiro assassino mata por prazer (...) para realizar uma obra de arte (...) e um belo crime para ser um belo crime (...) tem como condição essencial ficar impune", o possível criminoso ameaça atirar uma criancinha debaixo de um bonde e ainda posar para a imprensa como seu frustrado salvador. Como esse novo crime não aconteceu, pois não foi registrado pela imprensa da época, tudo levava a crer que era mais um capricho de estilo de João do Rio, fã confesso do inglês Thomas De Quincey, autor de *O assassinato como uma das belas artes* e *Memórias de um comedor de ópio*.

O prosseguimento desse assunto meses depois, assim como outros acontecimentos paralelos, vão nos permitir estudar com algum detalhe uma das muitas vezes em que partiu de uma realidade para chegar à ficção.

No mês seguinte foi preso em Juiz de Fora o famoso gatuno cognominado dr. Antônio, na verdade pertencente a uma família importante do Rio Grande do Sul, os Antunes Maciel. Era um velho conhecido da polícia do Rio, de São Paulo e da Bahia — onde tinha aplicado seus golpes inteligentes e sem violência, repletos de lances teatrais, contra hóspedes de hotéis de luxo. Com considerável dose de coragem para um diretor de um dos principais jornais cariocas, João do Rio escreveu uma elegia ao meliante e ao crime, comparando-o ao genial Arsène Lupin dos folhetins franceses.

> O dr. Antônio acaba de ser preso em Juiz de Fora. Um vaidoso agente secreto, tão vaidoso que se fotografou, julgando ter praticado um grande ato, realizou a façanha em condições aliás lamentáveis para um agente de segurança. O dr. Antônio foi preso devido apenas a um fenômeno natural como a chuva e o crescimento das plantas: a desconfiança mineira. Mas para os verdadeiros patriotas, que admiram os seus homens representativos, essa prisão, se o dr. Antônio não fugir,

O CINEMATÓGRAFO VERTIGINOSO E A ALMA DAS RUAS (1904-1915)

> é absolutamente triste (...). Lembro-me que um dia mostraram-no na Rua do Ouvidor.
> — É aquele o dr. Antônio!
> Olhei-o com respeitoso carinho. Só o saber que enganava os outros, sem que a polícia o pudesse prender, dava-lhe uma auréola de superioridade mental. Que diferença entre um grande artista, um grande político e um grande gatuno? (...). É preciso fugir, sair, desaparecer, tomar outro nome, continuar. Principalmente a praticar roubos inteligentes, agora que os meliantes sem cotação deram para roubar em plena Central de Polícia. Sem se deixar impressionar pelas grades da prisão, se tiver a louca ideia de se regenerar, estará perdido. A regeneração passou de moda. (...) quando se chega a ser o dr. Antônio, um representativo, o primeiro, o grande crime é não continuar.

A coisa pareceu morrer no mês de setembro. Mas, de repente, no final de outubro surgiu "O assassino volta a escrever-me", rememorando o estranho missivista de julho, e revelando o assassinato de outra mulher, em Santíssimo. Uma semana depois, "O assassino fala-me" mostra que João do Rio encontrou o meliante no Parque da Aclamação (Campo de Santana), sentado num banco, com longa barba grisalha. Depois de confessar que acabou de esmigalhar o crânio de um mendigo, faz um pedido fora do comum:

> — Querias ser o assassino literário, com um escritor à sua disposição?
> — Exatamente.
> — E escolheu-me?
> — Precisamente.
> — Mas por que não redige as próprias memórias?

João do Rio ficou de pensar no assunto; o velho foi embora. O jornalista pega o bonde e repara num jovem de bigodinho louro que o observa. Uma semana depois, em 5 de novembro, um último artigo: "O assassino visita-me." O cidadão quer uma resposta à sua proposta. Ele é o jovem de bigodinho do bonde. O velho era um mero disfarce. Falam de haxixe e da seita islâmica do Velho da Montanha, origem da palavra "assassino". Súbito, o criado anuncia um visitante, um amigo delegado. O assassino prefere escapulir, para nunca mais voltar.

Na véspera do Natal foi publicado na *Gazeta* o primeiro capítulo do folhetim *Memórias de um rato de hotel/A vida do dr. Antônio narrada por ele mesmo*, que durará cerca de dois meses. Nele, Artur Antunes Maciel conta suas aventuras e desventuras como mestre do disfarce, da falsa identidade e da gatunagem.

> Estava na enfermaria da prisão quando vieram chamar-me. O sr. Administrador apresentou-me um cavalheiro. (...) O homem disse-me:
> — Tenho por você a maior admiração.
> — Por quê?
> — Porque você é um ladrão inteligentíssimo (...).
> — O senhor engana-se.
> — Meu caro, eu não me engano e peço que não me desiluda. Considero você um homem inteligente, fora do comum. Se resolver negar o que está aprovado em 20 anos de jornais, como um simples batedor de carteira, ficarei muito triste.
> — Mas que quer o senhor de mim?
> — Quero que me conte a sua vida para o meu jornal.
> — Nunca!
> — Por quê?
> — Vai prejudicar-me.
> — Não teria vindo cá. Você é um sujeito que eu sei bom e generoso. Ninguém vai condená-lo por ter sido o primeiro rato de hotel do Brasil.
> — Agora há outros e sou eu quem leva a culpa!
> — Sabemos disso. Depois, pelo que fez, já foi condenado.
> — Mas a sociedade?

— A sociedade deixará de apreciá-lo se você não continuar a ser o dr. Antônio (...).
— Vou consultar com o advogado.
— Não consulte e conte a sua vida.

Em seguida, o trecho transcreve vários parágrafos de "O representativo do roubo inteligente", a já referida crônica de João do Rio publicada em agosto. Seu nome não é citado, sendo referido como "de um cronista".

— Pois escreva.
— A mão treme. Sente-se que eu dito.
E assim, durante dias, fui ditando e escrevendo o que se vai ler.

Como no último dos artigos da série "Assassino", o delegado que visita o narrador vem trazer a autorização para entrevistar um preso da Casa de Detenção (onde estava o dr. Antônio), não é exagero concluir, pela proximidade das datas, que João do Rio utilizou o tema de uma velha crônica de julho para transfigurar a realidade de outubro e novembro. Seus contatos com o assassino que deseja que ele lhe escreva as memórias, mesmo que inicialmente inspirados na última parte do sexto volume do folhetim de Ponson du Terrail, *A última palavra de Rocambole* (1867), nada mais são do que os reflexos do real trabalho que fazia com o gatuno gaúcho.

O folhetim é delicioso, não só pelas peripécias do protagonista, mas também pela interessante e bem-humorada forma narrativa, na qual percebemos a intrusão nada sutil do estilo do jornalista. Embora o nome de Paulo Barreto não seja citado uma vez sequer, nem tudo pode ser creditado ao dr. Antônio. Esse confessa não ter sido jamais "dado à literatura e à fantasia, sendo mesmo muito limitado o número de livros que tenho lido", mas logo adiante o leitor esbarra com citações eruditas de Octave Mirbeau, Ponson du Terrail e Alexandre Dumas. Isso não passou despercebido dos contemporâneos, e posteriormente contribuiu para o levantamento da autoria do texto.

O folhetim fez muito sucesso e foi editado em volume em março de 1912, apenas três semanas depois do último capítulo sair na *Gazeta*. Não é mencionado o nome da editora, mas tudo leva a crer que tenha sido o próprio jornal, pois a composição em duas colunas é a mesma, assim como as inúmeras fotografias. O ladrão, que esperava ser solto com os recursos que impetrara com o adiantamento recebido sobre as vendas, não teve sorte e morreu em novembro, aos 47 anos. No seu epitáfio merecia ter sido escrita a frase final dessa sua rara e curiosa autobiografia. "Que homem interessante que eu fui!"

*   *   *

Não só a folhetins pitorescos se resumiu a contribuição de João do Rio à *Gazeta* durante o tempo em que foi diretor de jornal. Pelo contrário, é um período de grandes inovações editoriais.

Uma das novidades foi dedicar uma página semanal para determinados temas. A segunda-feira era o dia de "Le Brésil Économique", relatório em francês dirigido aos comerciantes e firmas estrangeiras. Na terça vinha a página "Esportes". Na quarta, a dedicada a São Paulo. Na quinta, "A moda". Na sexta, "Literatura & Artes Plásticas". No sábado, "Teatro, Música e Cinema". No domingo, "Notícias de Portugal". Há um número maior de fotografias, que são mais bem utilizadas. A *Gazeta* continuou, assim, na vanguarda da imprensa brasileira.

Encerrando "Os dias passam...", João do Rio lança nova coluna ("O instante"), com o novo pseudônimo de Paulo José. Como o Simeão da campanha civilista, o novo *alter ego* é principalmente político e durou apenas seis meses, sumindo logo depois das eleições legislativas e estaduais.

O CINEMATÓGRAFO VERTIGINOSO E A ALMA DAS RUAS (1904-1915)

Sua tônica foi tentar afastar o presidente Hermes da Fonseca do senador Pinheiro Machado, atacando sempre esse último e apoiando os candidatos hermistas quando não eram os mesmos do caudilho do morro da Graça. A situação política continua complexa. Mário Hermes, filho do presidente e também militar, favorece grupos de oficiais, que entram na política proclamando-se "salvadores da pátria". Aliando-se ou não com grupos oposicionistas locais, vão entrar em choque com as velhas oligarquias rurais comandadas pelo senador gaúcho. Nos estados mais adiantados não conseguirão muita coisa. No Rio Grande do Sul, o general Mena Barreto (primo distante de João do Rio por parte de pai) acabou derrotado por Borges de Medeiros (pinheirista). Em São Paulo, para evitar o confronto, Rodrigues Alves foi reconduzido ao governo do estado. Mas no Nordeste as coisas se passaram de outro modo. Em Pernambuco, ainda em novembro de 1911, a vitória do "dono" do estado, senador Rosa e Silva, não foi reconhecida nas grandes cidades. Houve quebra-quebra da oposição com apoio dos militares, tendo sido empossado o general Dantas Barreto. No Ceará, o oligarca Nogueira Accioly teve de fugir para o Rio, sendo eleito o coronel Franco Rabelo, genro do novo governador de Pernambuco. Pior aconteceu na Bahia, onde, apesar de não haver candidatura militar, o hermista J.J. Seabra contou com o auxílio das forças armadas contra as autoridades do estado. No dia 10 de janeiro, Salvador foi bombardeada, com vítimas e destruição. Dezoito dias depois, Seabra "ganhou" a eleição. Na pequenina Alagoas houve tiroteio em plena Maceió entre os partidários de Euclides Malta e do coronel Clodoaldo da Fonseca, que terminou vencedor. Não há coerência na política federal. O governo ajudou a derrubar os Malta e os Accioly (que apoiaram Rui Barbosa à presidência), mas também Rosa e Silva (que apoiou Hermes). No Ceará, sua intromissão foi particularmente infeliz, como veremos oportunamente.

Em fevereiro, às vésperas do Carnaval, morreu o barão do Rio Branco, havia uma década no Itamaraty. O governo, sem saber o que fazer, acabou fazendo besteira. Em vez do luto oficial de 30 dias, decretou um de apenas oito, ofendendo a memória do falecido, e autorizou um Carnaval temporão no mês de abril. Resultado: mesmo sem apoio oficial, o populacho não obedeceu ao luto, e 1912 ficou conhecido como o ano dos dois carnavais.

Nesse primeiro semestre, a Garnier lançou no mercado nada menos que três livros de João do Rio. Em janeiro, o pequeno *Psicologia urbana*, reunião de conferências, em que se destaca o belo discurso de posse na Academia. Em fevereiro, o esperado *Portugal d'agora*, composto pelas reportagens publicadas na *Gazeta* em 1909, acrescidas de uma introdução atualizadora. O terceiro (*Vida vertiginosa*), dedicado a Gilberto Amado, é uma seleção de crônicas escritas desde 1905. Aqui estão a pioneira narração de sua subida à favela do morro de Santo Antônio, rebatizada de "Os livres acampamentos da miséria"; o belo "A era do automóvel"; uma apologia do governo Nilo Peçanha; a interessante experiência futurista "O dia de um homem em 1920", em que, tal qual H.G. Wells, especula sobre futuras invenções.

> Este livro, como quantos venho publicando, tem a preocupação do momento (...). O seu desejo ou a sua vaidade é trazer uma contribuição de análise à época contemporânea, suscitando um pouco de interesse histórico sobre o mais curioso período da nossa vida social que é o da transformação atual de usos, costumes e ideias.

* * *

Em maio aconteceu um incidente digno de nota. *A Noite* do dia 10 publicou na primeira página o editorial "Bela propaganda", reclamando

O CINEMATÓGRAFO VERTIGINOSO E A ALMA DAS RUAS (1904-1915)

contra "um grupo de capitalistas" que organizara uma orquestra de negros e mulatos para exibir-se em Paris, "com dois ou três artistas de café-concerto, também mulatos, que dançam os maxixes e os tangos brasileiros". O grupo, por força de contrato, deve desfilar fantasiado pelos *boulevards* parisienses, como uma banda de "macacos amestrados" etc. O jornal protesta porque na Europa poderiam pensar que somos um povo de mestiços (?!). O fato é ainda mais grave porque divulgado às vésperas dos 23 anos da Lei Áurea, e num jornal de propriedade de Irineu Marinho, cujas fotos não deixam nenhuma dúvida quanto à afrodescendência.

João do Rio replicou no dia seguinte em "O instante" com o texto "Patriotismo". Depois de dizer que o artista de cabaré que *A Noite* procurou diminuir é ninguém menos que o célebre Geraldo, continua: "Na Europa, dos Pirineus pra cima, não há quem tenha pelos negros nenhuma repulsa e há negros que representam a sua pátria muito melhor que muito branco."

Esse episódio nos permite abordar um tema sempre latente na biografia de João do Rio: a existência ou não de racismo em sua obra e na sociedade em que viveu. Até que ponto Paulo Barreto era, considerava-se, ou era considerado negro? Observando fotografias, encontramos uma criança de aparência branca, que se transforma num adolescente fortemente amulatado, de cabelos cacheados. Monteiro Lobato afirma que ele usava cabelo escovinha para disfarçar o pixaim. Não encontramos, no entanto, um só retrato ou caricatura seus com esse tipo de penteado. Ao contrário, ficou careca precocemente. Não é, entretanto, inverossímil a versão de que sua foto oficial para a Academia tenha sido muito retocada, para diminuir os traços negroides. O retocar de fotos, não apenas por motivos raciais, tornou-se muito comum no início do século passado, assim como o uso do *pancake* (pó de arroz) por homens e mulheres querendo "clarear-se". Como se a elite mulata da capital federal se sentisse inferior aos imigrantes que afluíam aos milhares. Em uma geração, esse setor da sociedade — que nos deu gente tão ilustre quanto Patrocínio, Machado, André Rebouças, Juliano Moreira, Evaristo de Moraes, Lima Barreto e o próprio João do Rio — vai desaparecer enquanto grupo facilmente identificável.

O filho de d. Florência não se considerava negro, nem o era pelo condescendente conceito brasileiro. Em *As religiões no Rio* ele só se refere aos afro-brasileiros na terceira pessoa. O conceito de mestiço não era muito alto, nem mesmo para os intelectuais do primeiro time. Euclides da Cunha em *Os sertões* desenvolve uma inverossímil teoria da superioridade do sertanejo "branco" frente aos "mestiços neurastênicos do litoral". Nina Rodrigues achava que a mestiçagem com o africano era uma nódoa de inferioridade do povo brasileiro. João do Rio admirava muito esses dois autores, especialmente o primeiro, mas militou no campo oposto. Assim, se vez por outra encontramos em sua obra expressões pejorativas como "pretos ululantes abrindo muito as mandíbulas" ou "negros degenerados, mulatos com contrações de símios", existem também elogios a um "negro muito amável, muito simpático" ou à lindíssima bailarina jamaicana Verônica. Em sua rapidíssima passagem por Salvador em dezembro de 1909, ficou fascinado pela Cidade Baixa, com "seus negros feitos de músculos d'ébano, mulatinhas adolescentes com a carnação das mangas maduras, rapazes desempenados, velhas africanas, mulatos sacudidos, soldados, a turba brasileira, a antiga turba brasileira que desaparece no Rio e se estrangeira nas avenidas mas ainda domina na Bahia, a turba mista de portugueses e africanos (...)".

Entretanto chama a atenção que, fora o velho Patrocínio e Irineu Marinho, João do Rio não privou da amizade, nem faz qualquer tipo de referência ou elogio, a alguns dos negros e mulatos mais bem-sucedidos que com certeza conheceu pessoalmente: o flautista Patápio Silva (morto em 1907, frequentador do Café Paris), o popularíssimo cançonetista Eduardo das Neves (citado rapidamente de passagem em "A musa das ruas"), o

O CINEMATÓGRAFO VERTIGINOSO E A ALMA DAS RUAS (1904-1915)

romancista Lima Barreto (nunca lhe dedicará uma linha sequer), o ator e palhaço Benjamin de Oliveira, do Circo Spinelli, e o jornalista Patrocínio Filho (contraparente e adversário desde os tempos de *A Cidade do Rio*).

* * *

Disposto a levar adiante suas ideias de aproximação luso-brasileira expostas no capítulo final de *Portugal d'agora*, Paulo Barreto incentivou a colônia portuguesa no Rio a convidar intelectuais lisboetas a visitar o Brasil. O projeto foi facilitado quando, surpreendentemente, Hermes da Fonseca nomeou Lauro Müller para o Itamaraty, na vaga do barão. João do Rio o conhecia desde o "bota-abaixo", quando fora o responsável pelas obras de reconstrução da cidade.

O primeiro desses escritores foi o poeta João de Barros, que João do Rio ciceroneou no Rio e em São Paulo pelos salões literários e redações de jornal, retribuindo os favores que recebera nas suas estadas em Lisboa. O português jamais esqueceu a ida à casa de Coelho Neto, onde testemunhou diante de uma palavra escolhida a esmo por um convidado o improviso do anfitrião com suas cascatas de substantivos, adjetivos e interjeições. João também o apresentou ao ministro, e sem dúvida conversaram sobre o sonho de uma revista binacional.

Em julho, João do Rio viu-se novamente envolvido pela política da Academia. Na vaga de Rio Branco armava-se lentamente a candidatura do barão Ramiz Galvão, ex-diretor da Biblioteca Nacional e diretor da Instrução Pública municipal. Ele tinha como principais patronos Rui Barbosa e José Veríssimo, presidente e secretário-geral da casa. O psiquiatra Antônio Austregésilo tinha o apoio de Coelho Neto e Afrânio Peixoto, mas não decolou, terminando por retirar a candidatura. Surgiu então o nome de Lauro Müller, ex-ministro de Obras Públicas de Rodrigues Alves e das Relações Exteriores de Hermes da Fonseca. Nome ilustríssimo, mas, como relembra Medeiros e Albuquerque em suas memórias, com um senão:

> A candidatura de Lauro Müller para a Academia foi muito discutida; alegava-se que, contra o disposto nos estatutos, ele não tinha nenhum livro publicado. Foi preciso que se mandasse imprimir um discurso, feito numa festa ao marechal Hermes. Empregou-se nisso o papel mais grosso que havia; as páginas continham meia dúzia de linhas e ainda assim em tipo muito grande.

Um grupo, entre os quais o próprio Medeiros, no entanto, o apoiava. Nove acadêmicos eram, direta ou indiretamente, ligados à carreira diplomática e foram acusados de chaleirar o chanceler. Entre eles estavam Graça Aranha, Aluísio Azevedo e Mário de Alencar. João do Rio, de olho na revista luso-brasileira, era, pelo menos desde abril, um dos seus primeiros partidários. Na correspondência passiva de Coelho Neto, publicada nos Anais da Biblioteca Nacional, há cartas de Aluísio e Medeiros desculpando-se de não apoiarem Austregésilo por já terem sido convencidos por João do Rio a votar no ministro. Esse, odiado simultaneamente por Rui Barbosa e Pinheiro Machado, era tido pelo gaúcho como o único político que poderia diminuir sua influência junto ao presidente da República. Gilberto Amado chegou a ser repreendido em *O Paiz* por tê-lo elogiado sem autorização, recebendo como compensação uma missão cultural na Holanda. Elegante e cerebral, orgulhoso de sua ascendência alemã, o chanceler tinha fama de esperto e o apelido de "raposa", procurando manter uma posição independente, tachada de oportunista tanto pelos liberais quanto pelos conservadores.

Em 14 de setembro, à tarde, numa tumultuada sessão em que Salvador de Mendonça e o barão de Jaceguay tentaram impugná-lo, Lauro Müller derrotou Ramiz Galvão por 22 a 15. Foi um escândalo, provocando a renúncia de Veríssimo da secretaria-geral e seu afastamento da

O CINEMATÓGRAFO VERTIGINOSO E A ALMA DAS RUAS (1904-1915)

Academia pelos poucos anos que lhe restavam a viver. Nessa atitude veja-se mais um rompante de temperamento do que atitude de princípios contra a exclusão de não escritores, os chamados expoentes ou notáveis. Afinal lá estavam o barão de Jaceguay, o general Dantas Barreto, Heráclito Graça e até o sanitarista Oswaldo Cruz. Constrangido, Lauro Müller adiou sua posse por cinco anos.

* * *

Mais ou menos por essa época, o prefeito Bento Ribeiro realizou o velho sonho de criar uma Companhia Nacional de teatro declamado, para apresentar textos dos nossos melhores dramaturgos. A pessoa escolhida para levar o projeto adiante foi Eduardo Vitorino, empresário português de sucesso, que chegou ao Rio em 1910 depois da queda de d. Manuel II, com bom currículo e fama de dinamismo. Um bilhete de Coelho Neto publicado nas suas memórias (*Artes e artistas*) indica o dedo do escritor maranhense nessa nomeação: "(...) o convidei para companheiro de jornada, apresentando-o ao Exmo. Sr. Prefeito como o homem que ansiosamente procurava (...) para a obra formidável de reerguimento do nosso teatro (...)."

Foram selecionadas seis peças, ensaiadas a toque de caixa, mas com um elenco de qualidade: dois dramalhões, três melodramas e uma comédia sofisticada. A estreia da Companhia Nacional deu-se em 1º de outubro no Theatro Municipal, com a presença do presidente da República e do prefeito. A peça de Júlia Lopes de Almeida, *Quem não perdoa*, apesar da música de Alberto Nepomuceno e das interpretações de Lucília Perez e Maria Falcão, era um martiriológio da situação feminina, com dois assassinatos em cena. Não entusiasmou a crítica nem o público, entretanto presente pelo acontecimento social.

A segunda, *O canto sem palavras*, de Roberto Gomes, interpretada por João Barbosa, Lucília Perez e Adelaide Coutinho, possui outro nível. Texto bem escritíssimo (que mais de um estudioso comparou a Machado de Assis), abordando a renúncia de um tutor a amar a jovem enteada, libertando-a para a vida adulta, seguindo os conselhos de uma amante bem vivida. As sutis insinuações de incesto, a delicadeza dos diálogos, o uso sofisticado do tema de Mendelssohn, tudo isso fez da peça de Roberto Gomes um êxito artístico, mas de bilheteria menos bem-sucedida que a da peça de d. Júlia.

A terceira estreia da Companhia, no dia 22, foi *A bela Madame Vargas*, de João do Rio, interpretada por Maria Falcão, Carlos Abreu, Antônio Ramos, Luiz de Oliveira e Álvaro Costa. Quando solicitado por Vitorino a apresentar um texto, João lembrou-se de um caso passional acontecido anos antes no Alto da Tijuca, quando um estudante de família ilustre, filho do diretor do Museu Nacional, matou a tiros um milionário e feriu a viúva de um diplomata chileno, sua amante e noiva do morto, sendo posteriormente absolvido sob o pretexto de "privação dos sentidos". Escreveu o primeiro ato e mostrou ao empresário. Futuramente, em *Atores e atrizes*, Vitorino afirmará que João do Rio pretendia dar um "desenlace trágico", e que ele, preocupado com o número de desgraças das outras peças selecionadas, foi quem sugeriu mudar o desfecho. De todo modo, embora desestruture o terceiro ato, a modificação permitiu um final amoral, tão ao gosto do autor.

No primeiro ato, no terraço da *villa* de Madame Vargas no Alto da Tijuca, estamos em 1912, "talvez na semana passada". Os outros dois se passam no salão de música da mesma residência. Todos mostram ao fundo a floresta e, ao longe, a baía de Guanabara, como um ponto de civilização solto no ambiente. O texto faz pequenas concessões à comédia carioca de costumes, como os criados que pedem aumento, o velho músico que vem cobrar os atrasados, o deputado que aguarda a confirmação

Dr. Coelho Barreto,
pai de João do Rio

Dona Florência Barreto,
mãe de João do Rio

João do Rio, 1884
Aos 3 anos

João do Rio, 1899
Aos 18 anos

João do Rio, 1903
Aos 24 anos

João do Rio
Caricatura de Gil
Revista *A Avenida*, 1903

João do Rio
Caricatura de K. Lixto
Capa da revista *O Malho*, 1904

João do Rio, 1907
Aos 26 anos, autor consagrado

João do Rio, 1908
Aos 27 anos

João do Rio, 1910
Aos 29 anos
Eleito para a Academia Brasileira de Letras

João do Rio
Caricatura de Ayres, 1911

José do Patrocínio

Lima Barreto

Coelho Neto

Pinheiro Machado

Rui Barbosa

Olavo Bilac

Humberto de Campos

Gilberto Amado

Isadora Duncan, 1916
Santa Teresa, Rio de Janeiro

Saída do enterro de João do Rio
Largo da Carioca, 26 de junho de 1921

Manchete do funeral de João do Rio
Jornal *A Pátria*, 27 de junho de 1921

A PATRIA

PAULO BARRETO

funeraes do nosso director, hontem realizados, constituiram a mais pura glorificação da sua alta personalidade

O Rio nunca assistira a uma apotheose igual — Mais de 100.000 pessoas acompanharam o feretro

10 AUTOMOVEIS E DOUS CAMINHÕES DOS BOMBEIROS SÓ PARA TRANSPORTE DAS COROAS

Aspecto tomado em frente á nossa redacção, á hora de sahir o feretro — Como se vê da photographia, não só a rua Chile, como a Avenida Rio Branco, até á rua Bittencourt da Silva, estavam repletas de povo, facto que se reproduziu durante todo o trajecto e no cemiterio

GRANDE, MARAVILHOSA LIÇÃO!

João do Rio, 1920
Ilustração Brasileira

da eleição, a jovem *socialite* que canta modinhas (Baby Gomensoro, inspirada na verdadeira Bebé de Lima Castro). Temos também o sarcástico barão de Belfort, com a sua filosofia cínica e suas frases de efeito...

Hortênsia, Madame Vargas, é uma mulher fatal, que já provocou três mortes, entre elas a do próprio marido. Está à beira da falência, em vias de desposar o milionário José Ferreira, e sendo chantageada pelo amante, Carlos Villar. Mas o barão intervém, ameaçando denunciar uma antiga falcatrua desse, possibilitando, assim, o casamento de interesse de sua amiga. "E o pano cerra-se, enquanto a pobre e bela Madame Vargas ri e chora desfeita de emoções nos braços de seu velho amigo", diz a última rubrica do texto. Dois amorais driblam a sociedade burguesa, humilhando Carlos, iludindo José e ainda mantêm a reputação intacta. Como em *A última noite*, a pecadora não é punida, e o texto age como um libelo contra o moralismo, e pró-mulher. A peça tem muitas qualidades e sua encenação obteve um sucesso retumbante. A crítica, unânime, pode ser resumida no texto do exigente Guanabarino:

> A peça de João do Rio, brilhantemente desempenhada, foi muito além da nossa expectativa (...) é com grande prazer patriótico que declaramos que é, na mais lata expressão do termo, uma peça teatral dialogada na linguagem que esse gênero literário exige, de intensidade dramática bem acentuada, sem uma única cena fatigante para o espectador, com os atos bem proporcionais e medidos, com três personagens bem estudados psicologicamente...

A bela Madame Vargas saiu de cartaz dia 10 de novembro, estreando dois dias depois *O dinheiro*, de Coelho Neto, dramalhão verboso, mas com interessante enredo: marido empresta a esposa para pagar uma dívida, mas depois, arrependido, a mata, alegando adultério. Foi então que Figueiredo Pimentel publicou em "Binóculo" um pedido de récita extra para a peça de João do Rio, sendo logo acusado por Coelho Neto de estar bajulando o diretor da *Gazeta*, e recebendo publicamente uma carta de desculpas. Assim continuou a vitoriosa temporada da jovem Companhia Nacional, encerrada em dezembro com as duas últimas peças, *O sacrifício*, de Carlos Góes, e *Flor obscura*, de Lima Campos, bem mais fracas que as anteriores.

* * *

Em novembro foi lançado *Os dias passam...*, seu segundo livro com os editores Lello, do Porto. É composto de 19 crônicas publicadas entre 1904 e 1910 na *Gazeta* e em *A Notícia*.

> O interesse que uma coisa me desperta me faz persegui-la tão longe que termino por chegar ao fundo e perceber que não valia o esforço despendido. Ao fim de todas essas experiências, há uma espécie de tristeza e estupor. Isso me acontece até três vezes ao dia.

Essa epígrafe (em francês) da *Aurora*, de Nietzsche, demonstra um novo foco de interesse: o filósofo alemão. Após a dedicatória a Cândido de Campos, vem o texto, organizado um pouco ao modo de *A alma encantadora das ruas*. Uma introdução ("O que ensinam os dias") que fala da diversidade de cada dia, e um epílogo ("O fim do ano"). No meio, divisões temáticas. A primeira, "Dias de fantasia", é composta de crônicas satíricas, algumas deliciosas. "As delícias do poder/Film d'art que também se pode denominar 'A primeira noite de um ministro'" comete a extravagância de intitular-se filme e ser composto de diálogos — na época do cinema mudo! "Dias de milagre" e "Dias de burla" são, respectivamente, as seis reportagens sobre o Jubileu de Congonhas, 1907, e as 14 da série "O falso espiritismo". "Dias de observação" é mais eclética, com crônicas de temática mais geral.

* * *

O CINEMATÓGRAFO VERTIGINOSO E A ALMA DAS RUAS (1904-1915)

O materialismo positivista do rapazola Paulo Barreto pouco a pouco foi sendo substituído por um vago panteísmo decadente, que não exclui consultas do adulto João do Rio a videntes e cartomantes.

Isso pode ser bem acompanhado pelo seu posicionamento diante de Madame Zizina, a mais festejada das paranormais da nossa *belle époque*. Nascida em Campos, em 1878, na família Lacerda do Nascimento, um tombo na infância a tornou aleijada (calunga), descobrindo seus dons durante a puberdade. Apesar da feiura e do defeito físico, casou-se aos 20 anos com o bonitão Manoel Câmara, de quem pariu um filho, apesar do difícil parto, devido ao seu corpo deformado. Instalou-se no Rio no início do século XX, alcançando grande fama como a corcundinha que adivinhava acontecimentos e descrevia personalidades só de olhar suas fotografias.

Já em *As religiões no Rio*, de 1904, João do Rio a detectara, identificando-a como "discípula de uma Josefina, tem uma fama tão grande que chega a deitar cartas por dia, às vezes, para mais de 50 pessoas. Cada consulta custa cinco mil-réis e ela só anuncia coisas lúgubres". Nessa mesma época o repórter Batista Coelho a entrevistava para o *Jornal do Brasil*. Em 1908, na série "Dias de burla", João do Rio a cita de passagem na reportagem sobre mulheres espíritas como uma das telepatas em atividade na cidade. A partir daí, o relacionamento será cada vez mais estreito.

> A sra. Zizina Câmara é, como toda gente sabe, um temperamento excepcional, um desses casos de intuição extraordinários. Há dez anos, preso por uma curiosidade algum tanto cética, andava eu pelo mistério do Rio, vendo a ilusão, a fantasia e a sugestão e muita vez o crime das religiões pequenas, quando encontrei a sra. Zizina Câmara. Pareceu-me um caso tão sério que apenas de raspão o citei. Anos depois, quando fazia um inquérito sobre o falso espiritismo, em companhia de uma pessoa de maior relevo na propaganda espírita, ouvi dela uma frase que me ficou:

> — Temos criaturas de exceção, médiuns espontâneos e que não praticam. Conhece a Zizina Câmara? O tempo passou e eu viajei (...). Ontem ao passar pela Rua da Quitanda e vendo a indicação da sua casa, lembrei-me do eclipse de amanhã, do próximo ano de 1913 com um final fatídico, da situação política (...). Estaria a pitonisa nos seus bons dias? Entrei.
> Pensei encontrar o mistério, uma casa escura. Absolutamente. Muito sol, muitos pássaros, muitos arbustos em vasos e na sala de espera, duas ou três mulheres em cabelo, um rapaz de grossas mãos e a minha sociedade. Era uma senhora viajada, um cavalheiro figura conhecida no jornalismo, Madame X com as suas duas filhas — uma sociedade de *five'o clock*. A princípio houve um certo acanhamento. Mas depois a conversa generalizou-se (...). Madame Zizina tinha na sala ao lado a sua fisionomia impassivelmente triste.
> Veste como qualquer senhora, conversa com modéstia quase chocante (...). Levei, ou mandei lá, amigos, homens ilustres, médicos, engenheiros, literatos.

Madame Zizina é mais uma das inusitadas amizades de João do Rio, como Magnus Söndahl, Lulu la Brosse, o dr. Antônio e outros por vir. Sobrecarregado de trabalho e sem afeto, ele passou a compensar em restaurantes, ao invés de cumprir a dieta espartana recomendada pelos médicos e pela prudência. Com a palavra Gilberto Amado:

> O vício da gula dominava a sua complexa sensualidade, fazia-o absorver, tarde da noite, nos restaurantes Rôtisserie ou Sul América, pratadas de fazer medo. Eu assistia assombrado às comilanças daquele Henrique VIII dos trópicos, lombos de porco, sangrentos bifes, toneladas de farofa de ovo. Vi-o devorar de uma vez, engolir quase sem mascar, meia lata de patê (...). Nunca vi salada de folhas verdes na sua mesa. Variava as viandas, mas só com peixadas, badejos e garoupas, inteiras ou em fatias aos montes, ensopadas à portuguesa ou à baiana, em azeites doces ou dendê (...).

O CINEMATÓGRAFO VERTIGINOSO E A ALMA DAS RUAS (1904-1915)

Em casa, d. Florência se encarregava de entupi-lo de quindins, cocadas, ovos d'Aveiro, ovos nevados, queijadinhas, babas de moça, abóbora ou aipim com coco e outros venenos deliciosos da culinária lusitana ou brasileira. Resultado: mãe e filho começaram a engordar irreversivelmente.

Excesso de trabalho, doença e obesidade, três desilusões mais que suficientes para aproximar do misticismo mesmo o ateu mais convicto. Madame Zizina é apenas um detalhe. Respondendo a uma acusação de Carlos de Laet no *Jornal do Brasil* de que a *Gazeta* estava publicando reportagens anticatólicas, João do Rio respondeu: "Quando não tenho outra preocupação, sou fervorosamente católico." Mesmo dito em tom de blague, essa afirmação é o primeiro sinal de um misticismo de fundo cristão que se anuncia, e que evoluirá lado a lado com a sua doença. Em *Os dias passam...* já encontramos crônicas protagonizadas por personagens bíblicos em pleno Rio de Janeiro de Hermes da Fonseca.

* * *

Por essa mesma época chegaram ao Rio, atrasados por causa da morte em Paris do velho Garnier, os exemplares de *A profissão de Jacques Pedreira*, seu primeiro romance. Ao examiná-los, João do Rio teve a grande decepção de descobri-lo cheio de erros de impressão, alguns primários. Isso pode ser constatado pelo único exemplar existente, no Real Gabinete Português de Leitura, no Rio de Janeiro, sem a capa original, corrigido pelo próprio autor. Na página 195 há seis erros, na 196, cinco, na 212, cinco, e por aí vai. Como a Garnier se recusou a rodar uma nova edição corrigida, foi necessário tomar uma providência judicial. Mas como processar uma editora, se nos contratos então vigentes o autor cedia os direitos autorais *ad perpetuum* por uma quantia fixa de dinheiro? O advogado Pedro Jatahy, contratado por ele, resolveu insistir na tecla dos erros, e também no desaparecimento de dois capítulos, no processo nº

1.096, aberto na 6ª Vara Civil contra Auguste Garnier, sobrinho e herdeiro do falecido editor, pedindo a destruição total da obra. O processo, possivelmente o primeiro de um escritor em busca dos seus direitos de autor, tramitou durante quase um ano e marcou o rompimento definitivo entre João do Rio e a Garnier. É o livro maldito do autor.

Ainda assim, não são poucas as qualidades do *Jacques Pedreira*, radiografia irônica da *belle époque* carioca, bem melhor que *A esfinge*, de Afrânio Peixoto, tão exaltado e reeditado. Os oito capítulos saídos na *Gazeta* e os cinco inéditos formam um livro singular, infelizmente inédito por mais de 70 anos. É uma primorosa crônica de costumes, com vívidas recriações de um *five'o clock tea* em Botafogo, um chá na Cavé, uma noitada numa pensão de artistas, um pega de automóveis de filhinhos de papai na Avenida Beira-Mar. Alguns personagens são meros disfarces de pessoas reais: Zina Fanga, a dona da pensão, é certamente inspirada na notória Tina Tatti da vida real; a irmã Adelaide, na irmã Paula; a sra. Mupurinin, uma lembrança da falecida baronesa de Mamanguape; a ficcional Etelvina Gomensoro é sem dúvida a verdadeira Adalgisa idem; Theotônio, filho de um antigo merceeiro, não é outro senão Théo Filho, o provável responsável pela interrupção do folhetim dois anos antes. O pega de automóveis pode ser uma alusão a fato semelhante acontecido com José do Patrocínio, cujo filho também era fã da *dolce vita* e amicíssimo de Théo Filho. O barão de Belfort tem participação especial, porém menos decisiva do que em *A bela Madame Vargas*.

Uma das boas novidades é o aparecimento de Godofredo de Alencar, autobiográfico: "homem de letras que se dá com políticos de importância (...) escrevia crônicas mundanas de um sabor tão estrangeiro (...) trabalhava no desejo de ser de uma roda, a que aspirava por uma multiforme e vaga ambição. Troçava de todos, elogiava a todos e principalmente o fraco de cada um". "Morava numa pequena sala de uma ruela escura", "era verde demasiado (...) grandes olheiras". Há também o deputado

O CINEMATÓGRAFO VERTIGINOSO E A ALMA DAS RUAS (1904-1915)

Archanjo dos Santos, amante do esperanto e do vegetarianismo, capacho do Grande Chefe (Pinheiro Machado), mais uma crítica explícita aos membros do Legislativo. O protagonista Jacques é descrito como um novo Dorian Gray: "largas mãos (...) tez cor de pêssego, aquela boca tão carnuda e rubra (...) o cabelo negro, partido ao meio." Tem apenas 19 anos e já é um aprendiz de mau-caráter.

Se os tipos são interessantes, o roteiro é impiedoso. O jovem Jacques, mulherengo e perdulário, envolve-se em estrepolias sentimentais e financeiras. Mantém simultaneamente cinco mulheres em perspectiva, sendo três vezes vitorioso. Os principais personagens femininos, a esposa adúltera do deputado Archanjo e uma vulgar corista portuguesa, são vivos, reais, bem diversos dos fantoches inverossímeis ou idealizados de grande parte da nossa literatura. Mas Jacques quer mais: intermediário de uma maracutaia legislativa a favor de um negociante, não fica satisfeito com a sua parte e rouba também a de Godofredo. Diverte-se com coleguinhas em pegas de carro, causando, sem querer, uma morte. Depois do escândalo, Theotônio escapa para a Europa, enquanto a família cava para Jacques um emprego de diplomata, que Belfort o convence a aceitar. Sobe a serra de trem para ver o barão do Rio Branco, conversando com um cônsul viajado e vivido. "Jacques sorria admirado desse homem. E saltou em Petrópolis com uma infinita vontade de partir, de também seguir para a Europa." Fim.

Estarão faltando mesmo dois capítulos, ou foi apenas um recurso do dr. Jatahy no processo contra a Garnier, hoje extraviado? O caso finalmente chegou ao fim, tendo o juiz Edmundo Rego dado ganho de causa ao autor e ordenado a destruição de toda a edição, o que foi feito. Tudo leva a crer que João do Rio pretendia reeditá-lo, pois continuou a constar das suas obras "de próxima publicação" até a sua morte, quase uma década depois. *A profissão de Jacques Pedreira* foi dado como desaparecido até 1981, quando localizei dois exemplares na biblioteca particular de João do Rio, doada ao Real Gabinete Português de Leitura, no Rio. Um deles desapareceu. Dez anos depois teve, finalmente, sua primeira edição pela Casa de Rui Barbosa.

* * *

Em 30 de novembro faleceu a primeira-dama, d. Orsina da Fonseca, enterrada com todas as honras protocolares, pranteada mesmo nos órgãos de imprensa que faziam oposição cerrada ao general-presidente.

* * *

"João Cândido é, enfim, solto!/ O marinheiro escreve no cárcere a sua vida até o dia da anistia/ A *Gazeta* começa hoje a publicar a palpitante narrativa." (*Gazeta de Notícias*, 21/12/1912, página 1.)

Depois de poucos meses no hospício, e mais de ano e meio encarcerado na ilha das Cobras, o Almirante Negro acabou absolvido por falta de provas no envolvimento na segunda revolta, sendo, no entanto, expulso da Marinha. Seus advogados, entre eles o célebre Evaristo de Moraes, foram contratados pela Irmandade de Nossa Senhora do Rosário dos Pretos. O promotor foi João Pessoa, cuja morte no futuro será o estopim da Revolução de 1930. Durante o processo, dos setenta pronunciados só compareceram dez. Os outros estavam mortos, degredados ou foragidos. Os responsáveis pelo massacre nunca foram punidos. Ao contrário, foram promovidos.

Alquebrado, João Cândido desceu na Praça Mauá, onde o aguardavam imprensa e populares, sendo conduzido de carro até a redação da *Gazeta*, cuja reportagem tem muito do estilo de João do Rio.

> Em primeiro lugar, é um homem imensamente inteligente, com uma inteligência muito superior à de vários sujeitos que passam por notabilidade.

O CINEMATÓGRAFO VERTIGINOSO E A ALMA DAS RUAS (1904-1915)

Depois é sóbrio, discreto, absolutamente equilibrado. E finalmente é patriota, cheio de fé e de entusiasmo pela nossa força naval (...). João Cândido chegou, muito comovido e abatido. Pediu limonada e um sanduíche. Descansou um pouco. Como o interrogássemos, disse:
— Não desejo fazer em torno da minha pessoa nenhum rumor. Estou abatido por dois anos de sofrimento, e os ódios que suscitei não os quero de novo aquecer.
— Mas você é popular.
— Creio que da parte do povo não haveria razão para me malquerer (...).

Na mesma página, embaixo, à direita há o resumo do que será publicado cotidianamente durante os 12 meses seguintes. Até metade de *As memórias de João Cândido, o marinheiro* tudo correu bem, narrando os antecedentes desse negro gaúcho, nascido em Rio Pardo em 1882, sua entrada na Marinha, as idas à Europa para treinamento, a rotina, os castigos repressivos do oficialato sobre os marinheiros. No dia 6 de janeiro saiu a narrativa do início da revolta, e no dia seguinte, a reação dos oficiais e as mortes. Na tarde do segundo dia, um artigo não assinado de *O Imparcial* relembrou a morte do comandante Neves do *Minas Gerais*, cujo cadáver teria sido profanado por baionetas e depois urinado pela marujada. A língua viperina do jornalista anônimo, possivelmente Humberto de Campos, que escrevia naquele jornal, depois de pretender "restabelecer a narrativa dos assassinos que o sr. João do Rio escamoteou", o acusa de ser o verdadeiro autor das memórias, fazendo ainda acusações maldosas.

"E por que não fazer um casamento de amor? A nossa literatura é propícia a casamentos literários (...) *João Cândido, o marinheiro* faria as delícias da bela *Madame Vargas* e da literatura indígena." A maldade é dupla. Já conhecemos a fama de João do Rio como invertido, e João Cândido, segundo seu biógrafo, foi acusado pelo almirante Alencastro Graça de "vício de pederastia e alcoolismo".
A réplica veio imediatamente.

Há ano e meio atrás quando o marinheiro João Cândido fingia de doido no Hospício de Alienados, vieram trazer à *Gazeta* a história que ele ditara a um dos enfermeiros e que fora lida pelo médico. Quem conseguiu esse furo de reportagem faz hoje, disseram-me, parte da redação de *O Imparcial* e pode dar disso testemunho.
A história estava e está escrita num caderno de almaço, com capa de papel escuro. É feita a lápis, dos dois lados. Pode ser vista por quem quiser. Verificada a sua autenticidade, a *Gazeta* resolveu não as publicar no momento (...). As memórias, porém, eram e são apenas as memórias de João Cândido. Lidas e relidas, elas são aos poucos copiadas em tiras, com um ou outro período consertado por qualquer redator de plantão.
Essa é a história das memórias.

Quando Edmar Morel entrevistou João Cândido na década de 1960 para seu livro sobre a Revolta da Chibata, esse mencionou o manuscrito. "Atirado como louco indigente no casarão da praia Vermelha, pediu aos médicos duas folhas de papel para escrever uma espécie de memórias. Fez camaradagem com um doente de nome Castanhola, a quem ditou trechos de um depoimento que tencionava publicar. Ele mesmo intitulou o libelo *A vida de João Cândido* ou *O sonho da liberdade*." Essas folhas teriam sido destruídas pelos carcereiros da ilha das Cobras, ou talvez apenas apreendidas e depois vendidas ao não identificado repórter da *Gazeta*.
Depois da réplica, foi a vez da tréplica de *O Imparcial*:

> Estranhamos e conosco toda a sociedade a exploração excessiva de um marinheiro criminoso cuja repelente figura não pode senão recordar um dos trágicos episódios da história da Marinha e um dos fatos mais vergonhosos da história do Brasil (...). Felizmente, vimos hoje que as *Memórias* vão sendo corridas precipitadamente, o que significa que em consciência o sr. Paulo Barreto já percebeu as inconveniências de sua irrefletida atitude.

O CINEMATÓGRAFO VERTIGINOSO E A ALMA DAS RUAS (1904-1915)

Realmente o texto não recebeu a mesma atenção editorial de *Memórias de um rato de hotel*. Mas contém momentos de muita emoção lá pelos capítulos 10 e 11, referentes ao dantesco episódio da cal virgem.

> (O carcereiro) indagou se o João Cândido já tinha morrido, tendo a resposta negativa. Então ele declarou que estavam todos ali para morrer e que não conversássemos muito, senão ele mandaria botar uma lata de querosene e tocar fogo (...). O médico passava sem autópsia alguma o atestado de que a causa da morte era insolação (...). Iam três cadáveres em cada caixão (...). O enterro chegou ao cemitério com as luzes apagadas e ainda pediram muito segredo aos administradores.

O recuo estratégico da *Gazeta* não tira o mérito jornalístico da iniciativa, nem a sua coragem política. O que poderia melhor resumir o governo de Hermes da Fonseca senão as ilegalidades cometidas bem debaixo de seus bigodes? A pressão do governo não deve ser menosprezada. Um documentário cinematográfico, *A vida de João Cândido*, produzido por um exibidor da Rua Larga (atual Marechal Floriano), nem chegou a estrear, confiscado pelo delegado Belisário Távora. Trata-se de um dos primeiros casos de censura cinematográfica por motivos políticos no Brasil.

João Cândido, que por algum motivo desconhecido nunca se referiu a essas memórias da *Gazeta*, pelas quais foi, sem dúvida, remunerado, desaparece aqui da nossa história para seguir o seu martírio pessoal. Vivendo de pequenos biscates na marinha mercante, frequentando Pinheiro Machado e o barão Homem de Mello (seus vizinhos em Laranjeiras), ficará viúvo duas vezes (1917 e 1928), envolvendo-se no *putsch* integralista de 1938 e na revolta dos marinheiros de 1964. Morreu pobre aos 80 anos em São João de Meriti, sobrevivendo a todos os seus carrascos. Sacrificou a carreira, mas a chibata não voltou.

* * *

Durante todo o ano de 1913 o conto "Os tormentos dos quatro santos", publicado em agosto, foi a criação mais curiosa de João do Rio, cuja produção diminuiu muito desde que se tornou diretor da *Gazeta*. Na alcova de uma pequena atriz, o narrador observa o oratório, quando as estátuas dos santos tomam vida e reclamam das superstições pagãs dos católicos brasileiros, que costumam "castigar" as imagens quando seus desejos não são atendidos. Santo Antônio, o casamenteiro, tem retirada a criança que leva nos braços. Santo Onofre, que atrai dinheiro, é periodicamente mergulhado num copo de cachaça. E os pobres Cosme e Damião, alcoviteiros, imersos em gordurosa feijoada. Nessa crônica, mais interessante do que boa, podemos já reparar no uso de lusitanismos e expressões portuguesas, tola tentativa de fugir de uma de suas melhores características, o estilo carioca de falar e escrever.

Se a atividade literária diminuiu, o prestígio, ao contrário, aumentava cada vez mais. Em 23 de janeiro foi eleito sócio correspondente estrangeiro da Academia de Ciências de Lisboa, sem dúvida devido ao livro de fados e às reportagens de Lisboa. Em 12 de julho, foi incluído no Conselho-Geral do Congresso Interamericano de Imprensa, na companhia ilustre de Rui Barbosa, Carlos de Laet, Medeiros e Albuquerque, Bilac, Lauro Müller, Sílvio Romero, Afonso Celso, Júlio de Mesquita, Otávio Mangabeira e Ernesto Senna. Esse, doente desde o falecimento de sua adorada Eponina no ano anterior, veio a morrer em 19 de outubro. Paulo Barreto, como o único varão dos Cristóvão dos Santos, tornou-se, assim, o cabeça dessa família em acelerado estágio de dispersão. A velha Amália falecera em 1903, Thimocleia ficara para tia e Florência e Adelina nunca tiveram bom relacionamento.

Um pequeno incidente com Gilberto Amado mostra o clima belicoso existente entre os literatos pró e contra Pinheiro Machado. Bem no estilo viperino de Paulo Barreto quando jovem, Gilberto publicou em *O Paiz* de 23 de setembro o artigo "É demais!", em que destruía os poemas de

O CINEMATÓGRAFO VERTIGINOSO E A ALMA DAS RUAS (1904-1915)

Lindolfo Collor (*Elogios e símbolos*) e o romance de Eloy Pontes (*A luta anônima*), afirmando que "foi tal a minha impressão ante a volumosa nulidade literária, tão prestigiosamente impingida ao público ingênuo, que a minha serenidade e o meu bom humor se revoltaram (...)". Na tarde desse mesmo dia, quando Gilberto e João do Rio passeavam na Avenida Central, Collor e Eloy investiram a bengaladas contra o crítico sergipano, sendo afugentados com dois tiros para o alto.

Com seu temperamento sociável, João do Rio era o *host* por excelência dos artistas e intelectuais portugueses no Rio. Depois de João de Barros, em abril de 1913 foi a vez da atriz Adelina Abranches e, em agosto, Carlos Malheiros Dias.

Adelina, que conhecera em Lisboa, estreou sua companhia no Recreio Dramático com um programa duplo de peças francesas, uma das quais, *A pequena de chocolate*, de Paul Gravault, tornou-se um grande sucesso por causa de sua filha adolescente, Aura. Nascia uma estrela. João do Rio ficou fascinado, deixando transparecer isso para a opinião pública.

Em *Memórias*, Adelina conta que ele "passava todas as noites no nosso camarim e mantinha um engraçadíssimo *flirt* com a Mena (apelido familiar de Aura Abranches) — e dizia ele, com aquela pujante riqueza de vocabulário (...) que a cabeça da minha filha era uma Vênus apolínea... Isso fazia-nos rir muito, sabido que João do Rio tinha requintes estranhos em matéria de amor...".

Seria Aura a "pequena atriz" do oratório dos quatro santos? Seria esse namoro uma farsa para afastar a pecha de homossexual, como insinuaram os maldosos? Ou seria a sexualidade de João do Rio ainda mais complexa porque eclética?

Falando em teatro, *A bela Madame Vargas* foi escolhida para encenação em Portugal, e, no Rio, voltou ao cartaz, com o mesmo elenco, no teatro Recreio em 21 de novembro, coincidindo com sua edição em volume. No dia seguinte, no paquete *Avon*, João do Rio embarcou para Lisboa.

Não assistiu, portanto, no dia 8 do mês vindouro, ao casamento do presidente Hermes (depois de um ano de viuvez) com a jovem filha do barão de Teffé, Nair (nas horas vagas, a caricaturista Rian), descrita três anos antes em "Cinematographo" como uma "encantadora menina importante dos salões e dos teatros (...) criança de olhos azuis (...) um pequeno demônio que ri".

* * *

Dias depois de chegar a Lisboa, João do Rio foi empossado na Academia de Ciências, numa cerimônia, segundo a imprensa local, muito prestigiada pela intelectualidade. Mas, como da última vez, ficou pouco tempo, prosseguindo viagem.

Dessa feita arriscou mais que o glamouroso circuito Portugal/ França/ Inglaterra/Itália. A terceira viagem não é tão bem documentada como as anteriores, e nos baseamos em artigos publicados anos depois, com muitas omissões. Reconstituamos, na medida do possível.

Paris passava por um período de graça para os brasileiros. Graça Aranha e Medeiros e Albuquerque faziam conferências na Sorbonne e escreviam artigos em revistas de prestígio. Patrocínio Filho, nomeado por Lauro Müller adido ao consulado em Paris, escrevia para vários órgãos da imprensa carioca, além de mergulhar fundo na boemia de Pigalle e nas imprudências da cocaína. Um de seus companheiros no Café Guibout, na Place Clichy, era Théo Filho. Os dois, apesar das divergências anteriores com João do Rio, escreviam para a *Gazeta*. Uma surpresa agradável: o jovem dentista baiano que pedira uma carta de apresentação em 1911 era agora o famoso Duque, *partner* da dançarina Gaby des Fleurs. Os dois enlouqueciam as noites da Cidade Luz com *la matchiche* no Luna Park. "Em toda parte onde estive, estava o Duque, estava o maxixe." O Brasil, como acontece periodicamente, estava na moda.

O CINEMATÓGRAFO VERTIGINOSO E A ALMA DAS RUAS (1904-1915)

Continuando,

> depois de tanto ouvir falar da limpeza da Alemanha, da pontualidade dos trens da Alemanha, da barateza alemã, da dolicocefalia prussiana, fui, sem simpatias nem prevenções, à Alemanha. O comboio em que eu viajei para Berlim chegou à estação do zoológico com hora e meia de atraso (...). Berlim é a capital do *parvenuísmo*. O cimento armado, as ruas de vários quilômetros, a chateza infindável, a desorganização dos museus (...) cenário de uma permanente marcha militar.

Parece ter ido também a Munique. Perdemos sua pista para localizá-lo outra vez na Turquia. "Vinha da Rússia, descera o mar Negro", não deixando maiores registros dessa aventura.

Adorou Istambul,

> Cidade reformada e moderna, com a avenida macadamizada, prédios de dois andares dos judeus e dos gregos, e automóveis de luxo indo e vindo na carreira desenfreada que só se vê em Milão, em Nápoles, no Rio de Janeiro e na capital dos turcos (...). Como Pera, a grande rua, a rua dos Pequenos Campos debruçando o seu jardim sobre o esplendor penetrante do Bósforo, lembravam o meu Rio de Janeiro! Eu estava distante e era como se estivesse perto, muito perto (...) ruas silenciosas, casas de madeira com as janelas gradeadas e os pequenos jardins (...). Sentava-me num café. Fumava gravemente o narguilé e quase sempre conversava.

João do Rio ficou fascinado pelo garboso ministro da Guerra, Enver Bey (Enver Paxá), um dos quatro militares de influência germânica (Jovens Turcos) que tentavam modernizar a Sublime Porta e manter unido o que restava do Império Otomano. Esse, desde 1830, vinha perdendo todas as suas províncias europeias (Grécia, Romênia, Bulgária, Sérvia,

Montenegro e Albânia — nessa ordem) e temia o mesmo nos seus territórios do Oriente Médio. João viu o ministro no saguão do hotel em que estava hospedado, visitando a missão militar alemã, e mais tarde numa entrevista.

> Mandava como Alexandre, era lindo como Alexandre (...) botas altas, dólmã justo, espada (...) o bigode em leve espuma, o olhar macio e dardejante, as mãos longas e finas (...) espírito dominador (...) o adolescente desejando tudo, tendo tudo até o momento em que, quase senhor dos homens e sombra de Deus, tenha de cair sob um punhal, junto ao trono do sultanato!

Daí, foi para a Grécia por via marítima.

> A viagem era um bordejo ansiado, com hesitações à entrada dos portos, entre receios nas costas das ilhas que surgiam, desapareciam, desdobravam aspectos desolados sob o céu de chumbo. Mercadores de Odessa, búlgaros negociantes, gregos perigosos, alemães insolentes criavam no barco a asfixiante atmosfera de ignorância satisfeita. Sem ter com quem trocar uma ideia (...) sentia-me ínfimo entre homens lamentáveis (...).
> A Atenas contemporânea é uma cidade insignificante que recorda muito certas congêneres da América do Sul. As construções em geral carecem de estilo, lembram os sobradinhos das cercanias das gares das nossas cidades, as ruas são estreitas, mal calçadas, quando o são (...). Os homens são vulgares e feios; as mulheres dão no excesso gordo e usam modas atrasadas. Uma evidente miséria parece espiar nos cantos das ruas e nos cantos dos cafés.

Adorou, no entanto, as ruínas da Grécia clássica, onde teve uma espécie de iluminação.

> Diante de mim, a projeção miraculosa do Partenon, banhado de clara luz, ardia num esplendor irreal. A própria magnificência aérea das

O CINEMATÓGRAFO VERTIGINOSO E A ALMA DAS RUAS (1904-1915)

> colunadas propileias humilhara-me. Não entrei. Divergi. Possuído de crescente sensação de pequenez, naquele pequeno monte (...) cheguei apenas até o templo da vitória sem asas (...). Dentro de mim soluçou a minha miséria (...).
> — Oh, Atena, protetora das cidades (...) perdoa o ridículo semibárbaro da América, filho de um século decadente (...).
> Então, como eu chorasse, ouvi dentro em mim outra voz (...).
> — Não repitas frases de fraqueza (...). Não te humilhes. O segredo de Atena não ficou na Acrópole, correu os outros cimos da terra (...). A vida é renovação. A lição que todos deviam saber de cor (...) está entre dois verbos: compreender e ousar (...). Não sejas fraco. Não julgues para sempre impossíveis as belezas passadas. Toma-as como incentivo e olha o mundo belamente...
> Ergui-me. E na glória do tempo, olhando o espaço, abrindo os braços, aspirei largo tempo a vida luminosa. Atena, filha de Zeus, fizera a metamorfose. Eu compreendia.
> Será preciso delirar na Acrópole para ter a exata compreensão da vida?

Depois da Hélade, a Cidade Santa. Uma semana no Grand New Hotel de Jerusalém, onde chegou depois de uma viagem marítima via Beirute e Haifa. Achou-a "fechada", "conservadora", "sem inteligência".

> Não há hoje nesses muros um só lugar santo que seja autenticamente um lugar da Paixão. E a culpa é menos dos muçulmanos que dos gregos, católicos e da eterna raiva entre católicos e cismáticos. As rodelas de mármore diante das quais se ajoelham os crentes indicam pontos que não são os exatos. Nenhum dos pousos da *Via Crucis* é verdadeiro, porque, sendo a cidade tantas vezes arrasada, com os muros ora aumentados, ora diminuídos, além do local do Templo e de uma ou outra torre, nada mais pode ser senão pilastra de lendas, em que se juntam fantasias cristãs e imaginações árabes.

Vindo da Palestina de navio, teve forçosamente de passar por Suez e Alexandria antes de chegar ao Cairo. Ao invés de descrições de pirâmides, do Nilo ou das belas mesquitas, apenas indignação com a administração inglesa do protetorado.

> Uma porção de gente, que como veste tem um burel de algodão azul, e como alimento um pão de milho e um pouco de favas, de cebolas, de pepinos crus. Imaginai essa gente morando em verdadeiros buracos feitos de lama e palha cozidos ao sol. Imaginai que essa gente trabalha 14 horas por dia — para os felizardos banqueiros ingleses imporem o seu liberalismo do alto dos palácios de Mayfair (...) não há Parlamento; não há responsabilidade ministerial, porque cada ministro e cada prefeito é dobrado de um conselheiro inglês. Os tribunais têm juízes ingleses, que não sabem árabe. O ensino é feito em inglês, por ingleses (...).

Descrições desse cruzeiro certamente fariam parte de *Impressões de viagem*, livro planejado, mas que nunca publicou. Mesmo nos cafundós do Mediterrâneo oriental, o Brasil se fazia presente através da música popular:

> Em Atenas, no hotel da Inglaterra, sob a égide da Acrópole (...) a orquestra executava "Vem cá, mulata" (...). Mas o meu pasmo, talvez a minha saudade patriótica, vibrou numa noite em Constantinopla, ouvindo uma sanfona tocar molemente um estribilho carnavalesco: "Há duas coisa que me faz chorá/ é nó nas tripa/ e batalhão navá." Que pasmo! Essa saudade foi talvez maior que ler no Egito, em Heliópolis, pra lá das pirâmides e da Esfinge, um cartaz em francês: "Madame Mira ensina o tango brasileiro do célebre Duque (...)."

João do Rio voltou a Lisboa em 17 de fevereiro pelo navio *Sud-Express*, sendo recebido no cais pelo amigo João de Barros, então ministro da Instrução, e hospedando-se no Avenida Palace. Não assistiu, portanto, à estreia de *A bela Madame Vargas* no teatro do Ginásio, dirigida por

O CINEMATÓGRAFO VERTIGINOSO E A ALMA DAS RUAS (1904-1915)

Lucinda Simões, no dia 2. A peça (interpretada por Zulmira Ramos, Pato Moniz, Alves da Cunha, Antônio Palma e Adélia Ferreira) foi um sucesso. No dia seguinte ao desembarque foi ovacionado pela plateia, na qual estava o próprio presidente da República, Manoel d'Arriaga.

À meia-noite do dia 20, no restaurante Martinho da Arcada, despediu-se com concorrido banquete, que contou com a presença de dois ministros de Estado (João de Barros e Bernardino Machado, interino dos Negócios Estrangeiros), o encarregado de negócios brasileiro (Belfort Ramos Veloso Ribeiro), escritores (Guerra Junqueiro, Júlio Dantas) e artistas (Augusto Rosa e Zulmira Ramos). Consagrado, embarcou naquela mesma madrugada, no mesmo *Avon* em que viera do Brasil. Não podia calcular que, dentro de poucos meses, nada mais seria como antes no Velho Mundo.

* * *

Como sempre, o Brasil reserva surpresas, nem todas agradáveis, para o viajante que retorna.

Na política, era crítica a situação no Ceará, onde os latifundiários se armaram contra Francisco Rabelo e a favor de Floro Bartolomeu, político apoiado pelo famoso padre Cícero Romão Batista, o Padim Ciço, prefeito deposto de Juazeiro e afastado das ordens pelo Vaticano por afirmar-se milagreiro. E também, no plano federal, por Pinheiro Machado. Seus jagunços tomaram várias cidades, inclusive Crato, sitiando Fortaleza. O interventor militar enviado pelo governo, general Setembrino de Carvalho, ficou neutro, e, no final das contas, a vitória foi dos pinheiristas, retornando o oligarca Accioly.

No que toca particularmente à *Gazeta*, a nota triste foi o falecimento de Figueiredo Pimentel, substituído na coluna "Binóculo" por Benedito

Costa (Paulo de Gardênia). Estranho país o Brasil de 1914, que abrigava simultaneamente o cerco de uma capital provincial por vaqueiros armados e uma coluna de etiqueta francesa no melhor jornal da principal metrópole do Hemisfério Sul.

Em 11 de março João do Rio retornou ao colunismo diário, como o Joe de "À margem do dia", uma espécie de "Cinematographo" reduzida, mas a produção é rotineira, assim como as crônicas de *A Ilustração Brasileira*, iniciada em junho. No próximo ano e meio só publicou dois contos e duas crônicas que julgou dignos de ser incluídos em volume. E mesmo assim, deixam bastante a desejar diante de sua produção anterior.

Na tarde de 17 de julho, no Cine-Teatro Phoenix, foi apresentado na "festa mais elegante da *season*" (segundo nota da *Gazeta*) um novo tipo de espetáculo. Primeiro, o jornalista Sebastião Sampaio falou de moda, enquanto o cartunista Antônio improvisava sobre o tema. Veio então a conferência "A dança", de João do Rio, proferida pelo próprio, sucedida por um recital da bailarina Maria Lina, recém-chegada de Paris, que apresentou números de tango brasileiro, tango argentino, fado português e maxixe. Apesar de ser uma obra menor, a conferência "A dança" irradia vitalidade. Une citações da civilização clássica influenciadas por Nietzsche e pela sua recente viagem ao Oriente Médio com o mito do Eterno Feminino (Salomé e Isadora).

Doze dias depois, no mesmo local, participou de outra novidade interessante: o "jornal falado", patrocinado por *A Ilustração Brasileira*. Trata-se, como indica o próprio nome, da apresentação oral das seções de um matutino, ditas pelos maiores nomes da imprensa carioca. O editorial político ficou por conta de Costa Rego; a seção policial, por Viriato Correia; a teatral, por Oscar Guanabarino; a crônica social, por Paulo de Gardênia; a parlamentar, por Batista Júnior; e o comentário humorístico, por Bastos Tigre. João do Rio, a quem coube o tema "crônica da cidade",

O CINEMATÓGRAFO VERTIGINOSO E A ALMA DAS RUAS (1904-1915)

apresentou "O autoelogio do guarda-chuva", publicado em agosto na revista patrocinadora.

* * *

Fiel a suas amizades, Paulo Barreto, ao lado de Afrânio Peixoto e Félix Pacheco, foi um dos que mais lutaram para eleger Gilberto Amado para a Academia Brasileira de Letras, na vaga aberta em abril de 1914 com o passamento de Heráclito Graça. O outro candidato era o psiquiatra Antônio Austregésilo, que insistia, sob o patrocínio de Coelho Neto. Assim a eleição ficou polarizada entre um candidato pinheirista (Amado) e um do grupo político adversário. Isso no exato momento em que o senador gaúcho era atacado, por todos os lados, pelos que temiam sua possível candidatura à Presidência e condenavam suas maquinações cearenses.

A eleição foi em 29 de agosto, em sessão agitada, com a vitória do dr. Austregésilo por 12 votos (entre eles Neto, Medeiros e Albuquerque, Mário de Alencar, Felinto de Almeida, Alberto de Oliveira) contra 11 de Gilberto Amado (João do Rio, Bilac, Graça Aranha, Afonso Celso e Carlos de Laet). Afrânio Peixoto, que convencera o derrotado a candidatar-se, absteve-se, assim como Alcindo Guanabara — ambos tidos como votos certos. E assim o temperamental ensaísta não foi eleito, segundo suas próprias palavras, pelo "*trop de zèle* de amigos fanáticos da imprensa, que começaram, sem consultar-me e com uma falta de tato deplorável, a desancar o outro candidato, nome de grande projeção, unanimemente respeitado (...)". A quase vitória, no entanto, justificou um banquete de desagravo no Assírio, com as expressivas presenças de Joaquim de Salles, Emílio de Meneses, Cândido de Campos, Batista Júnior, além dos acadêmicos amigos, João do Rio inclusive, é claro.

Menos de um ano depois, outra eleição acadêmica criou polêmica por causa das pressões políticas. Os candidatos dessa vez foram o poeta Goulart de Andrade e d. Luís de Bragança, o príncipe insistente.

"Quando resolvi votar em d. Luís para a Academia, Pinheiro Machado mandou-me chamar furioso; dois ministros, aliás inteligentes, tiveram agudos interrogatórios a respeito da minha inconveniência, e houve positivamente uma nova propaganda republicana para não fazer membro da Academia Brasileira um príncipe herdeiro, um homem ilustre brasileiro, um alto escritor brasileiro, um devoto, um ardente patriota brasileiro. E d. Luís não foi para a Academia", escreveu posteriormente. A derrota principesca foi de 20 votos a 9.

* * *

Em 28 de julho de 1914, um nacionalista sérvio assassinou a tiros, em Sarajevo, o herdeiro do trono austríaco. Era mais um capítulo da penosa formação dos Estados eslavos meridionais, pois os croatas queriam então a união com a Sérvia e Montenegro. A Áustria declarou guerra à Sérvia, protegida pela Rússia. A Alemanha apoiou a Áustria e, por sua vez, a França e a Inglaterra entraram a favor da Rússia. Estourava a Primeira Guerra Mundial.

No início, o conflito pouco interessou os brasileiros, embora a tendência majoritária fosse apoiar tudo o que fosse francês. João do Rio, juntamente com Bilac, Rui Barbosa e José Veríssimo, foi pioneiro em tomar partido.

Em "Heroísmo, razão da vida" — conferência que proferiu em 10 de outubro no Clube dos Diários numa festa da Cruz Vermelha francesa — é evidente a influência nietzschiana. Como o filósofo alemão, citado mais de uma vez, ele considera a cultura mediterrânea, oriunda da Grécia clássica, superior à da Europa Central, sendo a guerra a "tragédia da remodelação", "inexorável fatalidade" que "juveniliza as raças", e a coragem não um privilégio, "mas a razão de ser do homem". Um discurso belicista pronunciado numa festa da Cruz Vermelha.

O CINEMATÓGRAFO VERTIGINOSO E A ALMA DAS RUAS (1904-1915)

Quando, depois de tomar a Polônia, a Bélgica e parte da França, a Alemanha começou a ameaçar diretamente Paris, só então outros intelectuais acordaram para a gravidade dos fatos.

* * *

O governo Hermes da Fonseca aproximava-se de seu final. O agravamento da situação do Contestado (território em litígio entre o Paraná e Santa Catarina, onde os camponeses aderiram em massa a líderes religiosos rústicos e carismáticos) levou para o sul o general Setembrino no comando de 7 mil homens (e até aviões). A posição de "À margem do dia" é sempre inequivocamente legalista, portanto contrária tanto aos jagunços do padre Cícero que apoiavam o *status quo*, quanto aos beatos contestadores que almejavam uma sociedade separada.

A menos de vinte dias de terminar o governo, aconteceu um fato pitoresco no Palácio do Catete. Ouvindo Catulo da Paixão Cearense reclamar junto ao presidente de que a música popular nunca fora tocada no palácio, a primeira-dama Nair de Teffé resolveu inovar. A conselho de seu professor Emílio Pereira, incluiu um número nacional no pequeno recital que apresentou aos seus convidados da noite de 26 de setembro. Depois de dedilhar a "Rapsódia" de Liszt ao piano, e cantar "Le chant du gondolier" acompanhada pelo maestro Ernani Figueiredo, ela tocou ao violão o tanguinho "Gaúcho", da veneranda compositora Chiquinha Gonzaga (então com 75 anos), sendo muito aplaudida.

Acontece que "Gaúcho", além de o título sugerir uma homenagem a Pinheiro Machado, nada mais era do que a versão instrumental do supostamente lascivo "Corta-jaca", lançado vinte anos antes pela estrelíssima Pepa Ruiz na revista *Zizinha Maxixe*, e posteriormente gravada pela banda do Corpo de Bombeiros. A rigor, podia ser considerado um maxixe, ritmo então insistentemente atacado como indecente pela Igreja Católica. Dirigido por Viriato Correia, *A Rua*, novo vespertino saído de uma dissidência de *A Noite*, botou o assunto em manchete.

Já no dia seguinte Rui Barbosa fazia um discurso no Senado, condenando que,

> diante da mais fina sociedade do Rio de Janeiro, aqueles que deviam dar ao país o exemplo das maneiras mais distintas e dos costumes mais reservados elevaram o corta-jaca à altura de uma instituição social. Mas o corta-jaca de que eu ouvira falar há muito tempo, que vem a ser ele, sr. presidente? A mais baixa, a mais chula, a mais grosseira de todas as danças selvagens, a irmã gêmea do batuque, do cateretê e do samba. Mas nas recepções presidenciais o corta-jaca é executado com todas as honras da música de Wagner, e não se quer que a consciência deste país se revolte, que as nossas faces não se enrubesçam, que a mocidade se ria!

Tanto exagero e tanta retórica não sobrevivem diante da audição do inocente chorinho em questão. O presidente autoritário, admirador do militarismo prussiano, abre os salões de seu palácio à música popular, enquanto o senador liberal condena o samba, louvando as peças germanófilas de Wagner, mesmo sendo o líder do apoio aos Aliados na Guerra Mundial. Alguma lição talvez possa ser tirada de tamanha incongruência. João do Rio, amigo de Duque, Geraldo e Maria Lina, não se manifestou sobre o assunto.

Assim foi-se Hermes da Fonseca, perna fina e bunda seca, tido como burro e azarento, rei da urucubaca, tantas vezes ironizado em charges e revistas do ano. Seu quadriênio, lembremos, começou com uma *Tannhäuser* interrompida pelos canhões de João Cândido e terminou assim, em ritmo de chanchada, condenado por um dos seus únicos atos de simpatia. Não deixou saudades, mas um grande anedotário.

* * *

Venceslau Brás, deputado apagado de Minas Gerais, fora escolhido para vice de Hermes da Fonseca dentro do grande acordo tecido por Pinheiro Machado para derrotar os civilistas. Agora, como os grandes estados não aceitavam as candidaturas de Machado e Rui Barbosa, candidatos naturais, foi escolhido por consenso para a presidência da República. Não se esperava muito do seu governo.

A *Gazeta* decidiu entrevistá-lo antes da posse e pensou logo no seu melhor jornalista. Isso quase criou um problema diplomático, pois João do Rio havia escrito em *A Notícia*, em 1909, logo que ficou evidente que ele traíra os civilistas, uma sátira, incluída no volume *Os dias passam...*

> Judas Iscariotes saltou do comboio expresso precisamente às oito da manhã (...) havia na estação uma porção de gente admiradora de seus últimos feitos, com medo dos próximos futuros (...). Logo sujeitos importantíssimos, d'alma de igual jaez, prorromperam como figurantes de teatro barato.
> — Viva o eminente Iscariotes! Viva o dr. Judas!
> (...) Ao meio-dia ainda lhe apertavam as mãos...

Ultrapassando a barreira ululante dos puxa-sacos, o traidor histórico hospedou-se num hotel de luxo.

> Deitou-se sem pensar enquanto embaixo a onda dos admiradores ia deixar cartões, cartões, mais cartões. Em pouco tempo havia duas mesas cheias. Depois o gerente do hotel foi buscar sacos. Como os

sacos não bastassem um vendeiro defronte emprestou cinco urnas eleitorais mandadas guardar lá desde novembro. E os cartões entraram como votos...

Mesmo alegórica, a crítica é ferina, e causou repercussão, posteriormente superada, segundo registro do próprio autor, incluído no volume *No tempo de Venceslau*:

> Alguns mineiros tiveram a bondade de conversar comigo.
> — Ninguém deixará de ver na sua crônica o Venceslau (...). E como V. não é jornalista político (...) doerá ao Venceslau redobradamente. Diante desse acontecimento deixei de visitar o sr. Venceslau no hotel (...). Uma noite, porém, no teatro Recreio, dei de face com o sr. Venceslau Brás (...) cumprimentou-me, estendeu-me a mão com a gentileza de anos atrás.

Assim, atendendo aos "reiterados pedidos" dos donos da *Gazeta*, que, como afirma, "eram ordens", João do Rio teve de deslocar-se, em busca do presidente eleito, para Itajubá. "Uma cidade simpática. Pequena, petulante, rindo a um céu transparente, ela apresenta os seus edifícios apalacetados, o seu parque, as suas fábricas, com o orgulho de uma colegial aplicada (...). A população é um misto de mineiros, de italianos, de sírios..."

O esfingético político mineiro recebeu João do Rio, mas, como fizera com outros repórteres, não abriu o bico: "A quantos têm ido a Itajubá perguntar pelo ministério, o sr. Venceslau responde com a maior cortesia, fala do Brasil e não adianta nada (...) diz francamente que o ministério não é coisa que se deve publicar antes de definitivamente assentado." Essa lentidão de "um político neste país que precisa de um administrador",

O CINEMATÓGRAFO VERTIGINOSO E A ALMA DAS RUAS (1904-1915)

nesse momento ainda podia ser confundida com prudência e/ou maturidade. De qualquer modo, não é mais a encarnação de Judas.

A mudança de tom no tratamento a Venceslau refletiu-se também nas suas obras de ficção. Numa crônica sem título publicada em *A Ilustração Brasileira* em novembro de 1914, repete a chegada do político mineiro ao Rio de tal modo, que não é possível deixar de compará-la ao texto da chegada de Iscariotes, reproduzido anteriormente.

> Sob o sol, pesado como chapa de aço candente, o povo agitava-se em turbilhões. Era um povo d'homens de todas as classes, a escala do funcionalismo, da política, das pessoas gradas entre os vagalhões populares — os operários, os vagabundos, os sem trabalho. Gritos frenéticos faziam o clamor.
> — Viva o salvador da pátria!
> — Salve-nos, senhor doutor.
> — Esperança do Brasil!
> Palmas estrugiam delirantes. Era a porta da Estrada de Ferro Central do Brasil no dia da chegada de Venceslau Brás. O presidente, que os desastres da pátria tinham feito surgir para o povo como a grande esperança, viera do comboio ao automóvel imprensado, abraçado, machucado, asfixiado, carregado pela multidão apoteótica.

Essa crônica, publicada no dia seguinte da posse do novo governante, não é entretanto sobre ele, mas uma sátira ao meio político de um modo geral. O protagonista, Epaminondas de Albuquerque, é deputado por um estado do Norte e o reconhecimento da sua eleição foi considerado fraudulento.

> Ferozmente governista, durante a coligação as suas catilinárias foram (...) contra o presidente de hoje. Eleito porém, o homem ilustre (...) nos últimos dias do governo que o elegera e a quem defendera com

fúria, Epaminondas de Albuquerque se fez de súbito a catapulta da oposição (...). Como situação política, nada mais nítido, mais leal, mais sem tergiversações. Tão admirável que até dois jornais lhe tinham citado o nome como provável ministro. Ministro! Ministro! Ministro! (...) Ele seria — quem sabe?

Tudo gira em torno de suas tentativas de cumprimentar Venceslau na estação e no hotel onde está hospedado. À noite, vendo que não será recebido nem ministro, o deputado se retira, e, encontrando um senador que chega, simula ter estado com o presidente, que já se recolheu.
"Quanto ao ministério, um absoluto silêncio. Eu, aliás, disse ao presidente: tudo quanto quiser, menos uma pasta!"
O próprio João do Rio, segundo as más-línguas, estaria pleiteando um emprego público junto ao novo governo, aproveitando a permanência de Lauro Müller no Itamaraty. Esses boatos foram tão intensos que tiveram de ser desmentidos em "À margem do dia":

> Como nunca desejei na minha vida ser senão o que consegui ser sem receio de não ser reeleito e não ser demitido, quando algum camarada anuncia a minha ambição de ser secretário de legação, a deputado ou a outra aflitiva pilhéria, tenho uma grande vontade de rir. Não desejo, nem nunca desejei, nem desejarei qualquer posição do governo, seja a de comissário de polícia, seja a de senador.

O apático Venceslau Brás, que todos supunham um capacho de Pinheiro Machado, aproveitou a primeira ocasião para diminuí-lo. Em janeiro de 1915, o ex-presidente Nilo Peçanha, eleito para o governo do estado do Rio, encontrou oposição dos pinheiristas e só tomou posse com *habeas corpus* do Supremo Tribunal Federal. No mesmo mês, o pernambucano José Bezerra não teve a eleição reconhecida, em benefício do velho pinheirista Rosa e Silva. Venceslau não teve dúvida: nomeou

O CINEMATÓGRAFO VERTIGINOSO E A ALMA DAS RUAS (1904-1915)

Bezerra ministro da Agricultura. O "Grande Chefe", apesar de ainda deter muito poder, começava a dar sinais de decadência.

* * *

Em abril, João do Rio fez nova viagem, dessa vez rumo ao sul, à Argentina, que, depois de um período de desconfiança, retomava o diálogo com o Brasil.

A maioria dos pesquisadores atribui essa viagem à sua amizade com Luiz Souza Dantas, nosso encarregado de negócios em Buenos Aires, mas há coisa maior por trás disso. Já vimos como Paulo Barreto era ligado ao chanceler Müller, que aparara as arestas deixadas por Rio Branco nomeando o ex-presidente Campos Salles embaixador na república vizinha. Dois anos antes, Paulo — juntamente com Coelho Neto, Mário de Alencar, Oscar Lopez, Herbert Moses e outros — fora um dos colaboradores de *Concórdia*, revista de "propaganda sul-americana", editada pelo Congresso Internacional de Jurisconsultos. Seu artigo apresentava o chanceler brasileiro. Exatamente em abril de 1915, Lauro Müller preparava-se para uma missão diplomática ao Cone Sul. Souza Dantas, que estava no Rio para instruções, embarcou de volta dia 9. João do Rio uma semana depois, no *Frísia*, no seu encalço. O ministro só partiu no final do mês, com escala em Montevidéu.

João do Rio registrou essa viagem em dez reportagens na *Gazeta de Notícias*, quase todas sobre suas impressões de Buenos Aires, onde teve o prazer de encontrar o romancista Abel Botelho como representante de Portugal. Da capital portenha afirma que "tem tudo quanto têm as grandes cidades: hotéis como os de Londres, ruas inteiras como as de Paris, monumentos que se poderia classificar de estrondosos, 25 teatros, restaurantes magníficos, jardins esplêndidos, palácios entusiásticos num traçado tão claramente matemático que o estrangeiro logo se integra e conhece a cidade (...) em cada rua parece-me ouvir os três verbos: quero, posso, mando". "O Jockey-Club de Buenos Aires é um dos orgulhos da cidade e uma espécie de obsessão sul-americana (...) as descrições de seus salões, das suas obras de arte correm o mundo em todas as línguas." Nesse maravilhoso local pronunciou no dia 19 o discurso "Oração dos faróis", diante dos maiorais da imprensa argentina, pregando a colaboração entre os dois países. A receptividade foi tão boa que foi publicado no dia 21, no *El Diário*, o artigo "Esplendor y miseria del jornalismo". Embarcou para o Rio no dia seguinte, desembarcando dia 28 no cais Pharoux.

* * *

João do Rio declarou em entrevista para *O Correio Paulistano*:

> Escrevi *Eva* de um fôlego, três dias depois de chegar de Buenos Aires. Eva, a verdadeira, vinha no mesmo vapor que vim. As suas *boutades*, o seu espírito, estão reproduzidos exatamente (...). Uma história que ouvi de Coelho Neto em palestra, e que o grande escritor não sabe onde leu, deu-me o drama.

Essa peça, em três atos, é mais bem construída que as anteriores, e também, como elas, uma observação irônica da alma feminina, dessa vez tendo como protagonista uma adolescente impulsiva. Tudo se passa na fazenda dos condes Souza Prates em Ribeirão Preto, onde até os criados são obrigados a falar francês. O casal anfitrião recebe um grupo de grã--finos em férias, entre eles o nosso conhecido Godofredo de Alencar. Um jovem fazendeiro, Jorge da Fontoura, está apaixonado por Eva, que não lhe dá atenção e flerta com todos os homens e até com a condessa Adalgisa. Humilhado, ele quer partir, mas é dissuadido por Godofredo, que o incentiva a declarar-se — em cena semelhante à do barão de Belfort com o pretendente em *A bela Madame Vargas*. Jorge então, num encontro a sós, declara seu amor à petulante jovem, que parece indiferente. No dia seguinte, descobre-se que o valioso colar da condessa desapareceu. A polícia é chamada e terá de revistar os convidados. Em pânico, Eva confessa a Jorge ter pegado a joia e pede ajuda para iludir o delegado. Ele em princípio topa, mas depois se arrepende. Vai confessar, pensando possuir o colar, quando esse é descoberto entre os criados. E o embrulho que tem no bolso? Era tudo brincadeirinha de Eva para testar sua dedicação. *Happy end.*

A trama é bem engendrada, apesar do excesso de coadjuvantes, e os diálogos, como sempre, espirituosos. A produção foi entregue à Companhia Adelina Abranches, com a graciosa Aura no papel título, para estrear em São Paulo. Tudo ia muito bem, quando uma tragédia abalou o meio jornalístico e literário do Rio, mudando o rumo da carreira do nosso biografado.

Já vimos como Gilberto Amado, agora deputado, além de crítico sarcástico da obra alheia, era homem temperamental, tendo sacado uma arma em plena Avenida Central para afugentar Lindolfo Collor. Por isso era constantemente provocado e discriminado pelos ofendidos, notadamente por ter censurado o conceituado e vingativo Coelho Neto. O atlético Aníbal Teófilo, poeta menor, gaúcho, do grupo de Neto, passou publicamente a desfeitear Gilberto, que ainda acumulava a pecha de protegido de Pinheiro Machado e amigo íntimo de João do Rio. Um belo dia, na redação da *Gazeta*, recusou-lhe o cumprimento, ameaçando aos berros cuspir-lhe na cara. Outras vezes gritou-lhe desaforos e ameaças na frente de todos. "A propagação das primeiras humilhações recebidas, duas, três, nos bondes, na rua, me fazia ver risadinhas em cada rosto. Deixei de frequentar amigos. Passei dias sem ir à Câmara", escreveu o humilhado.

Em 19 de junho a recém-fundada Sociedade Brasileira de Homens de Letras realizava, no salão nobre do *Jornal do Commercio*, a sua primeira reunião pública. A coluna "Binóculo" desse mesmo dia informa que comparecerão "o que o Rio possui de mais fino e brilhante", como Bilac declamando poesias com a bela voz embargada, "mais 16 intelectuais dos melhores" (entre os quais Alcides Maia, Oscar Lopez, Aníbal Teófilo e Humberto de Campos). Ao entrar, acompanhado da esposa grávida, de um irmão e do amigo Paulo Hasslocher, Gilberto recebeu mais uma brutalidade de Teófilo, que avançou. "O homem vinha mesmo me bater, ali, diante daquela gente toda, não respeitaria a jovem esposa presa ao meu braço." Fingiu não ver, mas foi incentivado a reagir por Hasslocher, que, nada conseguindo, resolveu ele mesmo enfrentar o agressor. Engalfinharam-se. Gilberto sacou de um revólver e atirou. Teófilo caiu estrebuchando. Depois de um segundo de estupefação, os presentes, comandados por Coelho Neto, avançaram sobre o deputado assassino, que escapuliu por uma porta lateral, sendo no entanto preso e autuado.

Uma comissão de literatos procurou imediatamente Pinheiro Machado para exigir neutralidade e justiça. Com efeito, embora parlamentar, o assassino não usufruiu as imunidades, ficando detido no Quartel da Cavalaria da Polícia Militar até o julgamento. O enterro da vítima reuniu, além dos estelares Rui, Bilac, Neto e Graça Aranha, também Roberto Gomes, Calixto Cordeiro e Carlos Malheiro Dias — amigos e colaboradores de João do Rio.

A situação desse era bastante delicada. Diretor da *Gazeta*, jornal antipinheirista por excelência, não tinha como defender o amigo, estrela do jornal concorrente. Calar era mais conveniente. Seu primeiro texto publicado depois do "Crime da Avenida Central" (como ficou conhecido o *affair*) surgiu apenas uma semana depois, na forma de um conto elegante e apolítico.

Mas continuavam os preparativos para a estreia de *Eva*. Em 12 de julho João do Rio chegou à capital paulista, proferindo duas conferências completamente diferentes no mesmo dia: "Oração à mocidade", na

O CINEMATÓGRAFO VERTIGINOSO E A ALMA DAS RUAS (1904-1915)

Faculdade de Direito, conclamando os jovens a realizar uma renovação política, e, no Conservatório Dramático e Musical, a futilíssima "Elogio dos perfumes". A estreia da peça foi no dia seguinte, no Cassino Antártica. Obteve boas críticas e boa bilheteria nas suas cinco apresentações. Oswald de Andrade, então crítico de *O Pirralho*, foi o mais entusiástico: "(...) como simbolismo em comédia brasileira haverá melhor que a bela, a forte, a inteligente intriga de João do Rio?". Tudo culminou com o banquete de homenagem na elegantíssima Vila Kyrial, oferecido pelo dândi-poeta Freitas Valle, onde compareceu em peso a aristocracia política paulistana (os filhos de Rodrigues Alves, o deputado Júlio Prestes, o prefeito Washington Luiz).

Voltando ao Rio, teve de enfrentar os problemas na *Gazeta*. Suas simpatias por Gilberto Amado, contrariando todo o corpo de redatores, e suas tentativas de fazer uma revista mensal com apoio do Itamaraty criaram divergências crescentes com Salvador Santos, o sócio majoritário, e até com seu querido Cândido de Campos, com quem não se reconciliaria jamais.

Em 3 de agosto, data de seu aniversário de 34 anos, foi publicado seu último artigo, comentando um projeto de lei tornando obrigatório o ensino do português nas escolas estrangeiras. No dia 11, numa longa entrevista para *A Rua*, provavelmente dada ao próprio Viriato Correia, João do Rio explicou seu desligamento, depois de mais de uma década, do jornal que o consagrou.

> Paulo Barreto nos recebe de pijama, no seu elegante gabinete de trabalho.
> — Infelizmente, meu amigo, nada tem de sensacional no fato. Há na *Gazeta* um homem pelo qual tenho a maior estima. É Manuel da Rocha, jornalista incomparável, o gentilíssimo homem da sociedade que foi meu guia e meu mestre, como continua a ser meu amigo. O resto não tem importância alguma..

— Mas importa cá, aos outros.
— Acredita?
— E por que deixou a direção o nosso colega?
— (...) Não houve brigas, violências, desinteligências. Nada disso! Dou-me com os diretores como dava-me anteontem. Apenas eu sou o caso único talvez de redator-chefe à força por dois ou três anos. Estava contentíssimo como redator simples. À saída de Irineu Marinho, amigo para cuja diretoria trabalhei, opus-me tenazmente à ideia da minha ingerência na direção do jornal. Um ano depois fui forçado a aceitá-la. E realmente dirigi a *Gazeta* até novembro de 1912, quando parti para a Europa.
Ao voltar em 1913 insisti com Salvador Santos para com sua habilidade conseguir a minha substituição sem que as minhas intenções fossem consideradas hostilidades. Há alguns dias quando meu amigo Manuel da Rocha comunicou-me que deixaria a *Gazeta* ficando eu na direção, mostrei-lhe quanto me sentia incapaz (...) e ontem em vez da carta clássica pedi-lhe por telefone que fizesse o favor de esperar alguns minutos que ia fazer o decreto do repouso por algum tempo. E não houve decreto: houve risos, conversa, e aqui você tem o Paulo Barreto podendo afinal assistir a um espetáculo do primeiro ao último ato com o adendo do chocolate nas casas de chá sem a preocupação, sem a obsessão de um jornal em que havia a responsabilidade dupla — para com o público e para com os donos...
— E que vai fazer agora?
— Vou aos teatros como lhe disse.
— E depois?
— Irei às *matinées*. O jornal é um teatro que impede os seus autores de irem a outros teatros.
— Não fará então jornal?
— Há tantos!
— Mas corre que entrará para a diplomacia.
— É um velho boato de cabelos brancos que me acompanha desde menino (...). Deixei a *Gazeta* para descansar. Quando estiver farto de descansar, que é também um trabalho, verei então.

O CINEMATÓGRAFO VERTIGINOSO E A ALMA DAS RUAS (1904-1915)

Depois da entrevista, o anônimo redator acrescentou um adendo:

> O sr. Paulo Barreto na sua entrevista não quis dizer o que de fato vai se dar. O ex-diretor deixou a *Gazeta* para realizar o que há tempo vem combinando: um grande jornal da manhã com capitais americanos.

PARTE 3

O país e a pátria
(1915-1921)

Ao mudar de emprego, Paulo Barreto não descansou nem muito menos abriu um diário com dinheiro americano. Por encomenda de Cristiano de Souza, começou quase imediatamente a escrever um espetáculo leve com três peças em um ato. E não ficou por aí, voltando logo à imprensa diária. Onze dias depois estreou em O *Paiz* com "Opiniões de um jornalista impossível", um diálogo entre um secretário de jornal e um aspirante a jornalista. E no final de setembro lançou em A *Rua* a coluna "O instante", usando o velho e conhecido pseudônimo Joe.

Deixar a diretoria da *Gazeta* para colaborar em um jornal adversário, e além do mais pinheirista, deu o que falar. *O Paiz* possuía articulistas notáveis, porém bem mais conservadores do que os da folha de Salvador Santos. Basta ler alguns parágrafos de Carlos de Laet, Oliveira Viana, Gustavo Barroso (João do Norte), Gilberto Amado (ainda na cadeia) ou João Lage para perceber que estavam longe da liberalidade de um Bilac, ou mesmo de um Coelho Neto. Ao se afastar desses dois, João do Rio, amigo de Gilberto e de Rodolfo Miranda, não tinha muitas opções, sendo atraído pelo círculo do Grande Chefe. Se em 13 de agosto assumiram como novos diretores do jornal Belisário de Souza e Amaral França, no dia seguinte sua coluna semanal sai pela primeira vez, no mesmo local antes ocupado por Carmen Dolores e Gilberto Amado. Aproveitando o afastamento entre o presidente e o senador gaúcho, continuou atacando o governo, de novo comodamente instalado num jornal de oposição.

Dia 6 de setembro estreou no teatro Trianon, na Avenida Central, o programa triplo para a companhia de Cristiano. *O encontro/Um ato sobre uma triste saudade*, obra melodramática, passa-se em Poços de Caldas, entre um turista e uma namorada de adolescência, hoje prostituta. Ficou dois dias em cartaz, com interpretação de Carlos de Abreu e Ema de

Souza, nova mulher do empresário e diretor. É muito falada, tem pouca ação e é, sem a menor dúvida, o seu texto teatral menos interessante. A segunda peça (*Que pena ser só ladrão*), adaptada de um conto francês, ficou até o dia 12, com o próprio Cristiano e Ema. A situação e os diálogos são mais próximos do mundinho perverso de João do Rio. Uma cocote surpreende em seu quarto um ladrão de casaca. Fascinada, oferece-lhe tudo que tem, mas ele recusa, porque tem prazer, e não necessidade, de roubar. Finalmente, *Não é Adão*, segundo o reclame "um divertimento de quem não tem o que fazer", marcou sua volta ao teatro de revista e a estreia do ator Augusto Aníbal. Nela, cujo texto não chegou aos nossos dias, evoluíam os personagens Adão, o Político, o Pintor, a Generalíssima da Elegância (qualquer semelhança com Laurinda Santos Lobo, dita Marechala da Elegância, não é mera coincidência). Ficou em cena até o dia 4. Embora a impressão geral tenha sido de leveza e elegância, com boa afluência de público nos primeiros dias, a temporada foi muito prejudicada pela confusão política ambiente, e não foi possível localizar críticas nos principais jornais cariocas.

Cada vez menos popular, Pinheiro Machado conseguira impingir Hermes da Fonseca como candidato ao senado pelo Rio Grande do Sul, deflagrando passeatas e comícios de oposicionistas e estudantes. A situação engrossava dia a dia. Na manhã de 6 de setembro, o padeiro Francisco Manso de Paiva, morador da Rua Bento Lisboa, nas proximidades do Largo do Machado, amanheceu insuflado pelos editoriais da *Gazeta* e do *Correio da Manhã*. Lendo que o Grande Chefe visitaria um correligionário no Hotel dos Estrangeiros, no Catete, aproximou-se dele pelas costas, apunhalando-o mortalmente. Tentou fugir correndo em direção à Rua Senador Vergueiro, mas foi alcançado, entregando-se.

O assassinato aos 63 anos do poderoso senador, um dos esteios da estabilidade política do país, deixou os políticos sem bússola, mas certamente livrou Paulo Barreto do incômodo de ter de elogiar quem tanto

O PAÍS E A PÁTRIA (1915-1921)

combatera. Ao contrário do que se disse, há muitas referências a Pinheiro Machado em sua obra, sempre ironicamente desabonadoras. Despediu-se dele com um artigo vibrante, no qual Brito Brocca percebeu influências nietzschianas, mas que seus contemporâneos e hoje adversários da *Gazeta* classificaram de adesismo póstumo.

> Os amigos dizem:
> — A República está perdida!
> Os inimigos asseguram:
> — A República está livre!

> A mim, interessa-me apenas a criatura, a vitória conseguida diariamente por ele. Como todo dominador, Pinheiro Machado não suportava a ironia. E eu não o elogiei nunca em vida. Mas a ironia com que, a cada passo, em 12 anos de trabalho, o seu nome aparece nos meus escritos, era prova de irresistível fascinação, da tremenda afirmação que era ele. Não só para mim. Para todo o país. Pinheiro Machado tornou-se a ideia fixa da nação inteira. Com amor, com medo, com hipocrisia, com ódio ou com independência, ninguém poderia deixar de pensar nele (...). Nunca tivemos no Brasil um exemplo mais formidável do verbo querer, com a consciência cega de que querer é vencer, é poder, é dominar (...). Sacrificava amigos, era de pedra aos rogos, aliciava os inimigos, caminhava sereno para os golpes mais arriscados por querer (...). E quando, enquanto homens choravam e bradavam, e estendiam a mão espalmada em juras sobre o seu corpo, eu vi no cadáver, naquela rijeza última, a mesma sobranceria, a mesma altivez, o mesmo ríctus labial de superioridade, a mesma calma — não recordei artigos de jornal, ódios, paixões que o formidável querer sublevara.

Fascinante personagem contraditório, guerreiro degolador nas convulsões civis do Rio Grande, fiador do pacto conservador que assegurou uma década pacífica, Pinheiro Machado, típico caudilho gaúcho, hipnotizou muitos e horrorizou outros tantos. Todo-poderoso, nunca teve entretanto cacife para tentar a presidência, por ser originário de um estado periférico. Populista, é célebre o autógrafo que teria dado no violão do sambista Donga para que servisse de salvo-conduto diante das incursões policiais nos bairros da boemia. Como todo líder carismático, não deixou herdeiros nem herança política. Talvez seja significativo anotar que ao seu velório, no Rio, e ao enterro, no Sul, não compareceu Hermes da Fonseca, ministro da Guerra, presidente da República e senador por sua obra e graça.

* * *

Em 15 de novembro veio à luz o primeiro número de *Atlântida*, "mensário artístico, literário e social para Portugal e Brasil, sob o patrocínio de S. Exas. os ministros das Relações Exteriores do Brasil e dos Estrangeiros e Fomento, de Portugal". João do Rio é o diretor no Brasil, e em Portugal, mandava João de Barros. Vejamos o que diz o editorial:

> Por várias vezes os diretores de *Atlântida* procuraram realizar essa legítima ambição — mas encontraram sempre tantas e tão grandes dificuldades da parte dos editores mais habilitados a fazê-la vingar, que tiveram de desistir da ideia (...) As circunstâncias especialíssimas criadas pela guerra europeia determinaram um irresistível movimento de solidariedade entre aqueles países e aqueles povos que vivem d'um mesmo ideal, que se alimentam da mesma tradição ou que descendem do mesmo tronco originário (...) união espiritual estreitíssima de quase todas as nações latinas (...) ensinando as duas democracias, que o oceano Atlântico separa, a melhor amar-se e compreender-se, a *Atlântida* tentará substituir, no domínio intelectual e social, aquele lendário continente que dantes ligou a América à Europa...

O PAÍS E A PÁTRIA (1915-1921)

Já no início do mês, uma entrevista de João do Rio em *A Rua* explicou a gênese da nova publicação.

> Meu caro amigo, *Atlântida* é a realização de uma ideia que surgiu no Porto em 1908, em dezembro. Estava para embarcar para Lisboa e estavam presentes Antônio Patrício, os dois irmãos Lello, Guerra Junqueiro, (...) Brandão, o sensibilino poeta, João Graves e João de Barros. Pela vigésima vez tínhamos verificado que se o Brasil se interessava menos por Portugal do que pela França, Portugal não se interessava ou antes ignorava tudo do Brasil. Nada mais lamentável (...). Resolvemos combater essa ignorância (...). Falamos aos Lello, apelamos para Lello e irmão — nós escritores sem dinheiro. O mais velho dos Lello disse que ia pensar. E eu parti (...). A guerra veio definitivamente forçar a publicação de *Atlântida*.

Embora binacional, todos os seus 48 números foram sempre impressos em Portugal. Assim foi facilmente dominada pelos colaboradores lusitanos. Talvez pelo seu caráter oficial, a paginação é clássica e pouco imaginativa, com ilustrações acadêmicas e textos pesadões e respeitosos. É a antítese das revistas cariocas modernas como *Kosmos*, *A Revista da Semana* ou *Careta*. O primeiro número traz artigos dos dois diretores. O de João de Barros fala de seus pensamentos ao cruzar o oceano pela primeira vez, em 1910. O de João do Rio é repleto de citações de clássicos e também rememora uma viagem de Lisboa ao Rio. Mas eles não serão muito assíduos em suas páginas. Entre os colaboradores podemos citar os poetas Bilac, Alberto de Oliveira e Oscar Lopez; e os contistas Afrânio Peixoto, Júlia Lopes de Almeida, Júlio Dantas e Manoel Souza Pinto.

* * *

No final do mês faleceu Zizina Câmara, no auge da fama. João do Rio ficou inconsolável com o desaparecimento de sua amiga cartomante. No

Almanaque para 1915, editado em dezembro com prefácio de sua autoria, a Corcundinha, ironicamente, não previu a própria morte.

* * *

Eva estava com estreia marcada para a primeira semana de dezembro no Recreio Dramático, depois que a Companhia Adelina Abranches voltasse do Sul, onde a encenara também em Porto Alegre, com boa receptividade. A imprensa chegou a divulgar a data, mas o espetáculo não entrou em cartaz, apesar das entradas terem sido postas à venda. A explicação está numa entrevista do autor em *A Rua*, do dia 7.

— Que foi isso? — indagamos de João do Rio.
— Apenas uma questão de interesse moral. Depois do êxito de *Eva* em São Paulo e no Rio Grande era natural que a companhia estreasse aqui com ela. Não o fizeram. (...) Depois quiseram tê-la sem reclame, como uma reprise. Com muita calma notei a todos os inúmeros secretários da empresa que era impossível consentir (...). Eles atenderam: mandaram a *Eva* para o dia 9 e anunciaram para o dia 14 um velho *vaudeville*, A menina do telefone.
Ora, você pode admitir tudo menos que eu consentisse em um ato de evidente descortesia com um escritor que se tem de respeitar.
Se a minha primeira peça no Municipal deu 15 representações, se essa mesma peça deu 17 em Lisboa — tenho o direito de crer que a *Eva*, depois do êxito de São Paulo e num teatro popular, tenha mais de quatro representações e um fim de *tournée*.
Creio defender assim não só a mim como a todos os escritores que a empresa lamentavelmente começa a confundir com os caixeiros-viajantes que a bajulam.
— Então a *Eva* vai?
— Quem sabe quando!

O PAÍS E A PÁTRIA (1915-1921)

Ofendido, João do Rio afastou-se da velha Adelina e de sua linda filha. Se existiu algo mais que um flerte promocional entre ele e a jovem Aura, acabou aqui. Mas esse não foi o final do relacionamento com as Abranches, como veremos na hora devida.

* * *

Em setembro de 1917 Paulo Barreto estreou novo pseudônimo, José Antônio José, inspirado no jornalista francês Michel Georges Michel, do *Le Gaulois*, especializado em crônica social. Esse novo personagem assinava a coluna "Pall-Mall-Rio" em *O Paiz*, e, a partir de janeiro do ano seguinte, também "A semana elegante", em *A Revista da Semana*.

Qual o significado da expressão *pall-mall* (pronuncia-se pémél)? Originariamente um jogo semelhante à pelota basca, muito popular no século XVIII, é também o nome de uma rua de Londres onde estão localizadas as sedes dos mais sofisticados e elegantes clubes para cavalheiros. Lá lançava-se moda desde o final do século XIX, e a expressão desde cedo esteve ligada à noção de elegância, do jornal *Pall-Mall Gazette* (confessadamente dirigido à classe dominante) até os cigarros da marca Pall-Mall, os primeiros *king size*. Por isso mesmo, quando Jean Lorrain abandonou Paris por Nice por volta de 1900, intitulou *pall-malls* a série de perfis de personalidades e descrições de efemérides que publicou sem assinatura no *L'Écho de Paris*, futuramente reunidos no volume *A cidade envenenada/Pall-Mall-Paris*.

A "Pall-Mall-Rio" de José Antônio José se propunha fazer o mesmo no lado de baixo do equador, desenvolvendo alguns tópicos já presentes na coluna "Cinematographo". Embora tenha durado pouco mais de ano e meio, essa coluna, assim como "A semana elegante" (mais dirigida ao público feminino) deu muito o que falar, marcando o início de uma nova fase do nosso cronista, em que nem tudo foram flores. Vejamos as opiniões de Gilberto Amado (libertado da prisão em julho de 1916, depois de absolvido):

> O resvalar do João do Rio dos primeiros livros, do belo *Dentro da noite* até o *Pall-Mall*, crônica mundana similar ao "Binóculo de Figueiredo Pimentel", constituiu espetáculo triste para mim (...) bajulando literariamente a clientela dita elegante das casas de chá (então na moda sob a designação de *five'o clock teas*) e os figurantes do corso de Botafogo (...).
> — Paulo! Que horror! Um escritor da sua força se desgraçando assim! — disse-lhe. Não houve como demovê-lo. Encontrar-se num camarote do Municipal com d. Nicola de Teffé, d. Heloísa de Figueiredo, com a srta. Vera Barbosa (...) matava de felicidade o filho de d. Florência.

A coluna "Pall-Mall-Rio" é um verdadeiro inventário da classe dominante do Rio (e São Paulo) durante a guerra europeia. Por vezes estamos diante de um monótono desfilar de nomes de famílias tradicionais, como Teffé, Guinle, Mendes de Almeida, Souza Dantas, Paes Leme, Monteiro de Barros, Gastão da Cunha, entremeados com personagens fictícios já nossos conhecidos como Godofredo de Alencar, o barão de Belfort e Jacques Pedreira, que exprimem as opiniões de José Antônio José, aliás João do Rio, aliás Paulo Barreto. Para *A Revista da Semana* ele criou a radicalmente chique Renata Gomes, "minha ilustre amiga de costumes americanos e alta elegância, jovem senhora que filosofa sobre os benefícios e infortúnios da vida moderna".

Destacam-se pela atividade social Ataulfo de Paiva (*self-made man* do meio jurídico-administrativo), Humberto Gottuzo (o médico da moda), Freitas Valle (Jacques d'Avray), Afrânio Peixoto, Roberto Gomes, Santos Dumont, Luiz Souza Dantas, Nilo Peçanha, Lauro Müller. Nenhum homem, porém, jamais chegou aos pés das mulheres ilustres do nosso

O PAÍS E A PÁTRIA (1915-1921)

soçaite, como a imponente Nicola de Teffé ("tem personalidade"), Astréa Palm ("cada vez mais cintila a sua inteligência agudamente parisiense"), a atriz Ema de Souza ("tem o dom de ser muito inteligente num corpo que é bonito dos pés à cabeça"), a jovem poetisa Rosalina Coelho Lisboa. Ou ainda Violeta (Bebé) de Lima Castro, loura e linda apesar de já passar dos trinta, "beleza fascinadora", a melhor *hostess*, a grande patronesse que encantava as festas beneficentes com números de declamação e canto lírico onde exibia sua maviosa voz. Ou ainda a "marechala da elegância", Laurinda Santos Lobo, "que realiza em cada *toilette* uma obra de arte", nem tão bela, mas reconhecidamente inteligente, e que mantinha um salão de encontros intelectuais em seu palacete em Santa Teresa.

Quer nas estreias do Municipal ou do Lírico, nos banquetes do Assírio, nas recepções das embaixadas e legações, quer nas partidas de *foot-ball* (como se escrevia então o esporte favorito dos grã-finos), esses personagens desfilam, exclamam, comentam, reclamam, se divertem e nos divertem no seu mundinho frágil como uma bolha de sabão. Não há quem tenha sido "alguém" em 1916 e não tenha sido citado na coluna "Pall-Mall-Rio".

> Com a civilização e a Avenida e as viagens à Europa, deixou de existir o tipo carioca, como há definidamente o tipo sérvio, o tipo inglês, o tipo andaluz. Os cariocas não se parecem com os cariocas — são como criaturas escapas dos figurinos e as gravuras d'arte. Aquela menina que vai ali, por exemplo. É brasileira. Pode ser, mas parece parisiense. Aquela outra loura é carioca. Mas será? Parece italiana de Roma (...). É no *trottoir roulant* da Avenida, vendo passar a Elegância, que compreendemos como a Moda conseguiu desfazer o próprio tipo do carioca — dando-nos um delicioso magazine da reprodução das diversas raças.

Lidas nos dias de hoje, as crônicas de José Antônio José, com seu estilo decadentista repleto de adjetivos e descrições de tonalidades cromáticas e estranhos aromas, informam melhor que ninguém sobres os "encantadores" e "encantadoras" da *belle époque* carioca, no instante em que a guerra nos distanciava da influência francesa e inaugurava gradativamente a norte-americana. A *season* (assim mesmo em inglês, e não mais *saison*, em francês) ia de meados de abril ao final de setembro, quando vinham as companhias líricas e teatrais da Europa, assim como os costureiros e os conferencistas ilustres.

O "encantador", ancestral do *playboy*, "frequenta os chás (*tea-rooms*), namora (*flirt*), guia automóveis à disparada (*sport*), trata todos com superioridade (*set*), dança (tango), diverte-se enfim".

> Tinha o cabelo todo para cima, muito lustroso e bem penteado. O rosto barbeado de fresco apresentava uma camada de pó de arroz adesivo que se prolongava pelo pescoço. Os lábios eram rubros e com olheiras tais que eu pensei em *henné* (...). O colarinho quebrado e de ponta aguda era como levemente erguido por uma gravata sombria, mais ou menos cor-de-rosa (...). O casaco era curto, fechado por dois botões que o fechavam para a frente sobre o ventre fazendo uma pequena barriga de canguru. As calças, bambas nas coxas, ficavam muito acima dos sapatos, das meias de seda cor d'oiro velho. Dos punhos dobrados de uma camisa lilás surgiam as belas e brancas mãos (...) com as unhas ovaloides brunidas e eu iria dizer artificialmente carminadas.

Se os rapazes eram assim, a "encantadora" típica estava sempre ocupada com chapéus e sapatos, com a moda da saia curta ou da *jupe-culotte* (saia-calça), pois os modelitos não deviam ser repetidos nos *five'o clock teas* da Cavé ou da Lallet, nem nos *garden-parties* residenciais semanais, onde, ao redor das chávenas e dos biscoitinhos, se reuniam os *socialites*, entretidos por violinistas ciganos, poetisas do sertão, médiuns e cartomantes, campeões de tiro ao alvo e outras atrações. Mas não podemos confundir as jovens "encantadoras" com as grandes damas, frequentemente suas mães, tias ou sogras, cujas *toilettes* são descritas como as de verdadeiras rainhas.

O PAÍS E A PÁTRIA (1915-1921)

> Ela aparecia de branco, às vezes, e das tules brancas, das margaridas oceânicas, dos diamantes das tiaras emanava a expressão de um Arcanjo. Ela aparecia de vermelho, com os seus maravilhosos rubis da Birmânia, como se prolongados em reflexos de chama da cabeleira de ébano aos pés de cravo vermelho, e era o Demônio. Ela aparecia de verde-mar, coberta de esmeraldas, e hesitava a gente em dizer se era Titânia ou o espírito do oceano — a harmonia ondeante e inquieta das águas do mar (...). Toda de tule negra e de safiras negras, apenas com quatro diamantes a fulgurar das pérolas (...) é mais do que a noite, é como o Cruzeiro do Sul (...).

Essa fauna elegante dos salões, vestida e maquiada como protagonista de um *grand-guignol*, exprimia-se numa linguagem repleta de estrangeirismos ainda mal assimilados, numa algaravia babélica. O cronista volta e meia ousava neologismos (snobar, kodackizar, fiveoclockizar) e frequentemente critica os excessos.

> (...) Quem pretender pintar a sociedade elegante do Rio sem as palavras francesas no diálogo, pode ser que escreva muito bem português, mas terá de dar uma impressão menos certa. O francesismo que foi brincadeira, frioleira, moda, tornou-se uma forma de impatriotismo involuntário (...). Quais as casas elegantes do Rio onde não se fala comumente o francês? É quase uma obsessão! Outrora era apenas uma linguagem marchetada de termos franceses. Hoje é inteiramente francês. Para as visitas, por condescendência, é que se fala o português (...). Nada mais aflitivo, mais doloroso para uma nacionalidade do que o abandono da sua língua.

A alta sociedade simplesmente adorou José Antônio José, como percebemos pelo registro das grandes recepções em que esteve presente. A amizade de diplomatas e do próprio chanceler abriu-lhe as portas do Itamaraty, mesmo que continuasse a atacar a inépcia do presidente Venceslau em outras colunas. D. Florência, inteiramente deslumbrada com a ascensão social do filho querido, passou a participar das campanhas beneficentes das senhoras elegantes.

Para uma festa destinada a angariar fundos para o Patronato de Menores de São João Batista da Lagoa, Bebé de Lima Castro convenceu João do Rio a escrever um texto teatral de um ato, para ser encenado por um elenco amador de "encantadores". Assim nasceu *Um chá das cinco*, com 11 cenas e 14 personagens. O próprio autor a definiu como uma frivolidade, mas é daquelas que, sem perceber, retratam perfeitamente o seu meio social. No fio do enredo, o jovem Pedro pede à anfitriã que intermedeie uma aproximação com a encantadora Irene, por quem está apaixonado. Entre os convidados, Clodomiro d'Alba, cronista mundano da espécie de Godofredo de Alencar e igualmente autobiográfico, e a jovem poetisa Adriana, inspirada em Rosalina Coelho Lisboa. Há diálogos em francês, italiano e espanhol, fora o português, é claro. Chegando atrasada como sempre, Irene, mesmo evasiva com Pedro, convida-o para dançar o *one-step*, uma das novas danças americanas que marcam a influência da nova potência econômica mundial.

A estreia aconteceu em 18 de julho no Theatro Municipal, dentro do seguinte programa: na primeira parte, Olavo Bilac declamou, seguido de uma cena cômica com o ator Leopoldo Fróes, que antecedeu d. Bebé, que, acompanhada do maestro Carlos Carvalho, cantou duas árias da ópera *Fausto*, de Gounod. A segunda parte resumiu-se à peça de João do Rio, dirigida por Luiz de Castro e interpretada pelo próprio, além de beldades das famílias Licínio Cardoso, Nioac de Souza e Morales de los Rios, e Carlos Carvalho. A terceira parte compunha-se do balé *Primavera*, idealizado e interpretado por d. Bebé, coadjuvada por quarenta senhoritas das melhores famílias (entre elas Rosalina), ensaiadas por Fróes e Maria Lina, com música de Henrique Oswald, Grieg e Massenet.

* * *

O PAÍS E A PÁTRIA (1915-1921)

Quem apareceu no Rio nessa mesma época foi Isadora Duncan, vinda de Buenos Aires (que detestou) e Montevidéu. A diva fechara sua escola de dança em Paris depois da morte trágica de seus dois filhinhos num desastre de automóvel, e, arruinada e forçada pela guerra, fazia uma *tournée* sul-americana. Como vimos anteriormente, João do Rio ficara fascinado por ela desde sua primeira viagem à Europa, e encabeçou a lista dos cariocas que receberam a famosa dançarina, então quarentona, com uma apoteose de que ela não se esqueceu jamais, como atesta sua autobiografia:

> Aí conheci o poeta João do Rio, muito querido da mocidade do Rio, onde, aliás, todos parecem ser poetas. Quando passeávamos juntos, éramos seguidos pela rapaziada que gritava: Viva Isadora! Viva João do Rio!

Ela desembarcou em 23 de agosto de 1915, acompanhada pelo maestro belga Maurice Dumesnil. Pretendia estrear no dia seguinte no Municipal com *Ifigênia em Áulis*, de Gluck, mas não houve tempo de ensaiar a orquestra. O programa foi substituído por prelúdios, noturnos, sonatas e mazurcas de Chopin, acompanhados apenas por piano. "Isadora fixou a música de Chopin como um Gustave Moreau móvel" — escreveu José Antônio José em "Pall-Mall-Rio". "(...) a ação que a divina Isadora exerce sobre a minha alma! (...) Os estudantes, a plateia, os camarotes entusiasmaram-se de tal modo que chamada 10 vezes à cena, teve ainda de dançar mais quatro vezes." O prestígio de João do Rio, que lhe deu uma primeira página em *O Paiz*, fez da temporada brasileira um sucesso, cobrindo os prejuízos que a bailarina tivera na Argentina e no Uruguai. Apesar disso, houve quem a considerasse "velhusca" ou, como Oscar Guanabarino, escrevesse que "ela não dança; faz mímica; tudo é incompreensível; a estrela é o pianista Dumesnil; chegamos à conclusão: bailarinas por poetas sejam lidas".

Além da sua arte, essa americana tinha também a oferecer ao Rio uma personalidade extravagante, que deslumbrara Rodin e tantos outros intelectuais europeus. Segundo Oswald de Andrade, que veio de São Paulo ao Rio com Guilherme de Figueiredo especialmente para conhecê-la, e escreveu no livro de memórias *Sob as ordens de mamãe*, era feia de rosto, com "o maxilar duro dos americanos mas sua plástica esplende na túnica alva que veste. Belos gestos de estátua". Gilberto Amado considerou sua voz "das mais belas que até hoje ouvi". Alta, esguia, pescoço comprido de garça, Isadora diferençava-se das outras mulheres por dispensar chapéus, espartilhos, anquinhas, anáguas e outros penduricalhos da mulher *belle époque*. Usava apenas (oh, escândalo!) leves túnicas diretamente sobre a pele, presas num dos ombros por um estranho broche em forma de besouro. E compareceu a uma casa de ópio no bairro da Misericórdia, ciceroneada por algum carioca não identificado, mas que podemos bem imaginar quem foi.

O ambíguo relacionamento de João do Rio com a estrela foi alvo de controvérsias. Segundo Carlos Maul (*Pequenas histórias verdadeiras do Rio antigo*), ele teve literalmente um caso amoroso com ela, encontrando-se abertamente no hotel onde estava hospedada em Santa Teresa. Mas, segundo Oswald, ela um dia teria interpelado o jornalista sobre sua conhecida pederastia, e ele teria respondido: "*Je suis trés corrompu.*" Uma nota irônica em *O Pirralho* de setembro, na coluna "Telegramas... por fio e sem fio", intitulada "Um que não quer ou não pode casar", desmente um boato de casamento entre os dois. Gilberto Amado narra uma ceia a sós com o casal, na casa de João do Rio, perto dos Arcos da Lapa:

> Fui o único convidado. Horas interessantes! Que espetáculo a conversa das duas celebridades, a mundial e a brasileira! (...) Paulo, misturando francês, inglês e português, numa algaravia incrível, mas completamente à vontade, tratava a célebre dançarina, musa do

O PAÍS E A PÁTRIA (1915-1921)

século, como se ela fosse sua irmã e com ela tivesse convivido desde a infância. Por seu lado, a criatura fantástica era a naturalidade mesma (...) vestia uma túnica levíssima, escarlate, debaixo da qual não havia nada, absolutamente nada. O garçom português do Sul-América foi dispensado logo depois do primeiro serviço. Queixando-se do calor, a dançarina deixava cair, de vez em quando, a túnica. Depois dos sorvetes de manga e maracujá, que saboreou com grandes louvores, entrou a consumir copos de champanhe que Paulo e eu servíamos (...). Decidiu ir à Cascatinha, por onde passara de tarde de automóvel, e que prometera rever de noite, ao clarão da lua (...). Ao subirmos para a grande laje que arredonda-se sob o jorro d'água, que naquele momento caía forte, Isadora atordoou-se com o vozerio assustador da mata. (...) *Oh, God!* — largou Isadora, como que acordando. Lá em cima gritou: Atirem-me um ramo! Arrancamos um galho pequeno que ela começou a ninar nos seios como se fosse uma criança. Estou vendo a lua em cima da cena toda, da mulher com o ramo nos braços, da água rolando iluminada, estou ouvindo aquele grande rumor. Nunca o gênio da intérprete e inventora de ritmos me deu no teatro, depois, em nenhuma das suas criações, sensação igual do seu poder de criar, com o corpo e com os pés, a música mesma. Descemos ao amanhecer, após haver feito a volta toda da Tijuca, mergulhados os três numa grande sonolência, a dançarina com os cabelos soltos no ombro do jornalista.

Houve uma cena semelhante, dessa vez com várias testemunhas, narrada por Dumesnil e também pela revista *Fon-Fon*, mas na praia do Leme. João do Rio foi discretíssimo no seu relacionamento, preferindo escrever sobre coisas nada íntimas, ainda que confessadas na intimidade dos camarins.

— Eu daria espetáculos aqui, se o governo me desse uma orquestra. Sem lucro. Só para dançar. Eu gostaria de dançar na Quinta sobre os tapetes de relva, ou na praia diante da onda sonora.

Sua despedida do Theatro Municipal, segundo as descrições, entrou para os anais dessa exigente casa de espetáculos, com a plateia chamando-a de volta mais de trinta vezes sob aplausos entusiásticos. Um jovem poeta (Haroldo Pederneiras), do alto da galeria, fez-lhe uma ode em francês, em que a declarava uma divindade a quem ele oferecia a própria vida. Em lágrimas, "ela, com os olhos humildes, mostrou a sua alma tão profunda e tão ingênua (...) dizendo que não era Deusa, mas uma simples mortal, que nem pudera mostrar o seu repertório", apresentando então a sua revolucionária versão de "A Marselhesa", enrolada na bandeira francesa. "Então foi a apoteose." Não há como duvidar.

No dia seguinte, sempre acompanhada de Dumesnil e João do Rio, ela pegou o trem de luxo para São Paulo. Seus espetáculos na capital paulista, pelas melhores condições oferecidas, apresentam repertório mais variado (Beethoven, Brahms, Debussy), incluindo, no último dia, as *Ifigênias* de Gluck devidamente acompanhadas por uma orquestra de 45 músicos. Oswald de Andrade foi um dos seus cicerones na Pauliceia.

> Andávamos de carro por São Paulo inteira. Ela me fazia descer para pedir flores estranhas nos jardins das casas. Fomos a Osasco, e, num pôr do sol entre árvores, ela dançou para mim, quase nua. (...) João do Rio aparecia. Gordo, careca e elegante. (...) Isadora partiu sem um vintém. Gastou tudo em Niersteiner, um vinho que tem gosto de violetas.

Durante muito tempo pairou a dúvida: terá tido realmente um *affair* com João do Rio ou tudo não passou de um *flirt* entre intelectuais? O pianista Dumesnil registra no livro que escreveu sobre a temporada (*An amazing journey: Isadora Duncan in South America*) um jantar *tête-à-tête* dos dois em São Paulo, e fala de um amante carioca, sem no entanto citar-lhe o nome. Com Isadora nada era impossível, sendo ela mesma

O PAÍS E A PÁTRIA (1915-1921)

bissexual e também conhecida por não discriminar homens afeminados. A recente publicação da correspondência de João do Rio com o poeta português João de Barros em 10 de dezembro parece pôr um ponto final no assunto:

> (...) mesmo sem dinheiro passei os 15 dias mais felizes da minha vida no êxtase amoroso, no verdadeiro amor com uma criatura que é gênio, bondade divina – tudo. Essa criatura que me olhou, que me desejou, que quase me faz secretário humilde foi Isadora. Nunca amei assim! A minha vida está dentro do sol. Meu Deus! Mas é assim o amor? Eu só o senti assim agora aos 35 anos! Foi transfiguração. (...) e nunca mais poderei amar de tal forma porque não há na terra outra realização da perfeição.

* * *

O sucesso da coluna "Pall-Mall-Rio" e seu autor despertaram inveja no meio literário, que se pretendia austero e circunspecto. Começaram a proliferar caricaturas, piadinhas e pastiches. Nessa linha se destacou o maranhense Humberto de Campos, então com 31 anos, pífio poeta parnasiano, no Rio desde 1912. Muito se especulou sobre a sua inimizade com João do Rio, atribuída a conselhos desse último para que abandonasse a poesia, por falta de vocação, abraçando o jornalismo. Realmente, seus primeiros poemas publicados na capital federal ("Visões de um *rishi*" e "Os novos hebreus") saíram na *Gazeta* no final de 1912, quando Paulo Barreto já era diretor.

Humberto, reconhecidamente pérfido e oportunista, aproximou-se de Coelho Neto, também do Maranhão, como sabemos. Possivelmente para agradar a esse último, em atrito com João do Rio desde o assassinato de Aníbal Teófilo, criou no vespertino *O Imparcial* — dias depois da absolvição de Gilberto Amado, atribuída a maquinações de Paulo Barreto —, dentro da seção "Nota social", o pastiche "Pelle-Molle de João Francisco João". Diariamente, durante um semestre, destilou todo o seu racismo, sua homofobia, seu ressentimento da origem humilde e outros preconceitos. Seria exaustiva uma apresentação detalhada das grosserias e dos infantilismos dessa coluna. Escolhi, no entanto, três citações que me parecem suficientes.

Vejamos como João Francisco João debochou da intimidade entre Isadora e José Antônio José, que, como sabemos, era verdadeira e não pode ser posta em questão. Não bastasse a citação que faz dele em suas memórias, existe o testemunho insuspeito do pianista, que narra que "discutiam arte clássica e moderna, literatura e música de modo interessantíssimo, revelando, da parte dele, uma grande cultura". Mas, para Humberto, tudo foi muito diferente.

> De repente, a grande artista quebra o silêncio, e, vendo-me, pergunta:
> — O senhor é empregado do teatro?
> — Sou sim, senhora.
> — Traga-me um copo d'água.
> E eu saio, lépido, a arranjar a água. Quando volto, a deusa ainda está no mesmo lugar e ordena:
> — Traga água tépida para lavar os pés.
> Eu rodo os calcanhares e momentos depois a ordem está cumprida. Depois, espano os móveis, passo polimento no soalho, bato o tapete e vou buscar chocolate para a grande ninfa.
> Batem à porta. Isadora olha em redor, vê que está tudo arrumado. E diz-me:
> — Saia!
> E eu me retiro, deslumbrado, levando ainda na alma todas as emoções da companhia amável daquele anjo de manteiga.

A descrição na "Pall-Mall-Rio" da Festa do Patronato, onde foi exibida *Um chá das cinco*, virou a preconceituosa *A festa das patroas*, passada

O PAÍS E A PÁTRIA (1915-1921)

numa hipotética Serra Leoa entre macacos que são duques e marquesas, deitados sob um sol abrasador "coçando a carapinha e chupando o dedo do pé". O racismo de Humberto de Campos (ele mesmo um mestiço, segundo as fotografias) foi confessado no seu póstumo *Diário secreto*:

> o homem branco que beijasse a cabeça de uma preta devia, como no caso do mercador que comia alho, e de que fala o conto árabe, lavar a boca sessenta vezes por dia, durante sessenta anos (...). Eu me sentiria desonrado para o resto da minha vida, e sentiria engulhos até a hora da minha morte, se, arrastado pelo instinto, realizasse um ato amoroso com uma mulher de cor.

Outra acusação feita a João do Rio foi a de cobrar favores pela inclusão dos nomes citados na sua coluna em *O Paiz*.

> O Senhor Lauro Müller (já sabe o preço?) chegou ontem. Foi uma viagem (o papel está caro e agora é por linha) triunfal. De norte a sul (São Paulo dava alguma coisa, mas não chegava) foi a mesma apoteose, que o continuador de Rio Branco (o Souza Dantas só pagou uma vez) realmente merecia. Nós precisamos (fiado, não) cuidar do Brasil. A honestidade (pode ser até mesmo em aviso reservado; tudo se arranja) precisa ser absolutamente praticada, como um dos nossos (artigo assim, fora da seção, sempre é mais caro) mais prezáveis costumes políticos.

No início indiferente aos ataques, José Antônio José logo sentiu-se acuado pela "Pelle-Mole", extravasando seu temperamento emocional. Gilberto Amado conta que uma vez estava

> no entressolo de *O Paiz* quando João do Rio sobe as escadas ofegando e me abraça em soluços, soluçando mesmo. Contou-me que estava na loja de gravatas no andar térreo do edifício, quando ouviu da calçada

onde estavam dois jovens que haviam publicado umas plaquetes que ele elogiara com a habitual generosidade na "Pall-Mall", dizerem: "Oh diabo! Amanhã a 'Pelle-Mole' vai cair em cima de nós. Vamos lá pedir que nos poupe!" Em vez de correr a agradecer-me, os dois miseráveis só se preocupam em agradar o meu insultador!

Pouco a pouco os membros do *café-society* passaram a evitá-lo, "esquecendo" de convidá-lo para muitas recepções, ou pedindo explicitamente que nada publicasse sobre o evento. Tudo isso afetou sua saúde, tornando-o deprimido, à beira de um ataque de nervos, indo se recuperar em Poços de Caldas. Raimundo Magalhães Júnior conta que, não conseguindo os amigos comuns demover Humberto, a própria d. Florência Barreto teria ido pessoalmente à redação de *O Imparcial* fazer o pedido, e que Humberto teria então exigido o fim da "Pall-Mall-Rio" e a saída de João do Rio da cidade por um breve tempo.

Talvez não seja verdadeiro, embora bem engendrado. Se é bem verdade que tanto a "Pall-Mall-Rio" quanto "A semana elegante" tenham sido interrompidos em janeiro de 1917, é oportuno lembrar que mudar tudo no início de cada novo ano não é um fato estranho da carreira de Paulo Barreto. Em *A Revista da Semana* ele foi substituído, por motivo de saúde, pelo marquês de Denis, aliás Paulo Diniz, irmão de Diniz Júnior, seu amigo e colaborador. Já em *O Paiz*, veremos que José Antônio José voltará em poucos meses. Tudo indica que deparamos com mais uma bravata do escritor maranhense.

* * *

No final do ano, *Eva* foi finalmente encenada no Rio. A estreia foi em 14 de novembro no teatro Recreio, produzida, dirigida e interpretada por Alexandre Azevedo. A protagonista foi Cremilda de Oliveira.

O PAÍS E A PÁTRIA (1915-1921)

Apesar de suas evidentes qualidades, a peça teve poucas apresentações, e não entusiasmou os críticos. Se para *O Paiz* era uma "comédia brilhante, maravilhosamente dialogada, cheia de graça e alegria", segundo a *Gazeta* "como comédia é infeliz e como obra assentada em costumes de um estado ou de uma região é uma blague", e o *Jornal do Brasil* a considerou mera "bolha de sabão", "muito inferior a *A bela Madame Vargas*" e "uma das produções mais fracas da pena de João do Rio".

* * *

Resolvido a recuperar o tempo perdido, Paulo Barreto preparou o lançamento quase consecutivo de três novos livros.

O primeiro, lançado em novembro de 1916 pela lisboeta Bertrand, foi *Crônicas e frases de Godofredo de Alencar*, com material acumulado da *Gazeta*, de *O Paiz* e de *A Revista da Semana*, desde 1914. É possivelmente a mais fraca de todas as suas obras de ficção, repleta de frases de efeito e outros defeitos. É dividida em quatro trípticos (dos Símbolos, da Natureza, do Desejo e do Amor), onde, querendo ser castiço, João do Rio por vezes perde a verve carioca para cair nos excessos de uma verborragia exibicionista e velha. Boa parte dos textos é composta de diálogos com personagens históricos e mitológicos que surgem diante do autor como aparições, quem sabe inspiradas pelos exóticos e tão comentados cigarros orientais que trouxe do Cairo e de Istambul. Assim sendo, tome Pôncio Pilatos, Judas Iscariotes, Salomé, Orfeu, o carnavalesco Zé Pereira e a fada Titânia de *Sonho de uma noite de verão*. A descrição de uma viagem a Belo Horizonte ("No miradouro dos céus") é especialmente detestável. Os dois melhores estão no final, abordando o drama de duas adolescentes diante do devasso mundo masculino da capital federal. "A virgem cega" trata de uma infeliz operária esfaqueada e aleijada após romper o noivado com um brutamontes ciumento. "Maria Rosa, a curiosa do vício" é muito bem construído e conta a tentativa frustrada de uma roceira da Bocaina em empregar-se num bordel na Rua das Marrecas. O que falta neles é a deliciosa ironia decadentista, pois apresentam uma nova face do autor, mais humana e solidária, mas sem dúvida mais conservadora no estilo e na intenção.

Logo no início de 1917 foi a vez do *Pall-Mall-Rio de José Antônio José/ Inverno mundano de 1916*, dedicado a d. Nicola de Teffé, 484 páginas de futilidades editadas pelos irmãos Villas-Boas. A primeira edição chama a atenção pela belíssima capa de Nemésio, onde, sob o fundo rosa-pálido, reproduz-se o *trottoir roulant* da Avenida Beira-Mar com caricaturas de vinte personalidades, incluindo o próprio autor, na lombada, fumando charuto. É uma coletânea das célebres colunas de *O Paiz* e *A Revista da Semana*, reunindo desde simples registros de efemérides sociais até páginas mais elaboradas e reflexivas. Na Introdução vemos logo as intenções do autor:

> Naquele dia de lama e frio, à porta de um chá elegante, conversam dois cavalheiros.
> 1º Cavalheiro — Decididamente termina o inverno...
> 2º Cavalheiro — Ou continua. No Brasil tudo é montanha-russa, com altos e baixos. Até a temperatura.
> 1º Cavalheiro — Pena é que nunca ninguém tivesse compendiado em volume a história mundana de um inverno carioca.
> 2º Cavalheiro (sério) — Seria frívolo!
> 1º Cavalheiro (rindo) — Se tu não és totalmente frívolo, toma o paquete ou suicida-te. Quem não for inverossímil de frivolidade, quem não resolver perder o tempo todo quanto é inútil, não viverá nesta cidade dentro de muito pouco tempo. Eu sou frívolo, frívolo à beira do escândalo, e estou alarmado. Em continuando as coisas assim, tendo de saber como poderei ser insignificantemente interessante para o mês que entra (...) porque nunca as insignificâncias fizeram como nesta cidade o fundo das preocupações, o elemento das palestras e das discussões, o sangue alimentar das camadas sociais (...) sou da

O PAÍS E A PÁTRIA (1915-1921)

opinião que para exprimir a metafísica e a ética da cidade só um livro seria completo: o que desse uma lista de nomes cuja influência dependessem os pequenos fatos frívolos — que são os únicos importantes. E esse livro não seria apenas a meditação filosófica. Seria também o espelho capaz de guardar imagens para o historiador futuro (...). Dessa palestra saiu a alegria transitória deste volume, que conta o dia a dia do inverno carioca de 1916. No verão podereis abri-lo para recordar. E já no próximo inverno será história (...).

Essa intenção, que invejosos como Humberto de Campos e amigos moralistas como Gilberto Amado não perceberam, foi perfeitamente captada por Medeiros e Albuquerque em *Páginas de crítica*: "Quem quiser mais tarde conhecer a vida da alta sociedade brasileira do nosso tempo será fatalmente obrigado a recorrer a essa crônica de futilidades (...). Pequenas notas que mais tarde serão preciosas para cronistas e romancistas."

O terceiro livro é inteiramente diferente. *No tempo de Venceslau*, também dos irmãos Villas-Boas, é um apanhado de 32 artigos sérios de *O Paiz*. Além do presidente da República que dá nome ao volume, estão presentes ainda Pinheiro Machado, Lauro Müller, Rodrigues Alves, o mineiro Antônio Carlos de Andrada, o português Bernardino Machado, o turco Enver Paxá. Comenta-se a inércia governamental, a mediocridade dos políticos, a campanha do serviço militar obrigatório, o jogo do bicho, a entrada de Portugal na guerra, a política grega, a nova influência norte-americana. Resume-se tudo em "A horrível tragédia", onde Cândido Isaías, um agricultor paulista preso pelo desmoronamento de um poço, agoniza quase uma semana sem que o grande Carnaval armado em torno pelos jornalistas e políticos ache uma solução para salvá-lo.

"(...) na agonia hórrida do pobre Isaías está como símbolo o Brasil, pátria no fundo do poço, recebendo cordiais dos que a tinham esquecido e não a sabem salvar (...).

* * *

A guerra na Europa repercutiu no Brasil não apenas na falta de perfumes franceses e outros produtos supérfluos. O material para impressão, por exemplo, que era importado, ficou caríssimo e muitas revistas fecharam. Isso fica evidente quando se analisa os jornais da época em comparação com os do período precedente. A qualidade do papel é muitíssimo inferior. As classes dominantes, isoladas do seu ponto de referência, acabaram voltando-se para os problemas brasileiros, como contagiadas por um novo surto nacionalista.

Tudo começou em 1915-1916 na campanha pelo serviço militar obrigatório, incentivada pelo general Caetano de Faria e por Olavo Bilac. Embora houvesse uma lei (Lei nº 1860, de 1908) regulamentando a matéria, nunca fora posta em prática. O poeta, ao lado do político Miguel Calmon e do jurista Pedro Lessa, fundou a Liga de Defesa Nacional, que, além do serviço militar, tinha também outros objetivos, como o culto pelo patriotismo, a defesa do idioma nacional, a difusão das atividades esportivas, o combate ao analfabetismo, ao álcool, à vagabundagem e à dissolução de costumes. Embora conservadora, a LDN considerava-se apartidária, porém não apolítica. Muitos dos seus ideais já eram pregados meio século antes pelos positivistas, mas agora recebiam também o aval da Igreja. Entre seus participantes estavam o cardeal Arcoverde e intelectuais católicos como Carlos de Laet e Afonso Celso; ao lado de velhos seguidores de Comte, como o presidente gaúcho Borges de Medeiros; liberais como Rodrigues Alves, Rui Barbosa e Júlio de Mesquita; industriais como Guilherme Guinle e Cândido Gafrée; e intelectuais como Coelho Neto.

Bilac viajou por todo o país, sendo recebido entusiasticamente nas capitais regionais e cidades do interior, e condensou toda a ideologia do movimento no livro *A defesa nacional*. Num arroubo de inspiração, ele já havia composto em 1904, para a partitura de Francisco Braga, o *Hino à bandeira*, aquele que começa com "Salve, lindo pendão da esperança/

O PAÍS E A PÁTRIA (1915-1921)

Salve, símbolo augusto da Paz/ Tua nobre presença à lembrança/ A grandeza da Pátria nos traz/ Recebe o afeto que se encerra/ Em nosso peito juvenil/ Querido símbolo da Terra/ Da amada terra do Brasil".

João do Rio não se tornou membro da Liga, embora nelas estivessem todas as suas ligações na política paulista. Mas sendo *O Paiz*, nas suas palavras, "o guia das aspirações conservadoras do Brasil", não deixou de participar da campanha do alistamento militar. Escreveu, a partir do segundo semestre de 1916, vários artigos sobre o tema. Exatamente nessa época apresentaram-se os primeiros voluntários da classe alta, e o Supremo Tribunal Federal julgava a legalidade do sorteio compulsório. E ele foi duas vezes patrono do juramento à bandeira do Batalhão dos Obuzeiros da Quinta da Boa Vista.

Participou mais à vontade da campanha pró-Aliados, que pressionou o lentíssimo governo de Venceslau Brás a declarar guerra à Alemanha. Nesse grupo faziam ainda parte Rui Barbosa, Coelho Neto, José Veríssimo e Medeiros e Albuquerque. E no grupo oposto, germanófilo, destacavam-se Oliveira Lima, Dunshee de Abranches e Edmundo Bittencourt. João do Rio engajou-se contra a política de Berlim desde a entrada de Portugal na guerra, em março de 1916. Só um ano depois Venceslau rompeu relações diplomáticas com a Alemanha, por causa do torpedeamento de um navio brasileiro no porto de Brest. Nessa crise, pediu demissão o chanceler Lauro Müller, de origem alemã e tido como simpatizante do *kaiser* Guilherme. Para sorte de João do Rio e da revista *Atlântida*, foi substituído por Nilo Peçanha, outro grande amigo. Em outubro de 1917, devido às manifestações populares causadas pelo afundamento de mais dois navios brasileiros, o governo finalmente declarou guerra ao império alemão. Escreveu:

> Não há dúvida alguma, a guerra traz-nos o bem. Era a minha ideia quando escrevia pedindo energia. Era o meu desejo, quando se he-

sitava em declarar a guerra. Ela trará a nacionalização do Brasil, isto é, o orgulho ativo de ser brasileiro, o patriotismo de desejar o Brasil como ele deve ser e tem de ser — igual às maiores nações (...) e neste incitamento nunca houve o menor lirismo.

Nosso esforço de guerra, moroso e incompetente, em nada influiu, por já estar o conflito se aproximando do desfecho. Valeu bem como tentativa cívica de intelectuais idealistas e da rara união desse grupo com lideranças militares. A consciência cívica despertada por Bilac e os outros na jovem oficialidade substitui o velho positivismo anacrônico, e será um dos principais ingredientes nas revoltas militares da década de 1920 e as outras subsequentes.

* * *

Uma das implicâncias de Paulo Barreto nessa época era o pernambucano José Bezerra, um dos reis do açúcar, então ministro da Agricultura, que exibia uma falta de traquejo típica dos novos-ricos das comédias de costumes. Ironizado mais de uma vez, o ministro, muito vaidoso, contra-atacou, à espreita de uma candidatura à vice-presidência.

Bezerra foi, não existe dúvida quanto ao fato, um dos patrocinadores da revista humorística *Dom Quixote* em maio de 1917, pouco tempo depois do lançamento dos livros *Pall-Mall-Rio* e *No tempo de Venceslau*, onde havia textos que o ridicularizavam. Entre os colaboradores do novo periódico encontramos velhos amigos ou protegidos de João do Rio, como K. Lixto Cordeiro, Raul Pederneiras e J. Carlos, além do diretor Bastos Tigre. Mas a redação era composta ainda por Lima Barreto, Emílio de Meneses e Humberto de Campos, no passado autores de sátiras contra ele.

Havia também um novo detrator. O mineiro Antônio Torres, ex-padre radicado no Rio de Janeiro desde 1912. Ao contrário de Humberto de

O PAÍS E A PÁTRIA (1915-1921)

Campos, possuía mais talento e profundidade. Mas se igualava em falta de caráter. Apenas dois anos antes, respondendo à enquete "O estado atual das letras no Rio de Janeiro", publicada em *O Pirralho*, citara "esse admirável Paulo Barreto, que não deixa passar uma semana sem publicar pelo menos um conto brilhante". Agora escrevia pastiches em *Dom Quixote*, como *Conferências turcas no Trianon*, nem tão engraçadas assim. "Escuro, de cabelo encarapinhado, ao contrário de João do Rio" — assim o descreveu Gilberto Amado, diante do qual fazia esforço para não debochar do cintilante autor da "Pall-Mall-Rio", Antônio Torres, como tantos outros mulatos complexados, tinha horror de seus companheiros de mestiçagem. Chegou a publicar uma sátira, *A vitória dos mulatos*, assinada sob o pseudônimo Branco Alvim, onde denunciava os mestiços de destaque, incluindo Nilo Peçanha, Juliano Moreira, K. Lixto, os irmãos Thimóteo da Costa, Coelho Neto, Lima Barreto, Evaristo de Moraes, Viriato Correia, Irineu Marinho, Paulo Barreto e o próprio Antônio Torres.

Essa mania de satirizar mulatos é uma característica de *Dom Quixote*. Humberto de Campos fez o mesmo na peça *À ceia os imortais*, em que João do Rio surge como João da Lagoa, assim como Adolfo Paixão, que o chamou explicitamente num artigo de "mulatinho pernóstico". E chegou ao limite com um soneto do próprio Bastos Tigre, sob o pseudônimo de Biógrafo.

> João do Rio... do riacho ou do ribeiro...
> Cronista da fina e sutil roda,
> Ao galicismo o clássico incomoda
> E verte à *langue verte* o brasileiro.
>
> Hoje, dizer do Paulo mal é moda
> Ele, sorrindo, gaba-se altaneiro
> Que *s'en fiche pall-mall*... do mundo inteiro,
> Com o que dizem de *lui* não se incomoda.

Sorriso de sarcasta e nédia pança
Tem a arte de encontrar o bom momento
De Minas, de São Paulo... e o verbo lança.

Negam-lhe tudo, negam-lhe talento
Mas o Paulo, por cálculo e vingança,
Adiciona ao que tem mais cem por cento.

As acusações, veladas ou não, de venalidade e enriquecimento ilícito levaram finalmente a uma reação na coluna de José Antônio José na coluna "Ontem, hoje, amanhã", de *O Paiz* de 8 de setembro.

(...) até agora Bastos Tigre tem tido a gentileza de deixar que me agridam com pilhérias imensamente engraçadas os seus colegas de jornal, tendo em troca, sempre que possível, elogios meus e a mais sincera e desinteressada camaradagem (...). O *Dom Quixote* assegura que eu descomponho e agrido José Bezerra porque ele não me deu dinheiro — a mim cavador, a mim que só escrevo pago etc. Seria o contrário se eu o elogiasse. (...) Eu desejaria que Bastos Tigre dissesse com provas quando eu fui solicitar qualquer coisa do Bezerra — tão sensível aos elogios que até fez Bastos Tigre seu secretário na viagem a Pernambuco (...), fizesse o favor de apontar uma só das minhas cavações e dos meus elogios pagos. (...) E termino o pedido, lembrando a Bastos Tigre que, como das vezes anteriores em que o tenho elogiado, este reclame à sua dedicação insuspeita de funcionário e ao *Dom Quixote* é gratuito.

É muito provável que Paulo Barreto não cobrasse em espécie por apoio político (quase sempre seus preferidos foram derrotados), e certamente, se o fez, não foi por linha, como insinuou a coluna "Pelle-Molle". Mas, privado do salário de diretor que tinha na *Gazeta*, com graves problemas de saúde (teve de abandonar *A Rua*, *A Revista da Semana* e *O Correio*

O PAÍS E A PÁTRIA (1915-1921)

Paulistano), tinha de catar o dinheiro onde ele estivesse. Acentuou, assim, a comercialização de sua própria personalidade na leitura de conferências, muitas vezes patrocinadas por políticos amigos numa evidente troca de interesses. Assim, na capital paulista era ajudado pelo governador Altino Arantes, na mineira por Delfim Moreira, em Campos e todo o norte fluminense por Nilo Peçanha. Não é coincidência que esses três políticos apoiassem Rodrigues Alves para suceder Venceslau (Delfim até acabou como vice dessa chapa).

Sua estada em Belo Horizonte deu no que falar. Segundo testemunho de um contemporâneo (Ariosto Palombo, que assinava João de Minas), ele estava mesmo interessado era na bilheteria do evento, escrevendo o longo texto patriótico "O momento de Minas" apenas na véspera. Na hora marcada teve de ser "apanhado a laço no Bar do Ponto por Francisco Campos". Esse, ao fazer sua apresentação no Theatro Municipal, confundiu o tema da conferência com o da outra que seria lida na cidade em outro local ("A mulher turca e o paraíso de Maomé") e frisou o item da frivolidade. Isso causou um pequeno bate-boca entre os dois diante da plateia, e Raimundo Magalhães Júnior afirma que daí saiu o apelido de Chico Ciência dado ao jovem advogado, que no futuro vai ser um dos baluartes do pensamento de direita no Brasil. Nessa segunda estada na capital mineira, João do Rio não perdeu o mundanismo (foi a um piquenique na Pedra da Areia com um grupo de estudantes) nem os costumes boêmios (foi visto sozinho de madrugada, no Café Guarani, dito Fecha Nunca, comendo e bebendo por quatro). Não poderia ter faltado o detalhe malicioso. O futuro escritor Aníbal Machado o teria ouvido dizer num café da moda, depois de visitar o candidato à vice-presidência: "Eu hoje conquistei o Delfim..." A frase, pronunciada com revirar de olhos, trejeitos e entonações de duplo sentido, continuou por muito tempo depois de sua partida sendo repetida nas rodinhas de pinga da cidade.

Um indício bem mais evidente de "cavação" é "Praia maravilhosa", publicado com destaque na primeira página de *O Paiz* de 22 de maio. Apesar das citações a Isadora e as derramadas descrições da natureza, a reportagem envereda por uma deslavada propaganda de um loteamento da Companhia Construtora Raul Kennedy de Lemos no distante bairro de Ipanema. Para escrevê-lo, João do Rio ganhou em troca dois terrenos no novo bairro. Um à beira-mar, outro em rua paralela, unidos pelos fundos. É um registro histórico do bairro e da propaganda no Brasil.

> Eram ruas a alinhar; eram turmas de trabalhadores calçando algumas dessas ruas; eram caminhões-automóveis cruzando-se carregados de material; era o movimento dos bondes, que só aparecem quando no lugar há vida própria; eram principalmente as casas novas em folha (...). Entramos numa delas ainda vazia. Quem conhece o desconforto das habitações de aluguel no Rio, com paredes, com banheiros incríveis e instalações sanitárias ignóbeis, tem pela comparação verdadeiro pasmo. A casa em que estávamos, com os tetos, as janelas e as portas de óleo vermelho, soalhos em mosaico, sala de banhos vasta e disposição confortaria dos interiores ingleses, era uma casa de luxo.

* * *

Já vimos como eram tratados os direitos autorais no Brasil, onde o autor vendia para sempre a obra para o editor por uma soma em dinheiro. Imagine-se então os direitos autorais no teatro, mais diretamente dependente do rápido retorno da bilheteria, e cujas companhias eram muito dadas a excursões. Não havendo controle ou legislação, as peças eram trocadas de nome ou simplesmente plagiadas, e o pobre autor não tinha a quem recorrer. João do Rio e Chiquinha Gonzaga já reclamavam os direitos do autor desde 1913.

O PAÍS E A PÁTRIA (1915-1921)

Nada se pôde fazer enquanto não foi aprovado o Código Civil, depois de 15 anos circulando no Congresso. Finalmente promulgado em 1916, ele incluiu uma Lei de Direitos Autorais (Lei nº 3.071). Em 13 de setembro do ano seguinte, o chanceler Nilo Peçanha e o representante da França, o poeta Paul Claudel, assinaram no Itamaraty a Convenção Franco-Brasileira de Direitos Autorais, que veio afetar diretamente o meio teatral brasileiro, onde a maioria das peças encenadas eram francesas.

Liberados dos empecilhos legais, os dramaturgos e comediógrafos locais resolveram criar uma entidade para defender os seus direitos. Apenas duas semanas depois do acordo com a França, em 27 de setembro, surgiu a Sociedade Brasileira de Autores Teatrais (SBAT). Entre seus membros fundadores estavam Oscar Guanabarino, Viriato Correia, Raul Pederneiras, Gastão Tojeiro, Chiquinha Gonzaga, Paulo Barreto, Coelho Neto, Medeiros e Albuquerque, Henrique Oswald, Francisco Braga, Goulart de Andrade, Julião Machado, Oduvaldo Vianna, Luiz Peixoto, Batista Júnior, Oscar Lopez, entre outros. Nomes muito expressivos. No dia 20 foi eleita a primeira diretoria: João do Rio (presidente), Viriato Correia (secretário), Bastos Tigre (tesoureiro) e Oduvaldo Vianna (procurador). O discurso de posse deixa evidente o que pensava o presidente da nova entidade:

> A SBAT é uma organização de classe, sem intuitos literários, sem pretensões românticas, sem fins retóricos. Seu único desejo é realizar o respeito à profissão de escritor de teatro. Como não se respeita uma classe a que se paga, quando se paga, como cada um entende; como não se respeita uma classe por cujo trabalho não se tem a menor consideração, mudando o nome das peças sem dar satisfação aos autores (...). A SBAT é o comitê permanente do controle para que cada teatro retribua como deve, respeite como deve o trabalho alheio, considere como deve os autores de que carecem. Sim! De que carecem! Porque cada um de nós, escritores e músicos, podemos viver sem teatro, trabalhando em jornais, concertos, vendendo nossos trabalhos musicais

e literários aos editores; mas não me consta que os teatros possam existir sem peças para representar (...). Não queremos atacar empresários. Resistimos apenas. Queremos, sim, viver como vivem os nossos confrades em todos os países em que há uma literatura teatral (...).

Os empresários, como era de esperar, não gostaram nada. O legendário Paschoal Segretto, do teatro São José, escreveu uma carta aos jornais (publicada no início de novembro) invocando os argumentos mais inverossímeis para justificar os seus evidentes traços de riqueza.

> Queixam-se os senhores autores teatrais da pouca equidade no pagamento dos direitos autorais. Eu desejaria que aqueles senhores esmiuçassem os meus livros, ou mesmo acompanhassem a minha receita diária em dois ou três meses, para que vissem que, embora pagando mal, não só os autores como os artistas e demais empregados de um teatro — uma verdadeira multidão —, os resultados são diminutos e nunca relativos aos grandes capitais empregados que estão sempre à mercê da sorte. Ora é a peça que não agrada, ora é a noite de chuva...

Outros preferiram o boicote. Leopoldo Fróes, empresário, ator e diretor de sucesso, desinteressou-se da montagem de *Sol do sertão*, de Viriato, deixando a peça naufragar no mesmo mês da fundação da SBAT, recusando-se a pagar os 10% da percentagem autoral e elaborando uma lista negra dos autores associados. Pressionou tanto Gastão Tojeiro, que queria ver a sua peça *O simpático Jeremias* encenada, que esse se desligou da sociedade. A peça estreou no último dia de fevereiro de 1918 no Trianon e foi um grande sucesso, mas o autor só levou uma parte do que lhe era devido de acordo com a tabela.

Levando o boicote ainda mais longe, os grandes produtores estimularam a fundação da Associação dos Autores Dramáticos (AADB) em 8 de março, sob a presidência de Azeredo Coutinho e ativa participação de Fróes, Tojeiro e Gomes Cardim. Nesse meio-tempo, Paulo Barreto, associado a Georgino Avelino e Azevedo Amaral, lançou o vespertino *O Rio-Jornal*. Sob o pseudônimo Máscara Negra, ele pôs mais lenha na fogueira na coluna "Notas de teatro": "Se vocês resistirem, mantendo a liga com as sociedades de autores de vários países, é certo que vencerão. O repertório francês, italiano, espanhol e português dessa gente não é só adulterado, como não é pago. Proponham ações jurídicas com as respectivas procurações."

A reação foi tão desproporcional que precipitou os fatos. Froes inicialmente passou a insultar João do Rio, Viriato e Oscar Guanabarino dentro da própria peça, de improviso. Respondendo ao personagem interpretado por Apolônia Pinto, que reclama dos andrajos que ele veste, o simpático Jeremias/Leopoldo saía com essa, acentuando uma fala efeminada: "— A senhora estará pensando que eu tenho a obrigação de me vestir como um mulato pachola chamado Paulo Barreto? Não, minha senhora. Antes com remendos meus que fazendo jornais com o dinheiro dos outros."

Não obtendo resposta, mandou incluir ao pé dos anúncios da peça na grande imprensa, pequenas injúrias ao presidente da SBAT. Por exemplo: "tendo o genial escritor Paulo Barreto se gabado de ser o autor de *O simpático Jeremias*, a empresa declara que não saiu daquela cerebração privilegiada a comédia que tão grande sucesso vem fazendo nesse teatro." Ou ainda: "continuamos a afirmar não ser o notável Paulo Barreto, o gênio da Rua Senador Dantas 15 anos atrás, o autor desse grande sucesso do Trianon." Ou engrossando de uma vez por todas: "o genial e intangível Paulo Barreto e mais o seu copeiro Viriato continuam a fazer reclame de suas pessoas e nós também: Fróes maneca da Avenida?/ Tu que serás João do Rio?/ Ele é da artéria da via/ Tu... maneca do Rocio."

Logo veio a reação. Na *soirée* de 17 de abril, assim que entrou em cena, o ator recebeu em plena cara uma gargalhada sarcástica de Oduvaldo Vianna, que ocupava um camarote, ao lado de Abadie Farias Rosa,

Bezerra de Freitas, outros membros da SBAT e jornalistas. Percebendo do que se tratava, Fróes começou um discurso contra João do Rio e Viriato, interrompido com vaias que a claque não conseguiu sufocar, seguidas por saraivada de ovos, tomates e verduras podres. A um gesto do empresário, os empregados da companhia tentaram expulsar os baderneiros, mas tudo degringolou em grossa pancadaria, com a adesão de parte da plateia. Cadeiras voavam. Leopoldo Fróes deu uma banana para os espectadores, antes de desaparecer estrategicamente. Uma coadjuvante, aos gritos de "público filho da puta!" quebrou a sombrinha na cabeça de Vianna. Na plateia estava presente o dr. Olegário, irmão de Artur Bernardes, o presidente de Minas Gerais. Indignado, chamou a polícia, que invadiu o teatro, suspendendo a peça e prendendo os beligerantes. Levados para a 5ª Delegacia, foram soltos pela estratégica interferência de João do Rio, que, avisado, ligou pessoalmente para o chefe de polícia, o jornalista e literato baiano Aurelino Leal. Detido em mangas de camisa quando jantava na Praça Tiradentes, Fróes mandou devolver o dinheiro dos ingressos. O escândalo foi narrado com detalhes na edição de *O Paiz* do dia seguinte.

Não saberemos nunca o que as partes confabularam sob a mediação do delegado Albuquerque Mello, mas a verdade é que pararam as gracinhas nos anúncios, e, aos poucos, os empresários passaram a reconhecer os direitos autorais e a tabela da SBAT, que absorveu os membros da AADB, dissolvida antes do final do ano.

* * *

Em julho, João do Rio lançou, pela editora Portugal-Brasil, o seu segundo romance, *A correspondência de uma estação de cura*. A bem dizer o primeiro, uma vez que o *Jacques* não chegou ao conhecimento do público. Um ano antes, quando interrompera a "Pall-Mall-Rio" por causa das agressões de Humberto de Campos, fora curar o estresse em Poços de Caldas. Lá começou a história, que chegou a ser publicada em folhetim em *O Paiz* até o 18º capítulo, sendo bruscamente interrompida. A versão em livro acrescenta mais 19 capítulos e altera a ordem sequencial.

O enredo é mais uma tipicamente wildiana história amoral e cosmopolita como *A bela Madame Vargas, Jacques Pedreira* e *Eva*. D. Maria de Albuquerque, respeitável senhora reminiscente dos salões do Segundo Reinado, serve de cupido entre a jovem e romântica milionária paulista Olga da Luz e o promissor diplomata carioca Olivério Gomes, em Poços de Caldas, durante a estação das águas. Um pretendente rechaçado manda buscar no Rio a atriz espanhola Pura Villar, amante de Olivério, numa tentativa de impedir o noivado, mas a intervenção de d. Maria coloca tudo nos devidos lugares. Vence o amoralismo, pois Pura só evita o escândalo na promessa de continuar o "caso" depois do casamento, o que não a impede de viajar com um companheiro da mesma laia, jogador profissional.

O que diferencia *A correspondência de uma estação de cura* de mais uma rotineira comédia de costumes, onde cinquentões bem vividos orientam jovens amantes nos meandros amorais de uma sociedade de aparências, é a sua forma, a sua estrutura. Trata-se de um romance epistolar, ou seja, cuja trama se desenvolve através de cartas e bilhetes escritos pelos personagens. Os narradores principais, salvo d. Maria, não interferem diretamente na ação, mas a observam, na agitação do hotel lotado. São eles o empresário teatral José Bento, o "insuportavelmente mundano" Antero Pereira, e o "parisiense" Teodomiro Pacheco (que escreve suas cartas para o amigo Godofredo de Alencar). Cada um vê um pedaço e o leitor monta o quebra-cabeça.

Os capítulos referentes a Antero e Teodomiro são os mais longos, os mais elaborados e os mais interessantes. A destacar os de número 1 (introdução do ambiente e personagens), 5 (viagem de trem de Campinas a Poços, durante a qual Teodomiro descobre a paisagem e os sotaques regionais), 6 (a jogatina nos hotéis), 13 (parábola do faminto e do comilão) e o 19 (as termas medicinais e seus clientes, entre eles uma patética paralítica septuagenária). Algumas tramas paralelas estão bem desenvolvidas como pano de fundo: o falso ministro das Filipinas que gasta fortunas sem ter tostão; o triângulo formado pelo coronel Jurumenha, a morfinômana Ivete e o cantor janota; o terceiro noivado da adolescente Íris Lessa. Outras precisariam de ser mais buriladas, como a da velha gorducha que é jogadora compulsiva e azarada, a do contralto que faz temporada sob pseudônimo para manter a filha no colégio Sacré-Coeur, o porteiro maluco, a srta. Nenen (herdeira de um rico comerciante português). Aparentemente fútil como o *Pall-Mall-Rio* e dirigido ao público feminino, o livro volta e meia revela trechos de rara percepção social, como o que se refere a esse último personagem, mera coadjuvante.

> Na sociedade nossa, só o negociante português constitui bem definida a burguesia, exigindo respeito. Quando o negociante enriquece, as filhas precipitam-se em casamentos que as colocam entre os encantadores. Como presto atenção aos casais, peço permissão para acrescentar que as raparigas esposas desses latagões não têm o aspecto da desilusão.

Quando o romance foi lançado, *A Revista da Semana* publicou uma entrevista dada ao repórter não identificado A.V., onde João do Rio expôs, como nunca antes ou depois, o seu relacionamento com a literatura, o jornalismo e a realidade brasileira.

> — Mas é impossível que todos os escritores não vejam o grande momento que atravessamos, para o fixar. Épocas anteriores tiveram fixadores dignos: Alencar, Macedo, o grande Aluísio Azevedo. Só este momento não tem um romancista que o sinta e reflita tal qual é.

O PAÍS E A PÁTRIA (1915-1921)

Entretanto a vida social do Rio neste período de transformação daria para uma obra de história social maior que a de Balzac.
— E o senhor?
— Eu não tenho tempo! Tenho notas, observações, esquemas para quarenta ou cinquenta volumes necessários, e com 36 anos e a dura luta pela vida é impossível realizá-los. Há enredos de livros que resumo em crônicas e contos. (...) Creia: a minha dor vem não da impossibilidade de os escrever, mas de não serem eles escritos, já. Tenho um livro sobre os pobres vagabundos, *A alma das ruas*, que é quase história apesar de escrito há 10 anos, tão vertiginosamente mudam os costumes. Uma novela cujo enredo obtive há 13 anos, *Juca de São Jorge*, foi preciso refazê-la, de tal forma o aspecto íntimo da ralé é outro agora. Que pena não termos o romancista, o relator hercúleo dos nossos costumes!

Confirma-se, assim, a constatação inevitável. Por não ocupar cargo público, Paulo Barreto teve de dedicar todo o seu tempo ao jornalismo, o que acabou prejudicando sua carreira literária. *Juca de São Jorge* nunca chegará aos leitores, assim como *Os novos-ricos* (anunciado pelo marquês de Denis em *A Revista da Semana* para setembro de 1918), *Adúltera* (peça em três atos prometida a Lucília Perez), *Sensações de viagens* (anunciado numa *Atlântida* de 1919 como a sair pela editora Aillaud), e mesmo o velho *Jacques Pedreira* (que continuou por mais de uma década na contracapa das novas obras na lista "a publicar").

* * *

Se observarmos bem a bibliografia de Paulo Barreto veremos que 1918 (como 1906) é um ano de pouquíssima atividade, por causa da doença, agravada após temporadas de trabalho intenso. Nas primeiras vezes, foi se recuperar em Poços, mas agora era bem mais grave. Caiu de cama por longo tempo, "esgotado de tensão nervosa para me manter contra os maus insignificantes a quem nunca fiz mal, excedido pelo trabalho que também me privou da mocidade". De julho a novembro não publicou nada.

Além da campanha contra a SBAT, qual era a maior fonte de aborrecimento de João do Rio nesse segundo semestre de 1918?

Sem dúvida alguma, *O Rio-Jornal*. Apenas dois meses depois de seu lançamento, um dos diretores, Azevedo Amaral, pediu demissão, por não admitir a interferência de outro (Georgino Avelino) nos seus artigos. Esse, ao que parece, tornou-se autoritário e prepotente. Apavorado, João do Rio temia perder o dinheiro emprestado. Sem escrever uma linha a partir de maio, doente logo depois, limitou-se a opinar na diagramação e na pauta, uma espécie de redator-chefe. No final do ano, ao recuperar o investimento, desligou-se oficialmente do vespertino.

Também nessa época ele supervisionava a construção de sua casa na Avenida Meridional (atual Vieira Souto), em Ipanema. "A semana elegante" de *A Revista da Semana* de 17 de agosto fala do "solar admirável... onde o conforto e o brilho de uma grande instalação artística proporcionarão ao escritor invejado (...) o ambiente propício (...) para a meditação". Na realidade, eram duas casas, unidas por um jardim. Na segunda morará d. Florência.

A Gripe Espanhola, filha da guerra, chegou por aqui fazendo estragos terríveis, agravados pelo descaso do governo, que inicialmente minimizou a terrível epidemia. Resultado: 15 mil mortos apenas no Rio de Janeiro; teatros e cinemas desertos; cheiro de podre no ar; caminhões recolhendo os cadáveres anônimos nas ruas desertas. Entre os mortos, o dr. Paulo Silva Araújo, seu médico e amigo pessoal, que o atendera poucos meses antes. Foi o assunto de uma bela crônica, quando retornou à ativa no final de novembro. O medo aterrorizava a todos. Será que iam voltar as terríveis epidemias do final do século XIX, depois de tantos anos? Na dúvida, Paulo Barreto e sua mãe tomaram a decisão pioneira de abandonar o

O PAÍS E A PÁTRIA (1915-1921)

Centro e mudar-se em definitivo para a nova casa. O "solar admirável" ainda estava em andamento, mas o *cottage* de d. Florência já era habitável, e foi lá que os dois se instalaram.

> A minha casa fica numa longa praia, a 13 km da cidade. É por lá o terreno todo areia e as habitações poucas. Nos 3 mil metros de oceano não tenho vizinhos. Pelas ruas que vêm dar à praia e nas outras paralelas, contamos o número de casas.

Nem tudo, porém, foram desgraças. Em 11 de novembro terminou a guerra na Europa, com a vitória dos Aliados. Dias depois ocorreria a posse de Rodrigues Alves, o presidente desenvolvimentista, pela segunda vez na presidência. Derrubado pela Espanhola, o veterano político paulista não pôde deixar Guaratinguetá antes de três semanas. Foi então que *O Paiz* decidiu enviar João do Rio para cobrir a conferência do armistício, em Versalhes. Retornar à Europa depois de um jejum de quatro anos, com tudo pago e sem prazo para a volta! Um presente dos deuses, para ninguém botar defeito. Às vésperas do Natal, sob o olhar desapontado da mãe, começou a arrumar nas volumosas malas o seu elegante guarda-roupa. Depois de um almoço de despedida oferecido pelos redatores do jornal na sede do Jockey-Club, João do Rio embarcou para Lisboa em 29 de dezembro, no navio *Anselm*, às sete horas da manhã.

Nessa madrugada morreu Olavo Bilac, o príncipe dos poetas patriotas. Alguém não identificado (talvez Diniz Júnior, talvez d. Florência) foi a bordo avisá-lo, quase na hora da partida, não havendo tempo para descer e velar o corpo. Mais tarde, a sós no convés, negro vulto contra as nuvens coloridas pelo sol nascente, quem sabe tenha deixado escapulir uma furtiva lágrima, a escorrer pelas suas legendárias olheiras. Afinal de contas, era o fim de uma época da literatura brasileira.

* * *

Tudo mudara com a Grande Guerra. O *Anselm*, como outros navios, tinha sido adaptado para combate, e não possuía mais as mordomias habituais, como a comida farta e o livre trânsito dos jornalistas na cabine do telégrafo. Abastecido com carvão de segunda categoria, deteve-se mais do que devia nas escalas, chegando a parar dois dias em pleno oceano com as máquinas paradas.

João do Rio desembarcou em Lisboa quase ao mesmo tempo em que o presidente Rodrigues Alves morria no Rio, vítima da Espanhola. Além da composição do ministério, uma das poucas resoluções do velho estadista fora a nomeação da delegação brasileira nas negociações do armistício. Rui Barbosa, o nome de consenso para o cargo, declinou do convite, prevendo o pior. Foi então nomeado o deputado paraibano Epitácio Pessoa, ex-ministro da Justiça do governo Campos Salles. Por ironia do destino, Epitácio vai ser, em 26 de fevereiro, escolhido pelo Congresso como sucessor de Rodrigues Alves, derrotando Rui, que recusara chefiar a delegação para cuidar da sua própria candidatura ao cargo.

> Lisboa dá-me logo de princípio aspectos de modificações. O serviço da Alfândega era bom. Está detestável, decerto, pela guerra. Há um escandaloso predomínio da farda (...). Olho os operários. Deus do céu! Crianças pálidas, homens abatidos, mulheres cloróticas (...). Onde está a beleza do povo de Lisboa, essa beleza que semanalmente canto há dez anos? (...) o pão é negro, não há açúcar, não há batatas (...) cada caixa de charuto dava-me a impressão de ter charutos de ouro.

Constata logo nas primeiras reportagens enviadas.

A situação política da jovem república portuguesa, que vinha se deteriorando há mais de um ano, prendeu nosso jornalista na capital lusa por quase um mês, perdendo a abertura da Conferência de Versalhes, no dia 20.

O PAÍS E A PÁTRIA (1915-1921)

Recapitulemos. Em 1917, o liberal Bernardino Machado, que engajara Portugal na guerra contra a Alemanha, fora derrubado por Sidônio Pais, germanófilo e extremista católico, que colocou oficiais monarquistas em postos estratégicos, além de praticamente cancelar o esforço de guerra, causando o massacre de quase 8 mil portugueses na Batalha de Ypres. Em dezembro de 1918, um mês após a rendição alemã, Sidônio foi assassinado a tiros por um anarquista, assumindo o almirante Canto e Castro. Dez dias depois da chegada de João do Rio, as guarnições do Norte (Porto e Braga) revoltaram-se, proclamando a volta da monarquia, no movimento conhecido como Intentona do Porto. O novo presidente instaurou a censura à imprensa, ficando à espera da adesão das tropas de Lisboa. No dia 24, o povo da capital rompeu a inércia, cercando o quartel monarquista de Monsanto. Só então o governo reagiu, distribuindo armas e criando um ministério de união nacional, com a inclusão até dos socialistas.

João do Rio cobriu esses acontecimentos com um entusiasmo espantoso para um homem tão gordo e de saúde tão frágil. Munido de um passe obtido por amigos, locomoveu-se por toda a cidade, observando, discutindo, concluindo. Entrevistou populares desconhecidos, líderes operários, monarquistas, católicos integralistas, o presidente da República e o eterno amigo Guerra Junqueiro. Embora publicadas no Brasil quase um mês depois dos acontecimentos, as reportagens sobre a Intentona são ainda hoje um exemplo do melhor jornalismo.

> A República é uma projeção mesmo quando é má. A monarquia é uma reação. Quando se arrasa um castelo para em seu lugar construir uma usina, mesmo que a usina esteja em greve contra os donos do castelo, seus proprietários, é impossível, para acabar com a greve, de novo levantar o castelo.
> Balas silvam. Granadas estouram. (...) Entro para a casa de um cidadão que tem champanhe no gelo à espera da rendição. Caio num

sofá. O telefone retine participando que as balas vão cair na casa, pois por trás montavam uma peça de artilharia e os tiros de Monsanto virão espatifá-la. A família, habituada, não se retirará (...). De repente, cessam os tiros. Completamente. Atrozmente. Passa uma hora. São três da tarde. Ponho diante dos olhos um óculo de alcance. Em Monsanto tremula a bandeira verde e rubra. Já o alarido popular agita a rua. Vencemos!
Como neste tonitroar de canhões, nestes tiroteios e neste maravilhoso entusiasmo, eu me sinto rejuvenescer!

Em três semanas, os rebeldes estarão definitivamente derrotados. No início de fevereiro, João do Rio pegou o trem para a França (via Madri), com a República consagrada.

* * *

"Criaturas de sensibilidade, podeis ter a certeza: parou a divina sinfonia da alegria de Paris!"
A Cidade Luz não era mais a mesma. Dificuldades de transporte, alojamento e alimentação. A cidade, no entanto, fervilhava com os representantes diplomáticos da Conferência de Paz. Europeus de todas as origens, norte-americanos, japoneses, xeques árabes, príncipes siameses. Em vez do tango e do maxixe, agora imperava o *jazz*, dissonante e moderno. Surgiam o dadaísmo e o cubismo — que João do Rio esnobou como um "nefelibatismo ainda mais idiota", com suas influências da arte africana e oceânica, que aparecem na moda das saias curtas, decotes ousados nas costas, turbantes e colares de conchas e madeira. A *belle époque* acabara, debaixo do fogo dos canhões, dos gases venenosos e dos aviões de guerra.
A situação política era tensa. Derrotada a Alemanha, o grande perigo tornava-se a Rússia, onde, no início de 1917, fora derrubada a monarquia, acontecendo em outubro o golpe bolchevique de Lenin e Trotski.

O PAÍS E A PÁTRIA (1915-1921)

Esses assinaram com a Alemanha uma paz em separado, deixando os Aliados estupefatos, pois haviam entrado na luta para defender a Rússia, e agora se viam tendo de enfrentar sozinhos a situação. O governo revolucionário pregava o internacionalismo proletário e logo pipocaram revoltas semelhantes na Alemanha (Liga Espartaquista, de Karl Liebknecht e Rosa Luxemburgo) e na Hungria (Béla Kun), sufocadas a ferro e fogo. Em 1919 os bolcheviques (vermelhos) ainda enfrentavam séria oposição, com governos adversários (brancos), instalados na Ucrânia, na Sibéria e na fronteira com a Finlândia. Um dos itens da conferência foi exatamente estabelecer qual o governo russo legítimo, o que acabou sendo adiado, na esperança europeia da derrota definitiva dos leninistas — o que acabou não acontecendo, como sabemos.

Apesar das tentativas norte-americanas de moderação frente às sanções a serem impostas aos vencidos e também ao governo soviético (Washington oscilava entre a simpatia e a neutralidade, enquanto as potências europeias apoiavam ostensivamente os brancos), as decisões finais atenderam quase somente aos interesses da Inglaterra e da França, ainda superpotências. A Alemanha foi desmembrada, humilhada, desarmada, devendo pagar uma indenização tão grande que impossibilitou a jovem República de Weimar, abrindo caminho para o ressentimento que gerou o nazismo. Suas colônias na África e na Oceania foram confiscadas. Surgiram nas suas fronteiras os novos Estados da Polônia, Estônia, Letônia e Lituânia. O império austro-húngaro foi dissolvido, surgindo a Checoslováquia e a Hungria como Estados-tampão entre a perigosa Rússia (rebatizada União Soviética) e o restante da Europa. Nos Bálcãs, criou-se a Iugoslávia, reunindo a Sérvia, a Croácia e Montenegro. No Oriente Médio, Londres e Paris dividiram entre si as províncias turcas, recebendo os britânicos a Palestina e o Iraque, e os franceses, a Síria e o Líbano. Entre as nações não europeias do Velho Mundo, a duras penas mantiveram sua independência a China, o Japão, a Turquia, a Pérsia (Irã), o Sião (Tailândia), a Abissínia (Etiópia) e o Hedjaz (Arábia Saudita).

A única grande novidade da Conferência de Versalhes foi trazida pelo presidente americano Woodrow Wilson: a Sociedade (ou Liga) das Nações, foro internacional para todos os países independentes tentarem resolver seus problemas de modo pacífico, sem recorrer a guerras. Foi o embrião da atual Organização das Nações Unidas (ONU). Por ser inédita e democrática, a ideia da Liga foi recebida friamente pelo presidente francês Clemenceau e pelo premier britânico Lloyd George (adversários do conceito da igualdade jurídica entre as nações), sendo afinal aprovada com modificações. Para termos uma leve noção da irredutibilidade europeia, uma moção japonesa pela igualdade das raças foi simplesmente arquivada e não se falou mais nisso.

Quando, meses depois, o Congresso americano rejeitar o draconiano tratado de paz e a própria Liga, não será apenas o sonho altruísta de Wilson que irá por água abaixo, mas principalmente a esperança das novas gerações de que o fim da guerra trouxesse uma renovação política. A Conferência de Versalhes foi a consagração das velhas ideias nacionalistas e chauvinistas franco-britânicas, momentaneamente fortalecidas pelo colapso de suas potências rivais, mas sem avaliar adequadamente a entrada dos Estados Unidos e da União Soviética no cenário internacional.

Paulo Barreto, revoltado com o reacionarismo da Inglaterra e da França, aderiu de imediato ao ideário do presidente americano, ou seja, a Liga das Nações. Definiu seu encontro com Wilson em fevereiro, no hotel Crillon, apresentado por Epitácio Pessoa, como uma das grandes emoções de sua vida, só comparável à visão que teve de seu idolatrado D'Annunzio nas ruas de Paris, dez anos antes. Como jornalista, cobriu os vários lados da questão russa, sem esconder sua antipatia por Lenin, então considerado um agente alemão (sua volta do exílio na Suíça para São Petersburgo, via Finlândia, em plena guerra, teria sido paga pelo serviço secreto alemão) e reprovado pela violência dos seus seguidores.

O PAÍS E A PÁTRIA (1915-1921)

Ouviu seu representante, um certo Rossky, apresentado por um estudante de "pele de morango e cabeleira formidável", mas igualmente o príncipe Lipenotof, partidário do governo branco do almirante Koltchac, na Sibéria. Chegou a participar de uma reunião de socialistas revolucionários, em companhia de um jornalista do *Humanité*, Amadée Dunois, deixando um interessante registro.

> As imediações estavam bloqueadas pela polícia. Havia para mais de trinta agentes. (...) ao entrar na sala, eu vi que os socialistas revolucionários eram rapazes, quase meninos, e mesmo meninos de liceu (...). Amadée Dunois, mal acabava de se referir a *ce sinistre barbu* que governa a República (Clemenceau), quando um agente lhe deu voz de prisão. Os petizes e adolescentes revolucionários da Rua Gracieuse gritaram. E foi tudo conduzido ao posto de polícia. Eu também. (...) todas as delegacias em toda parte, porém, são iguais. Eu mostrei que era jornalista, dando-me com burgueses respeitáveis, e fiquei espectador. Dunois, que é eleitor, telefonou para o camarada Cachin, que dirige os votantes no *Humanité*. Os socialistas revolucionários estavam livres. Então, para quê os agentes, para quê o escândalo, para quê a prisão?

Já vimos que por sua origem positivista Paulo Barreto não descuidava da questão social. Porém, ao invés do partido proletário internacionalista dos bolcheviques, ou da teoria da greve geral dos anarquistas, optou pelo pragmatismo apartidário da American Federation of Labour (AFL), que, ainda não totalmente dominada pela pelegada, obtinha ganhos reais nas negociações com os empregadores. Samuel Gompers, seu presidente, um velho judeu de origem holandesa e cidadania britânica, fazia parte da delegação de Wilson e deixou forte impressão no cronista carioca, que o descreveu de "sobrecasaca, chapéu alto, cara rapada e lunetas de ouro". João do Rio criticou o exagero do aparato policial francês no primeiro

Dia do Trabalho depois do armistício, ocupando a cidade e reprimindo violentamente passeatas e comícios. Ao analisar a formação do Bureau Internacional do Trabalho, deixou bem clara sua posição:

> É preciso insistir pelo menos na regulamentação das horas de trabalho, na fixação máxima do trabalho diário e semanal, na luta contra a falta de trabalho, na garantia de um salário suficiente para viver, na proteção contra as doenças gerais ou profissionais e os acidentes. É preciso proteger as mulheres e as crianças, assegurar a velhice, defender os interesses do trabalhador estrangeiro, estabelecer o princípio da liberdade de associação. É preciso que as condições de trabalho evitem a miséria, a fome, a injustiça, a morte breve.

Pouquíssimos intelectuais brasileiros em 1919 tiveram a coragem de defender abertamente essa plataforma, que inclui, em outras palavras, benesses conquistadas muitos anos depois, como jornada de trabalho, auxílio-desemprego, salário mínimo, plano de saúde, aposentadoria e liberdade sindical.

Entre tanta seriedade, João do Rio achou tempo para manter as atividades mundanas, frequentando o *Cercle Inter-Allié*, no elegante Faubourg Saint-Honoré, entre importantes jornalistas e políticos. Registrou também uma encenação de *A megera domada*, de Shakespeare, no palácio da condessa de Béarn. E uma visita a um casal de velhos conhecidos, a princesa Isabel e o conde d'Eu.

Esperando não ofender nenhum idiota da objetividade, como autor desta biografia me permito agora divagar um pouco, baseado em possibilidades reais. Imaginemos a chegada de João do Rio, numa tarde do mês de maio, no elegante 8-bis da rue Laurent-Pichat (pequena transversal da Avenida Foch), para visitar sua amiga Réjane, então com mais de 60 anos, e ainda em atividade. Ao ultrapassar a luxuosa portaria, quem sabe não terá cruzado com o inquilino do quarto andar, também dândi

O PAÍS E A PÁTRIA (1915-1921)

e também de monóculo, ninguém menos que Marcel Proust em pessoa? O autor de *Em busca do tempo perdido* morou ali de maio a setembro de 1919, período em que reeditou o primeiro e lançou o segundo volume da sua formidável obra.

Esse cruzar de dois personagens por uma portaria, embora hipotético, é pleno de conjecturas possibilíssimas sobre as identidades e diferenças entre esses dois arautos do decadentismo, autores tão desiguais e ao mesmo tempo tão próximos. Ambos homossexuais elegantíssimos, ambos mortalmente doentes, ambos exóticos sobreviventes de uma época que não mais existia, nas portas de uma diva teatral que a ambos entusiasmara na juventude. Teriam os dois escritores, o mulato carioca e o meio-judeu aristocrata, cruzado olhares curiosos e fugidios durante uma mera fração de segundo? E teriam identificado um no outro a marca indelével dos filhos de Sodoma, reconhecível de imediato por qualquer semelhante?

* * *

A guerra de 1914 caracterizou-se, entre outras atrocidades, por ser a primeira a utilizar as novas tecnologias mortíferas do ataque aéreo, dos tanques blindados e dos gases venenosos. Deixou o saldo apavorante de oito milhões de mortos. Um dos países mais atingidos foi a Bélgica, devastada pela Alemanha em seu caminho rumo à França. João do Rio visitou Bruxelas (onde entrevistou o rei Alberto e o prefeito Adolphe Max) e a região de Flandres no início de abril, pintando uma situação dantesca.

> O automóvel militar veio-me buscar às sete da manhã. Dentro, o ministro do Brasil e o capelão. (...) E eu vi a tragédia do Yser, de Nieuport a Ypres. Todo aquele relicário medievo, onde a vida corria ao abrigo dos templos preciosos, é a desolação. (...) Das casas fortes e baixas, do forte, da Torre dos Templários, que vira tantos cercos, dos tabernáculos, das pedras tumulares, das fontes batismais (...)

restam escombros, ruas desertas que vão como que amparando o desmoronamento dos muros (...). De Dixmunde não existe nem o traçado das ruas. É o deserto, após o terremoto (...). Francamente, o sol de inverno aclara a vastidão das planícies, as árvores espectrais, a extensão arrasada, onde foi Dixmunde. E, no horror, eu sinto um alheamento que é protesto contra a estupidez humana.

Também esteve na Itália no início de maio, com João de Barros, hospedando-se na casa do embaixador do Brasil, Souza Dantas. Em Roma acompanhou a grande passeata pela anexação da cidade de Fiume (atual Rijeka, na Croácia), que culminou num grande comício onde discursaram o prefeito de Roma e o grande D'Annunzio. Com um grupo de jornalistas foi a Turim recepcionar o primeiro-ministro, Vittorio Orlando, chegado da conferência. Entrevistou celebridades que conhecera no Rio, como o criminologista Enrico Ferri, editor do jornal socialista *Avanti!*; o escritor liberal Guglielmo Ferrero; o político Francesco Nitti, futuro premier. Chegou ao requinte de visitar o papa Bento XV no Vaticano, confirmando, a exemplo de outros decadentistas como Wilde, Lorrain e Proust, uma tardia aproximação com o catolicismo e sua estética do martírio.

> O Sumo Pontífice recebeu-me ao meio-dia, na sala de trabalho. Nenhuma pompa. Monsenhor Mignone, seu secretário particular desde que Sua Santidade era arcebispo de Bolonha (...) conversava numa antessala comigo. E ainda os relógios repetiam o meio-dia quando murmurou:
> — Sua Santidade!
> Eu entrei. E vi, vindo ao meu encontro, na sua veste branca, a figura máxima da Igreja. Antes da segunda genuflexão já a sua mão me erguia com o ósculo que sobre o anel eu lhe pousara (...). A sua simplicidade, a sua humanidade, a sua inteligência dão-lhe interesse acima das competições terrestres (...) pequeno, nervoso, os dois olhos luminosos de agudíssima inteligência (...).

O PAÍS E A PÁTRIA (1915-1921)

O artigo, publicado em *O Paiz* no mês seguinte, apresenta-se em forma de entrevista de perguntas e respostas. Um análise mais profunda do texto, assim como o conhecimento do protocolo do Vaticano, indica que as respostas saem provavelmente de um *press-release* oficial. Paulo Barreto sem dúvida encontrou-se com o papa, mas a forma da reportagem tem certamente muito do seu talento ficcional.

Em 18 de maio, vindo de Bruxelas, Epitácio Pessoa chegou a Roma, recebendo todas as honrarias devidas a um presidente eleito. João do Rio esteve presente no banquete em sua homenagem, partindo depois para Londres e Lisboa. Raimundo Magalhães Júnior notou sua presença em todas as cidades visitadas pelo novo presidente do Brasil, mas as datas nem sempre coincidem. Os artigos belgas de João do Rio são datados de abril (embora publicados um mês depois), quando Epitácio só foi a Bruxelas em maio. Vimos como ele já estava em Roma há pelo menos 15 dias quando o outro chegou. Apenas na capital britânica as datas parecem ter coincidido (3 a 6 de junho). Porém o jornalista partiu antes, pois quando Epitácio chegou a Lisboa no dia 8, ele já estava lá. O interesse jornalístico recomendava que o repórter acompanhasse cada passo do político, e o desencontro, especialmente a precedência de João do Rio na capital portuguesa, parece indicar que esse agia independentemente, como uma espécie de embaixador informal, preparando o ambiente. Tecendo uma rede de favores e gentilezas cujo objetivo deve ser decifrado.

Uma das questões que afligia João do Rio era o destino de *Atlântida*, que perdera o patrocínio estatal simultaneamente no Brasil e em Portugal. É natural que tentasse assegurar do novo presidente algum tipo de financiamento. Os dois diretores tentavam uma alternativa ainda mais ambiciosa. A partir do nº 37 (sem data, provavelmente abril de 1919), a revista deixou de definir-se "mensário artístico, literário e social para Portugal e Brasil", tornando-se um "órgão do pensamento latino no Brasil e em Portugal", passando a ter três diretores, com a inclusão de Graça Aranha, sediado em Paris.

Esse orgulho de pertencer a uma civilização latina e mediterrânea, muito fortalecido com a vitória dos Aliados, foi o tema de "Pela aproximação luso-brasileira", conferência proferida por João do Rio no dia 7 de junho no Teatro Nacional de Lisboa, abrindo as comemorações pela passagem de Epitácio por Portugal. Esse chegou no dia seguinte, sendo entusiasticamente recebido pelo governo, pela imprensa e pela população. A conferência é interessante, e, mais que isso, importante por ser uma das primeiras manifestações explícitas de apoio a algum tipo de associação do Brasil com a antiga metrópole, desde a independência em 1822. Depois de atacar duramente os Bragança de ambos os lados do Atlântico pelo afastamento diplomático e econômico entre os dois países, critica o ceticismo antipatriótico de Ramalho Ortigão e Eça de Queiroz, exaltando mais uma vez Guerra Junqueiro. Lembrando que a Conferência de Paz consagrou os novos Estados aglutinados pela raça ou pelo idioma (Polônia, Checoslováquia, Armênia), louva nossa unidade linguística e prega atrevidamente uma espécie de mercado comum entre Brasil, Portugal e colônias. Projeto sério e altruísta, "sem fazer o Chiado rebentar de rir ou a Avenida Rio Branco achar a pilhéria muito engraçada", mas que será muito mal interpretado por seus adversários cariocas.

É difícil saber a reação do provinciano Epitácio diante do prestígio demonstrado por Paulo Barreto em Portugal e de sua ousada proposta. Espanto? Despeito? Irritação? Entre sorrisos e evasivas, o presidente deixou Lisboa a bordo do cruzador americano *Idaho*, visitando os Estados Unidos antes de retornar ao Brasil. Nos últimos dias de julho, depois dos habituais banquetes, João do Rio embarcou no *Cuiabá* com destino ao Rio. Vinha cheio de novidades. Móveis e tapeçarias para a nova residência em Ipanema, e, principalmente, ideias modernas.

* * *

O PAÍS E A PÁTRIA (1915-1921)

Durante a viagem, Paulo Barreto escreveu outro texto notável, "O Brasil após a guerra", pronunciado na Faculdade de Direito de Pernambuco, no dia 6 de agosto, durante a escala de um dia em Recife.
É uma crítica candente da situação nacional,

> os pais mandando educar os filhos no estrangeiro para fazê-los pedantes, alheios à sua pátria; do jornalismo e da arte sem finalidade (...) à espera dos transatlânticos para cair em êxtase admirativo diante do que vem de fora (...). Como ir adiante, quando julgamos mal tudo que é nosso? (...). A indiferença das classes pela política é uma forma de debilidade moral (...). Quanta coisa é preciso fazer, realizar, pensar! Como cada rapaz tem de ser diferente do que foram os seus avós e os seus pais (...). Os velhos egoístas ocupam os cargos porque (a mocidade) não quis unanimemente fazer parte da política e criar a sua grandeza criando o Brasil. (...) não há tempo para adiamentos. A mocidade criará o nosso país.

João do Rio desembarcou no cais Pharoux no dia 11, recebido com honras e homenagens pela direção de *O Paiz* e de *A Revista da Semana*, fora os amigos. Teve pouco tempo de descansar. Di Cavalcanti, também sobrinho de sua falecida tia Eponina, deixou interessante anotação sobre ele em *Reminiscências líricas de um perfeito carioca*. "Assisti muitas vezes a João do Rio exaltar-se na antevisão de um país surgindo inédito no mundo, povoado de parques industriais, cidades paradisíacas com os melhores teatros, grandiosas avenidas, gente elegante badalando pelas calçadas, com jornais material e intelectualmente belos e perfeitos."
No início do mês seguinte, mais precisamente em 6 de setembro, ele foi homenageado pela colônia lusitana com um banquete para 400 convidados no Clube Ginástico Português, com orquestra sinfônica e cerca de mil espectadores. A cerimônia desenrolou-se como um espetáculo teatral, com discursos do homenageado, de Carlos Malheiro Dias

e dois desembargadores. Os italianos, radiantes com seus artigos sobre a sua pátria, não deixaram por menos. Dia 15 houve banquete no clube High-Life, e no dia 20 (data nacional italiana), em São Paulo, o prestigioso Circolo Italiano fez o mesmo no Theatro Municipal, onde João leu "A Itália de hoje diante da porta Pia", louvando Garibaldi, D'Annunzio e Sua Majestade Vittorio Emmanuele.

Em todas essas demonstrações de prestígio esteve presente seu amigo, o embaixador Souza Dantas, tornando evidente alguma forma de aliança entre os dois. Corriam boatos de que João do Rio pleiteava de Epitácio nada menos do que o Ministério das Relações Exteriores, mas o mais provável é que fosse algo mais modesto, como a embaixada em Lisboa. Segundo consta, ele mobilizou Órris Soares, assessor do governador paraibano Camilo de Holanda, correligionário de Epitácio, para que esse solicitasse sua nomeação ao presidente. Embora preenchesse todas as exigências requeridas para o cargo, Holanda recusou-se a interceder e ele foi preterido. Teria então desabafado amargamente.

> — Desculpas, meras desculpas... Sei muito bem por que ele não quis atender ao meu pedido... É mais um a acreditar nessas infâmias que os invejosos espalham a meu respeito (...). Você sabe... Essas histórias de pederastia. Diga-me uma coisa, seu Órris: você acha que eu tenho esse horrível defeito?

Em 30 de outubro, outro golpe. Seu desafeto Humberto de Campos foi eleito para a Academia, como candidato único, patrocinado por Coelho Neto. João do Rio nunca mais frequentará a entidade, colocando-se cada vez mais politicamente divergente de seus principais membros, como veremos.

Até o final do ano Paulo Barreto ainda alimentou esperanças de representar o Brasil em Portugal, até que o próprio Souza Dantas o aconselhou

O PAÍS E A PÁTRIA (1915-1921)

a desistir, depois que o embaixador Régis de Oliveira divulgou, num relatório confidencial, tê-lo visto em Londres recostado em posição "inequívoca" numa vitrine do bairro de Mayfair "observando" os passantes...

A saúde piorava dia a dia, com excesso de peso e cansaço prematuro. Uma fotografia publicada em *O Imparcial* quando do banquete no Clube Ginástico Português nos revela um homem abatido, pálido, exausto. Exatamente o inverso dos textos entusiásticos que produzia. Consultas a médicos ilustres chegaram ao mesmo diagnóstico: situação gravíssima, pouca perspectiva de vida, alguns anos, talvez. A casa da praia ajudava o repouso, mas era tarde para reverter a situação. Morrer em Lisboa, seu último desejo, tinha-lhe sido negado.

> Ninguém é gordo por prazer. O único sério combate de minha vida tem sido contra a adiposidade (...). Para diminuir, dissera-me um facultativo, seria necessário acordar à hora em que me deitava, tomar as refeições de acordo com inflexíveis horários, não beber champanhe, sujeitar-me a duchas, massagens e acelerados passeios a pé (...). Às cinco da manhã, ainda escuro, já estava na ginástica sueca e na massagem. Depois, das sete ao meio-dia, corria a montanha como um furioso. Almoçava frutas, uma taça de chá a ferver. Voltava a andar até a hora da outra massagem com banho de ar quente. Ao cabo de quatro semanas de tal regime, sendo impossível morrer, parecia um convalescente. Sentia-me fraco. O sono invencível pegava-me nas cadeiras após a refeição.

* * *

Epitácio Pessoa, tão cordial antes da posse, ensaiava um governo autoritário. Geminiano de Franca, o novo chefe de polícia, era em tudo muito diferente do anterior (Aurelino Leal). Comandou logo uma campanha moralista contra o teatro de revista. Lembremos que no governo Epitácio foi oficializada a censura às artes, antes mais uma "recomendação" da cúpula da Igreja Católica. Reprimiu ainda a imprensa e os movimentos operários, anarquistas e anarcossindicalistas em sua maioria. Na virada do ano, Paulo Barreto estava de volta ao seu lugar na oposição.

Afastado dos colegas acadêmicos e cada vez mais solitário, cercado de interesseiros e atacado por oportunistas, João do Rio refugiou-se nas amizades femininas, inclusive as intelectuais de vida livre, então raras. Uma delas foi Áurea Portocarrero, divorciada, residindo então em Recife. Uma carta dele para ela, escrita em 1919 e divulgada em 1944 no jornal *A Manhã*, é bastante reveladora. Os personagens são Gilberto Amado, Délio Guaraná e, principalmente, Cecília Bandeira de Mello, a legendária Madame Chrysanthème, filha de Carmen Dolores e também escritora, responsável em *O Paiz* pela coluna "Vida feminina". Foi durante anos amante oficial de Alcindo Guanabara, que morrera no ano anterior, segundo a lenda, em pleno ato sexual na casa dela, sendo uma verdadeira epopeia a retirada do cadáver sem chamar a atenção dos vizinhos.

A carta, que o autor intitula "folhetim", fala também de sua saúde ("da última vez que me pesei, vi horrorizado que, em vez de pesar menos, pesava mais 700 gramas — a gordura é um fenômeno principalmente nervoso e não dormira duas noites em luta de morte contra um milhão de mosquitos"), mas é nas confissões íntimas que demonstra mais uma de suas grandes descrições de personalidades.

> (...) quis levar a Cecília para o Sul-América. Cecília lembrou-se do Alcindo e preferia a Brahma, fazendo-me observar o quanto essa gente mesquinha não vai dizer. Na burguesíssima Brahma, a nossa entrada foi sensacional. Eu não sei dizer qual de nós era o urso, mas o certo é que o pessoal estava admirado. (...) Interrompidos por 22 vendedores de bilhetes e 54 mendigos, passamos duas horas e meia a conversar. Cecília fez-me confidências. Falou-me primeiro mal

O PAÍS E A PÁTRIA (1915-1921)

de ti (...) depois contou-me a paixão sáfica que a unia a uma viúva jovem e louca (...). Ao sairmos ela ia como uma donzela confusa e eu, bom, carinhoso (...). Agradeci sinceramente as horas de palestra, tirei o chapéu, beijei-lhe a mão. Só então vi o Gilberto e o Délio. O nosso Délio, tão burrinho e que não julga feio insultar por detrás as mulheres, estava horrorizado que eu beijasse a mão à Cecília. O Gilberto estava arrebentando de gênio social. Perdoou a minha falta, disse quatro coisas que as brochuras repetem há quatro anos, e saiu dizendo textualmente:
— Estou profundo demais para conversar hoje.
Donde concluí, minha cara amiga, 1º — que o menos louco de todos era a Cecília, (...) 4º — que qualquer mulher é mais agradável que todos os homens juntos, 5º — que a Cecília é muito mais inteligente que o Gilberto (...).
Que seria da humanidade se não fosse o sexo forte, isto é, o sexo feminino?

* * *

Em outubro, João do Rio lançou pela editora Portugal-Brasil *A mulher e os espelhos*, seu segundo livro de contos, com oito publicados em *Atlântida*, *O Paiz*, *Gazeta de Notícias* e *A Notícia* entre 1909 e 1917, e mais dez inéditos. A epígrafe é do *Mantic Uttair/A linguagem dos pássaros*, clássico dos persas sufitas escrito por Farid-ud-Attar no século XII, com evidentes conotações platônicas. Assim como no mito da caverna do filósofo grego, os humanos apenas podem perceber os reflexos da Verdade, na narrativa de Farid a beleza da princesa é tão intensa que só pode ser admirada através do seu reflexo num espelho. Essas analogias estão abertamente sugeridas na Introdução ("Carta oferta").
Vários tipos de mulher desfilam pelo livro. Prostitutas rampeiras como o personagem-título de "Dona Joaquina", sexagenária cafetizada pelos próprios filhos na Praça Tiradentes; Flora Berta ("A menina amarela"),

instalada com suas companheiras numa casa do Mangue; ou Argemira, vulgo Adélia, que exerce a mais antiga profissão em Poços de Caldas ("Encontro", versão da peça homônima de 1915). Outras dedicam-se aos seus homens às raias do masoquismo, vide a mórbida Corina Gomes de "A aventura de Rozendo Moura", outra história de Carnaval, que continua apegada ao algoz que lhe retalhou a face; e principalmente Rosa de Albuquerque, que deixou uma vida confortável para unir-se a um aleijado que a maltrata "com o despotismo tremendo do paralítico" ("Uma criatura a quem nunca falta nada"). Para contrabalançar, temos duas boas descrições de mulher fatal na atriz Maria do Carmo ("A fada das pérolas"), que destrói o casamento de um ingênuo casal de imigrantes portugueses, e na americana Gladys Fire ("Cleópatra"), cujos amantes surgem misteriosamente mortos. Temos ainda uma liberada, viúva desimpedida, a generala Alda Guimarães ("Penélope"), que rompe as barreiras de classe e seduz o belo caixeiro de uma loja de tecidos.

Podemos notar modificações na forma narrativa, agora mais variada, especialmente nos contos inéditos na imprensa. Cinco fogem do narrador indireto excessivamente presente nos contos de *Dentro da noite*, e um ("Puro amor") é narrado na primeira pessoa diretamente ao leitor, como um depoimento. *A mulher e os espelhos* é muito superior a *Crônicas e frases de Godofredo de Alencar*, e de certo modo retoma o ritmo e a energia dos primeiros livros.

Em janeiro de 1920 saíram os três volumes de *Na Conferência de Paz*, por Villas-Boas e C. (Rio), com direito a anúncio de destaque em *A Revista da Semana*. São quase 800 páginas, agrupadas tematicamente. No primeiro volume (*Do armistício de Foch à paz de guerra*) é comentada a Conferência de Versalhes propriamente dita, a Liga das Nações, as sanções à Alemanha e a questão operária, fechando com o discurso de Recife. No segundo (*Aspectos de alguns países*) é analisada a situação política de Portugal, Bélgica, Itália, Rússia e Inglaterra. O terceiro (*Algumas figuras*

O PAÍS E A PÁTRIA (1915-1921)

do momento), editado semanas depois dos outros e hoje uma raridade bibliográfica, compõe-se de perfis e entrevistas com personalidades como o papa, o presidente Wilson, a rainha da Romênia etc.

Em fevereiro foi a vez de *Adiante!*, editora Bertrand, com uma significativa epígrafe em latim: *ut velotius, aptius te acrius* (mais velocidade, mais aptidão, mais entusiasmo). É uma coletânea de discursos, artigos e conferências com os temas do patriotismo e da modernização, ou melhor, da modernização do patriotismo. Qualidade irregular, pois inclui o pífio "À bandeira", o pretensioso "O momento de Minas", e a notável conferência no teatro municipal de Lisboa, "Pela aproximação luso-brasileira".

Os invejosos voltaram a atacar. Uma enquete anônima da revista *ABC* intitulada "A feira literária e seus mercadores" não perdoa João do Rio, considerado

> o único escritor brasileiro universalmente conhecido no Brasil. Conhecem-no os barbeiros, os condutores de bonde, os soldados frequentadores do Largo do Rocio, o visconde de Moraes (capitalista português), os elegantes de todos os países (...) os deputados de Sergipe (alusão a Gilberto Amado), os carregadores da Central do Brasil, o hermafroditismo que sustenta o esplendor da Alvear (sorveteria da moda). (...) Toda a obra do sr. João do Rio é uma multiplicação de Godofredos de Alencar, vestindo trajes diferentes, mas com a mesma mentalidade ligeira (...).

Esses detratores, assim como os admiradores, não podiam imaginar que nos primeiros meses de 1920 sairiam na imprensa suas últimas obras de ficção, os contos satíricos "O homem-macaco", "O homem da cabeça de papelão" e "As palavras da máquina". O primeiro passa-se em Londres, onde um estudante brasileiro, hóspede de uma família britânica, brinca que seu peito cabeludo é herança de um avô macaco, sendo levado ao pé da letra pelos anfitriões, com consequências imprevisíveis. O segundo, um de seus contos mais estimados pela crítica, é a parábola de Antenor, inteligente e culto, que para vencer na Terra do Sol deve trocar sua mente privilegiada por uma cabeça oca de papelão. O terceiro resume as especulações filosóficas de uma velha máquina de fábrica aposentada sobre a crescente automação do mundo moderno. Racismo, carreirismo e modernização do parque industrial: assuntos nada superficiais, envolto no estilo cintilante de suas crônicas cariocas.

* * *

Enquanto esteta decadentista e dândi de salão, Paulo Barreto não desafiava, antes pelo contrário, confirmava, os estereótipos nos quais a sociedade enquadra os homossexuais. Foi, portanto, tolerado. Mas quando resolveu trocar de personagem, adotando a de agressivo paladino das novas ideias políticas e sociais, o caso mudou de figura. Por investir agora contra os alicerces do sistema opressivo da República Velha, será preciso tirá-lo do caminho. As reivindicações operárias e o mercado comum luso-brasileiro eram violentamente atacados pelos diversos movimentos cívicos. A Liga de Defesa Nacional, em reunião que contou com a presença de Coelho Neto, apoiou em abril a repressão policial aos grevistas, apontados como anarquistas, insuflados por estrangeiros.

Bem mais truculenta foi a Ação Nacional Socialista (ANS), sediada no Rio, organização jacobina de pequeno-burgueses contra a grande burguesia (portuguesa), com fundamentação católica radical. Era dirigida por Alcides Delamare Nogueira da Gama, dono do semanário *Gil Blás*, porta voz do movimento. O presidente de honra, intitulado "dirigente supremo", era o conde Afonso Celso, autor de *Por que me ufano do meu país*. Entre seus membros, colaboradores ou simpatizantes estavam o cardeal Arcoverde, do Rio de Janeiro; o bispo de Fortaleza, d. Sebastião Leme; Antônio Torres; e o próprio presidente da República.

O PAÍS E A PÁTRIA (1915-1921)

Com as palavras de ordem "Deus e Pátria", "O Brasil para os brasileiros" e "Nacionalismo ou morte", a ANS escolheu como heróis nacionais três militares: o traidor Calabar, o conservador duque de Caxias e o autoritário Floriano Peixoto. Pretendia reformar a sociedade, sendo um grupo pré-fascista e não uma entidade conservadora tradicional. Uma década depois, Nogueira da Gama converteu-se ao integralismo, que, por sua vez, apropriou-se das palavras de ordem da ANS. Algumas das suas reivindicações eram modernas (voto feminino, voto obrigatório), outras copiadas da Liga de Defesa Nacional (ensino cívico), mas a maioria das propostas econômicas era meramente chauvinista (nacionalização do comércio, da navegação e até da imprensa). Pregava também a transferência da capital para o Planalto Central.

Mesmo adulado por João Lage, João do Rio tinha projetos próprios. Em março de 1920, o nº 48 de *Atlântida* veio com um aviso anunciando sua "suspensão por algum tempo". Apesar do esforço de seus diretores, não voltará mais. De abril a junho João de Barros visitou o Brasil pela segunda vez, cicerroneado por João do Rio, que mais ou menos nessa época se afastou informalmente de *O Paiz*. Coincidência ou não, pouco depois, em 18 de agosto, o Diário Oficial publicou edital comunicando a formação da Sociedade Anônima *A Pátria*, com capital de mil contos e depósito bancário de cem mil-réis. Sua única finalidade era editar um jornal diário matutino de grande porte. Muito foi dito e ainda hoje é repetido sobre o novo jornal ter sido um porta-voz da colônia portuguesa no Brasil, mas não é isso que transparece quando analisamos objetivamente os acionistas. O maior é João do Rio, com 15%, seguido pelos jornalistas Pimenta de Mello (*ParaTodos* e *O Malho*) e Aureliano Machado (*A Revista da Semana*), cada um com 7,5%, e o editor Villas-Boas, com 6,5%. Os capitalistas lusitanos, como o visconde de Moraes (dono da companhia das barcas para Niterói, Ilha do Governador e Paquetá), ou italianos, como o empresário Walter Mocchi (que trouxe Isadora e Nijinsky à América do

Sul), somados à Banca Italiana di Sconto, o Banco Francês e Italiano e o Banco Nacional Ultramarino (português) não perfazem 5% das ações, de resto bastante pulverizadas.

A *Pátria* tinha oficinas próprias e sede no nº 8 do Largo da Carioca, endereço nobre, próximo do saudoso Café Paris, onde 20 anos antes Paulo Barreto pontificara entre outros jovens intelectuais. Como era de esperar, João do Rio era o diretor-presidente, assistido por um conselho composto por Villas-Boas, Aureliano Machado e o deputado mineiro Francisco Valadares. O primeiro número saiu em 15 de setembro, e logo o novo jornal bateu de frente com o pensamento da truculenta ANS.

Tudo começou com a polêmica da nacionalização da pesca, autorizada em 1878 (Decreto nº 478), regulamentada em 1912 (Lei nº 2.544), mas nunca posta em prática. Exigia-se que metade da tripulação da marinha mercante fosse de brasileiros natos, inclusive nos barcos de pesca. O assunto arrastava-se com a tradicional modorra tropical quando o governo Epitácio criou, para fiscalizar, a Inspetoria da Pesca, para a qual foi nomeado o capitão Frederico Villar, membro exaltado da ANS, que resolveu cumprir a lei na marra. A bordo do cruzador *José Bonifácio*, começou a apreender embarcações pertencentes a estrangeiros, que perfaziam quase metade da frota pesqueira.

Os pescadores, fora os japoneses de Cabo Frio dedicados à pesca da baleia, eram todos de origem portuguesa, oriundos dos Açores (em Santa Catarina) ou da cidade de Póvoa do Varzim (no Rio de Janeiro e no Pará), os chamados "poveiros". O governo passou a pressionar para uma naturalização compulsória em massa, a fim de permitir que continuassem a trabalhar. A situação era delicada, pois refletia contradições entre uma lei ordinária e a Constituição. Os poveiros resolveram resistir, ameaçando uma greve que deixaria os mercados vazios. Recorreram a pareceres de grandes juristas, como Clóvis Belavilacqua.

O PAÍS E A PÁTRIA (1915-1921)

> As restrições introduzidas por leis ordinárias, se tiverem por fito funções públicas, estarão de acordo com a lei básica; se tiverem por objeto profissões de ordem privada, não poderão fugir à pecha de inconstitucionais (...). É inadmissível afastar do exercício de qualquer indústria os estrangeiros no país, aos quais ela (a lei básica) assegura, em termos insofismáveis, a igualdade jurídica, no campo do direito provado, e, em particular, a liberdade de profissão, sem prejuízo, é bem claro, das leis que regulamentem o exercício dessa profissão.

O capitão Villar aumentou a pressão, criando colônias de pesca "só para brasileiros" em todo o litoral. Algumas sobrevivem até hoje. Os poveiros insistiram no boicote. *A Pátria* (assim como *O Paiz* e *A Rua*) apoiou os pescadores contra o governo, defendido pelo *Correio da Manhã* e as revistas *ABC*, *Brás Cubas* e *Gil Blás*. Em 2 de outubro, o jornal de João do Rio publicou o manifesto da Associação Marítima dos Poveiros, em que esses afirmavam que, nascidos pescadores, queriam morrer pescadores, mas portugueses, o que pensavam poder conciliar com os "interesses sagrados do Brasil (...) ao qual dariam, se fosse preciso, o seu sangue". O texto, por causa das firulas de estilo, foi atribuído a João do Rio, assim como os explosivos editoriais contra as ideias jacobinas e a ASN.

No dia 3, pela manhã, o capitão Villar e alguns comandados desembarcaram do *José Bonifácio* dispostos a tomar satisfações. Foram diretamente à sede de *A Pátria* interpelar o diretor. João do Rio havia saído para o almoço e os militares prometeram voltar depois. A decepção tornara-os ainda mais irritados. Perambulando pelo Largo da Carioca, descobriram, não se sabe como, que o jornalista almoçava no restaurante da Brahma — e sozinho. A ocasião era perfeita para uma covardia. Villar e seus apaniguados entraram quase marchando pelo fino restaurante, assustando garçons e clientes. Dirigiram-se diretamente à mesa de João do Rio, que, entretido com um belo leitão assado, nada percebeu e viu-se de repente cercado de homens fardados. Antes que pudesse fazer qualquer coisa, uma saraivada de socos e bengaladas o atirou no chão, onde ainda foi chutado na cara, no fígado e no traseiro. Com a mesma soberba com que tinham entrado, os agressores se retiraram aos gritos de "Nacionalismo ou morte!" e outras palavras de ordem. Uns poucos aplaudiram. A maioria, chocada, socorreu o agredido, que tinha hematomas e sangrava superficialmente. Avisados, os empregados de *A Pátria* vieram buscar o patrão. No dia seguinte, João do Rio reagiu energicamente com o longo artigo "O caso da agressão".

> Vendo-me ontem entrar num restaurante, o sr. Villar, fardado e batendo nos galões, o sr. Villar, a quem eu não conhecia pessoalmente, veio para mim de punho fechado (...) armando um rolo e um escândalo formidáveis (...). O cidadão que o sr. Villar, trepado numa das mesas da Brahma, em *meeting* queria fazer linchar como mau brasileiro (...) tem vinte anos de trabalho tenaz e centenas de milhares de leitores, que leem nele o amor pelo Brasil, o entusiasmo pelo Brasil e o respeito às liberdades (...). Esse homem, que sou eu e a quem nem mil Villares podem retirar o que ele conquistou pelo próprio mérito — sentiu dor por ver que, numa capital civilizada, um oficial fardado, sem ter sido ofendido, se precipita em agressão a uma pessoa de destaque, só porque ela não é da sua opinião, num jornal polido e educado! Nem na Libéria veríamos uma coisa dessas!

Paulo Barreto recebeu solidariedade de pessoas importantes, como os deputados Maurício de Lacerda, Francisco Valadares e Félix Pacheco; do senador Irineu Machado; de Medeiros e Albuquerque, Rui Barbosa e Monteiro Lobato; do Senado de Portugal; dos jornais *O Paiz*, *A Noite* e o *Jornal do Commercio*.

A ASN promoveu, no dia 5, no Passeio Público, uma passeata pró--capitão Villar, a pedido de uma entidade criada às pressas, a Confederação-Geral dos Pescadores Brasileiros, presidida pelo jornalista Carlos Maul. Os manifestantes pararam diante da sede de *A Pátria*, vaiando por

O PAÍS E A PÁTRIA (1915-1921)

dez minutos e ameaçando invadir. João do Rio pediu auxílio policial, que foi prometido, mas não veio. A multidão acabou se dispersando. Eis como *Gil Blás* resumiu o incidente:

> Diante da cloaca de João do Rocio, *A Mátria*, os dois mil pescadores e cerca de três mil populares (...) vaiaram durante cerca de dois minutos o órgão defensor dos poveiros lusitanos e do capitalismo alienígena. João do Rocio, apavorado, tremendo todas as suas banhas, pediu idiotamente garantias à polícia (...). A manta de toucinho com dois olhos verificou que a obra do brasileiro digno que o esbofeteou na Brahma é uma realidade.
> Mas o invertido prefere o dinheiro da colônia.

Esse texto não é assinado, mas a mesma página traz ainda impresso o artigo de Antônio Torres sobre a questão dos poveiros, "Pela ordem". Uma simples comparação entre os dois não deixa dúvidas quanto a serem da mesma autoria.

> Venal, traidor, covarde, esbofeteado várias vezes, balaio de toucinho podre, indivíduo cujo coração é um odre hereditário de banha rançosa (...). Homem-torpeza que já trouxe para o mundo todas as ancestralidades fétidas dos excrementos falsificados (...) que se diz fidalgo, apesar da sua beiçorra etiópica e do seu prognatismo camítico, fundou aí um jornal que ele chama *Pátria*, mas que deve ser chamado *Mátria*, pois em se tratando de Paulo, tudo é feminino (...).
> Aí está, não digo em carne e osso, mas em banha e toucinho, o animal que explora o simples pontapé casual que lhe deu outro dia no fim da espinha um tenente da Armada, que estava em companhia do brioso comandante Frederico Villar, tipo de marinheiro disciplinado, valente e patriota, que não brinca com recalcitrantes e traidores, mas que é uma pomba com os pobres e perseguidos pescadores brasileiros (...) que sabem matar peixe e sabem também matar traidores pederastas passivos (...).

JOÃO DO RIO: VIDA, PAIXÃO E OBRA

Poucas vezes no Brasil um jornalista ofendeu tanto um colega de profissão, e por tão pouco. Lusofobia, homofobia e jacobinismo à parte, boa dose da veemência do ex-seminarista talvez se deva ao fato de que, aprovado em concurso para o Itamaraty, aguardava nomeação para oficial de chancelaria. Precisava, portanto, na sua lógica de puxa-saco, chamar atenção para si como partidário do governo. A todo custo. Sob o disfarce enganador de um Saint-Just tropical, mais um reles cavador de burleta da Praça Tiradentes.

* * *

É muito difícil estabelecer em *A Pátria* o que foi ou não escrito por João do Rio, que assinava apenas uma pequena coluna diária ("Bilhete") na segunda página, mas cuja presença pode ser detectada desde o editorial até a programação de espetáculos. Graficamente, o jornal é moderno, sem ser inovador. Paginação mais leve que a de *O Paiz*, porém menos inventiva do que a da *Gazeta de Notícias*. Em poucos dias, tornou-se um sucesso de vendas.

"Bilhete" é sempre dirigido a alguma celebridade, real ou fictícia, comentando um fato. É como se o autor fizesse um resumo de toda sua atividade jornalística. Fala do cotidiano carioca como X., de atrizes e Carnaval como o Joe da "Cinematographo", arrisca até um pouco do José Antônio José da "Pall-Mall-Rio". Mas o tema principal é a política, e seus alvos principais os jacobinos e a administração federal. A defesa dos operários é outra constante, acusando os atentados anarquistas como forjados pela própria polícia. Destaca-se o emocionado texto de novembro de 1920 onde saúda as 72 crianças operárias que fizeram greve numa fábrica de tecidos em Petrópolis. Põe sempre em dúvida a sinceridade do nacionalismo da ASN, que só combatia os portugueses, quando americanos obtinham concessões milionárias na Amazônia, em Mato Grosso e em Santa Catarina. Em março de 1921 pede ao presidente da República que contenha seu chefe de polícia: "Dê ordem a Geminiano para não me aborrecer e não se meter na vida desse jornal."

A ASN, que então alardeava já ter 250 mil associados em todo o Brasil, não parou de pressionar. Os irmãos Diniz Júnior. (o braço direito de João do Rio) e Paulo Diniz (o marquês de Denis da imprensa fútil) foram hostilizados em pleno dia na porta da sorveteria da moda. Telefonemas anônimos pipocavam na redação, com ameaças e palavrões impublicáveis.

Logo ficou evidente a conivência do governo. O cerco fechou-se também em torno de Maurício de Lacerda e Nicanor do Nascimento, deputados oposicionistas antijacobinos. Reeleitos no início do ano, em 13 de maio não foram "reconhecidos" por mais de dois terços dos votos do Congresso. Desde março *A Pátria* já temia esse desfecho, combatido não apenas pelo seu proprietário, mas também pelo advogado Evaristo de Moraes, um dos primeiros socialistas brasileiros. Logo depois de cassado, o polêmico Lacerda ganhou uma coluna diária ("Minha tribuna") para espinafrar o governo. Supostamente financiado por capitalistas estrangeiros, o jornal de João do Rio estava mais próximo de um antro de conspiradores antiautoritários. A morte de Kropotkin, um dos teóricos do anarquismo, em Moscou, foi motivo de uma nota mais do que simpática. Simpatizante.

Nem por isso esmoreceu no combate a um dos mais sérios adversários dos jacobinos, os bolcheviques, que já se preparavam para substituir os anarquistas no comando do movimento operário mundial. João do Rio chegou a escrever um longo texto, "A superioridade do artista", em forma de resposta a um bolchevique, mas nunca o publicou. Possivelmente para não contribuir para sua perseguição pela polícia. Só foi editado postumamente, e é bastante revelador da sua posição.

Em primeiro lugar, eu sou absolutamente superior a você. Não por causa do embaixador que me corteja, do chefe de polícia que me odeia, ou da pérola da minha gravata. Tudo isso e muito mais você pode ter amanhã pelo bolchevismo, por um bilhete de loteria, por um excesso de esperteza ou pelo excesso de estupidez. Eu sou superior a você pelo dom da inteligência, apenas.
(...) diante do artista é tão conservador o chefe de polícia como o matador do dito chefe, pela simples razão que nem o chefe cruel (...) nem o anarquista matando para salvar a humanidade (...) conseguiram o inatingido bom senso de se libertar dos próprios egoísmos, que são os das suas classes, os das suas ordens sociais.
(...) Você cheio de teias de aranha, cheio de preconceitos revolucionários, tão atrasado no seu egoísmo sem luz que, se lhe dessem o cargo de chefe de polícia ou de diretor de banco, você sem esforço me mandaria prender em nome da ordem. (...) O artista vê em Lenin um repetidor daquilo que tem sido dito milhares de vezes e um executor inteligentíssimo do contrário.
(...) Você é para o ministro do Interior um réu de polícia, enquanto espera a ocasião de, com seus companheiros, fazer réus de lesa-humanidade todos os ministros do Interior. O artista não tem medo dos ministros nem de você, e é temido como um revolucionário tanto por um como por outro (...).
Consequentemente, eu sou o superior.
Consequentemente, o revolucionário, o reivindicador, sou eu.

* * *

Paulo Barreto vivia numa grande solidão. Evitado por boa parte da alta sociedade desde o fim da "Pall-Mall-Rio", perdeu igualmente a simpatia do meio diplomático após a frustrada tentativa de ser nomeado embaixador em Lisboa. A agressão do capitão Villar aconteceu durante a visita dos reis da Bélgica ao Rio, evento do qual foi alijado desde o início, embora conhecesse pessoalmente Sua Majestade, que entrevistara no ano

O PAÍS E A PÁTRIA (1915-1921)

anterior. Seu amargor exprimia-se no sorriso triste com que fazia questão de cumprimentar mesmo os inimigos mais notórios. "A sua vida ativa de jornal (...) acabou por lhe arruinar o coração. E assim como escondia seus incômodos morais (...) começou a encobrir a implacável doença que o mirava", dizem as memórias de Luiz Edmundo. Um homem encurralado, não é exagero dizer. Passou a evitar os meios sociais elevados que conquistara com tanto esforço, flanando já nem tão ligeiro por suas amadas ruas centrais, inclusive as da Cidade Nova, origem de seus antepassados maternos, como numa volta às origens.

"O meu Carnaval no Rio de Janeiro foi transferido para a Praça XI e adjacências, com o pessoal dos cordões, perfeitamente camaradas. Passo noites inteiras vendo samba e enervando-me com o modo indecorosamente violento pelo qual trata a polícia aos pobres que se divertem", registrou João do Rio no "Bilhete ao Dominó Azul", em fevereiro de 1921.

Em março saiu, pela Bertrand, *Ramo de loiro/Notícias em louvor*, composto de dez ensaios, alguns já publicados em *A Revista Americana*, *Gazeta de Notícias* ou *O Paiz*. Os mais antigos referem-se aos escritores Fialho de Almeida e João de Barros, e ao ator Augusto Rosa, portugueses. Mas encontramos também Olavo Bilac, Gilberto Amado, Luiz Guimarães Filho e Oscar Wilde (os poemas). É uma pena que excesso de trabalho e idiossincrasias pessoais ou políticas tenham mantido João do Rio, sempre tão sofisticado e novidadeiro, distante do que melhor produzia então a literatura em língua portuguesa: a revista *Orfeu* (1917), de Mário Sá Carneiro e Fernando Pessoa, os romances de Lima Barreto (em atividade desde 1909) e a poesia de Augusto dos Anjos (cujo *Eu* data de 1912).

Em junho foi a vez de *O rosário da ilusão* (editora Portugal-Brasil), com 13 textos variados. Além dos já citados "O homem da cabeça de papelão" e "As palavras da máquina", temos as agora inevitáveis, verborrágicas e melosas cenas bíblicas ("Noturno em negro e sangue", "Maria

Madalena" e "Lázaro") e uma longa e malsucedida dramatização da lenda grega dos Argonautas, "A verdadeira história do velo de ouro". Todos textos posteriores a 1917. Mas o melhor é bem anterior, uma década: "Pavor", um solilóquio que trata de hipertensão, claustrofobia e complexo de perseguição.

Nos intervalos do jornalismo, trabalha simultaneamente em duas peças de teatro. Uma comédia cínica de adultério, *A serpente* (seria a tal encomendada por Lucília Perez?), e uma sátira política (*Ministro Prates*). Ambas ficaram incompletas e nunca foram encenadas, mas localizei os textos nos arquivos da SBAT. São interessantes.

Um conto extenso que permaneceu inédito ("Os cães") permite traçar paralelos com seu drama íntimo de tentação erótica e miscigenação racial, através de uma parábola de dois cachorros deixados por um amigo em sua casa em Ipanema. Um se chama Lorde, é branco e calmo, e "inepto para o amor". O segundo, Negro, "tinha o egoísmo feroz, a esperteza, o apetite vagabundo, a depravação desses rapazes, filhos de uniões irregulares, que nascem bandidos amáveis". A presença do sexo, encarnado numa cadelinha amarela no cio, vai provocar desavenças entre os dois animais. O apático Lorde torna-se uma fera, e o volúvel Negro age romanticamente. Exasperado, o narrador fuzila os animais, pondo fim ao problema e ao texto, sem dúvida um dos seus mais trabalhados. Outros contos inteiramente acabados foram publicados postumamente no volume *Celebridades, Desejo*. Isso atesta que João do Rio não desistira nem do teatro, nem da carreira literária.

＊＊＊

As tensões aumentaram com o surgimento das candidaturas presidenciais. Em maio, o ex-presidente Hermes da Fonseca lançou-se num comício, apoiado pelos deputados cassados e por militares. Sustentado

O PAÍS E A PÁTRIA (1915-1921)

apenas pelos estados nordestinos, Epitácio Pessoa viu crescer o nome do governador de Minas, Artur Bernardes, apoiado também por São Paulo. No início de julho esse foi escolhido o candidato oficial. Quem seria o candidato da oposição? Até velhos adversários como Rui Barbosa e Hermes retiraram seus nomes em favor de Nilo Peçanha, que relutava em aceitar. Muito ligado a ele, João do Rio viu aí uma boa ocasião de voltar à tona.

Mas o imponderável entrou em cena e uma ação tão previsível como *A Pátria* apoiar Peçanha terminou num desenlace trágico. Apesar das boas vendas, o jornal sofria boicote do governo, precisando de um empréstimo. Com a tradicional demora da oposição em definir seu candidato, João do Rio foi obrigado a recorrer a suas conexões mineiras, pedindo dinheiro emprestado diretamente a João Luiz Alves, secretário de Fazenda de Artur Bernardes. Esse exigiu apoio incondicional e público à sua candidatura. Tudo iria muito bem se o candidato contrário fosse o marechal, mas durante o mês de junho as pressões sobre Peçanha aumentaram e ele finalmente resolveu candidatar-se. João do Rio, que já tinha recebido parte do dinheiro de Minas, ficou em situação delicada. Sem contar o alinhamento político, não podia negar apoio a seu amigo e protetor, que o indicara para o primeiro emprego. Argumentou com João Luiz, prometendo devolver o dinheiro, mas esse foi inflexível. Para não protestar as promissórias, Bernardes exigia, agora, não apenas o apoio formal, mas a condenação pública de Nilo Peçanha.

Isso, no entanto, não acontecerá.

O dia 23 de junho começou de modo rotineiro. Logo cedo, João do Rio saiu para sua caminhada diária até a pedra do Arpoador. Sentiu-se cansado e parou para descansar duas vezes antes de completar o percurso de volta. Suava frio em pleno sol. Em casa, banhou-se demoradamente, tomou o café da manhã com a mãe, leu os jornais, deu telefonemas. Por volta das 11h, chamou um táxi e desceu para o Centro. Na redação de *A*

Pátria, leu telegramas, idealizou manchetes e outros pequenos trabalhos de rotina. Saiu para almoçar na Brahma, mas teve falta de apetite e nem terminou o belo badejo com batatas coradas que idealizara desde o táxi. Deu uma volta pela Rua da Carioca para fazer a digestão, voltou para o jornal, subindo as escadas com dificuldade. Cochilou em sua mesa, só acordando com a chegada de Diniz Júnior com as novidades da Câmara, do Senado e do Catete.

— Parece que agora o Nilo deslancha de uma vez...

A frase o fez lembrar do *ultimatum* do Bernardes. Azar, não ia trair o Peçanha. Pegou da pena e escreveu *Bilhete* para um amigo diplomata.

> Pergunta você, meu caro Clark, como vamos de Rio de Janeiro? (...) A verdade é que não se pode ir pior (...). Devemos isso a uma aposta do venerável Epitácio, que quer provar como se leva um país à ruína sem para isso saber finanças. (...) Eu apostaria a minha vida (dois anos ainda, se houver muito cuidado, segundo o Rocha Vaz, o Austregésilo, o Gilberto Moura Costa e outras sumidades) contra dois tostões como você não encontraria ninguém que se mostrasse satisfeito.

No inverno escurece cedo. Maurício de Lacerda passou à noitinha para entregar seu artigo, conversaram sobre política e teatro. Desabafou.

— A verdade, meu caro Maurício, é que meu único desejo é morrer na minha querida Lisboa.
— Que morrer, qual nada. Paulo, ainda veremos a derrota desse Epitácio...
— Epitácio, não. E-pi-tá-fio...

Riem alto. Quando cessam as gargalhadas, os olhos de João do Rio estão lacrimejando. O ex-deputado tentou contornar.

— O lugar de João do Rio é aqui, não em Portugal!

O PAÍS E A PÁTRIA (1915-1921)

O marquês de Denis telefona convidando para assistir a *Tristão e Isolda* no Municipal, regência do maestro Marinuzzi. Abatido, João recusa. Ainda tinha muito a fazer na redação, fechar a edição, como se diz no meio jornalístico. Sentindo-se mais uma vez cansado, resolveu ir embora mais cedo, passou as funções para Ferreira da Silva e desceu para pegar um táxi. Eram 21h40. No ponto do Largo não encontrou seu motorista favorito, o velho Adelino, escolhendo então o jovem e bonitão Alberto Cestari, um napolitano de olhos verdes. Um zumbido na cabeça começou a incomodar. O carro passou pelo Passeio Público, cheio de namorados, e viu as filas para o Palace, onde Aura e Adelina Abranches apresentavam, com grande sucesso, a comédia *Cinco réis de gente*. Do outro lado, o prédio da Academia (então no Silogeu) pareceu-lhe soturno. Embora fosse inverno, sentiu calor e abriu a janela para sentir a brisa da Avenida Beira-Mar. Na altura das ruas Bento Lisboa e Pedro Américo, "sentiu no estômago um espasmo de dor aguda. O sangue afluiu ao parietal, latejou como se o quisesse rebentar... Não podia mais... Ouvia nitidamente todos os rumores reais, mais claros no galope do seu próprio sangue, que batia nas pontas dos dedos, pulsava, borboleteava na carótida, e dentro do peito abria e fechava vertiginosamente o seu coração". Tentou falar alguma coisa, mas o que saiu foi um ronco abafado. O motorista, percebendo algo, parou o carro, provocando um pequeno engarrafamento de trânsito.

— Um copo d'água, pelo amor de Deus! — conseguiu articular o passageiro, enquanto catava no bolso do colete as pílulas receitadas pelo dr. Austregésilo.

Alberto Cestari correu ao primeiro botequim, pedindo assustado um copo d'água no seu péssimo português. Quando voltou, acompanhado de alguns populares, já era tarde demais. O gordo passageiro estava morto no banco de trás, com a expressão contorcida dos que enfrentam a morte de frente. Só então, pela reação das pessoas, o italiano veio a saber de quem se tratava.

— É o Paulo Barreto! — gritou uma crioula.

— João do Rio morreu!

Todos correram para a delegacia, na esquina da praia, de onde telefonaram para *A Pátria*. Quem atendeu ao telefone começou a chorar. Os amigos correram para o local, onde encontraram o corpo estendido no chão, olhos fechados por alguma pessoa caridosa. Tinha agora a expressão tranquila de alguém finalmente aliviado de um problema terrível. Eram 22h30. Na confusão, ninguém percebeu o desaparecimento da famosa pérola de gravata "que dava sorte". Nunca mais foi encontrada.

A notícia espalhou-se pela noite carioca como uma epidemia. Dezenas de motoristas de táxi, pequenos jornaleiros e simples populares encarregaram-se de espalhá-la. Na saída do Municipal, a alta sociedade, estatelada, **verteu** lágrimas de crocodilo. Os portugueses saíam às ruas, chorando e gritando de fazer dó. Na Cidade Nova, capadócios e macumbeiros perceberam que perdiam um amigo, e não houve batucada. Mesmo os adversários não sabiam como agir.

Restavam medidas concretas a tomar. Quem avisaria d. Florência? Onde seria o velório? Diniz Júnior assumiu o comando. Aos soluços, Florência Barreto só disse uma frase, antes de desmaiar nos braços da criada.

— Na Academia, não.

O corpo do escritor foi então levado para a sede de *A Pátria*. Uma comissão de amigos decidiu que seria velado em câmara ardente até a hora do enterro. E assim foi feito.

Pela manhã, o cadáver embalsamado foi vestido com o fardão acadêmico, e começou a romaria de pêsames. Durante toda a sexta-feira e o sábado desfilaram milhares de pessoas diante de d. Florência e Diniz, impassíveis ao receber os cumprimentos. Dois ex-presidentes da República (Hermes da Fonseca e Nilo Peçanha), um ex-prefeito (Bento Ribeiro), ex-ministros de Estado (Rui Barbosa, Lauro Müller), deputados e ex-deputados (Félix Pacheco, Maurício de Lacerda), jornalistas (João

O PAÍS E A PÁTRIA (1915-1921)

Lage, Cândido de Campos), literatos (Júlia Lopes de Almeida, Gilberto Amado, Medeiros e Albuquerque, Álvaro Moreira), autores teatrais (Luiz Peixoto, Olegário Mariano, Abadie Farias Rosa, Bastos Tigre), atores (Aura e Adelina Abranches, Leopoldo Fróes, Procópio Ferreira, Abigail Maia), cocotes, sindicalistas, rapazinhos do comércio, capoeiras retintos e espadaúdos espremidos entre pálidos diplomatas e senhoras vestidas com luxo — o *grand-guignol* compareceu em peso. Telegramas e coroas de flores não paravam de chegar, de amigos distantes como João de Barros, Carlos Malheiro Dias, Luiz Souza Dantas e até mesmo Coelho Neto e Artur Bernardes. Também do Senado Federal e dos governos de Portugal e da Itália. Os teatros suspenderam as sessões e boa parte do comércio fez o mesmo. Na porta do jornal, grupinhos discutiam alto, em tom de discurso. Curiosos observavam de longe. Nenhum jacobino se atreveu a provocar. Pelo contrário. *Gil Blás*, no auge do cinismo, chegou a lamentar cinicamente "a morte inesperada do notável jornalista (...) vida extraordinária (...) servida por uma lúcida inteligência e excepcional capacidade de trabalho (...) sinceramente lamentamos, pois quiséramos que assistisse um dia a nossa vitória incruenta (...)".

O enterro, às 15 horas do domingo, foi organizado com a meticulosidade de uma peça teatral ou cerimônia oficial. Todas as entidades — do carnavalesco Clube dos Fenianos ao Fluminense Football Club, do Ginástico Português ao Rancho da Rosa Branca, da SBAT ao Real Gabinete Português de Leitura — levaram seus estandartes, e o Largo refulgia de tantas cores ao vento. Um repórter anônimo de *A Noite* registrou os últimos momentos do velório. "Ninguém resistiu ao barulho metálico do martelo cravando a madeira sobre o ataúde. Gritos de dor fizeram que o obreiro retardasse o trabalho." Coberta quase até os pés com um véu negro que escondia a cara inchada pela insônia e pelo sofrimento, Florência Barreto teve de ser praticamente arrancada do pescoço do filho. Finalmente, o corpo desceu.

Na rua, a banda do Centro Musical Português começou a *Marcha Fúnebre* de Chopin. Chovia fino, mas ninguém pareceu notar. O caixão foi colocado no próprio carro onde morreu o jornalista, envolto em crepe negro e decorado com dálias brancas. Num segundo carro, aberto, embarcaram d. Florência e Diniz, cercados pelos populares. Como os motoristas de táxi ofereceram transporte grátis até o cemitério, logo uma longa fila de automóveis formou-se em cortejo, seguidos por milhares de pedestres de todas as classes sociais. No Municipal, os cantores que faziam uma matinê do *Rigoletto* interromperam o espetáculo, chegando fantasiados às janelas, dando à cena um estranho fulgor fantasmagórico dos bailes de "O bebê de tarlatana rosa". Seguindo pela Avenida Rio Branco, e antes de pegar a Beira-Mar, o cortejo deteve-se na porta da Academia Brasileira de Letras, onde Carlos de Laet, Felinto de Almeida, Ataulfo de Paiva e Goulart de Andrade aguardavam nas escadarias. "Vai, Paulo Barreto, grande brasileiro, operoso batalhador das letras pátrias!", disse o primeiro, antes de aderir ao cortejo com seus colegas.

A caminhada até o cemitério São João Batista foi lenta e imponente. Estima-se que cerca de cem mil pessoas tenham participado. Existe registro cinematográfico. À medida que avançavam, o tempo abriu num claro sol de inverno. Na Rua Real Grandeza, às portas do cemitério, Maurício de Lacerda discursou para os populares, um elogio fúnebre pouco conhecido e que tirou da cerimônia o ranço pró-lusitano que os adversários divulgarão no futuro.

> Este que aí está não é um cortejo fúnebre: é uma marcha cívica. Aquele que amou a rua, a rua o tomou em seus mil braços e o trouxe até o sepulcro que se abre, menos como um túmulo do que como um tabernáculo.
> Sua morte não traz, como tantas outras, o desespero e a desolação.
> Não! Ela, como toda a sua vida nas letras e na imprensa, é o seu derradeiro artigo, a sua última profissão de fé.

O PAÍS E A PÁTRIA (1915-1921)

> O povo que aqui está, contrito e sofredor, é aquele de humildes e trabalhadores, que ele defendeu, serviu e amou, sem quebrar a graça perpétua de seu estilo e a beleza imortal da sua arte (...).
> Notai bem: aqui não há ninguém do governo. É um brasileiro, notável nos talentos, notável nas letras, que desaparece. O ódio jamais contido dos poderosos dele se aparta. E faz bem. Que onde está o povo não há lugar para aqueles que o oprimem (...).
> Ele preferiu entre os ideais da sua pena e os tempos que aí vão, ele preferiu sucumbir a transigir. É essa a grande lição da sua vida, que vale a melhor página da sua arte, a maior beleza do seu estilo, o mais famoso capítulo do seu gênio (...).
> Junto a seus restos, como uma oração de fé, descobertos ante a morte mas inundados pela grande luz do seu exemplo, volvamos os vivos a continuá-lo em bem dos humildes, em bem de sua grandeza futura e da sua existência nacional que ele tão bem aliou, pelo coração, ao desenvolvimento da raça e ao desabrochamento da democracia americana.

Depois do corpo enterrado, quando a multidão já se retirava, uma figura popular do folclore urbano, o negro Vicente Ferreira, alcoólatra e demagogo, subiu na campa e desancou o governo. Poucos escutaram a sua fala desengonçada e primária, mas os que o fizeram, respeitando nela uma autêntica homenagem da alma encantadora das ruas ao mais carioca dos seus cronistas, com certeza não se arrependeram.

Assim se acabou Paulo Barreto, o João do Rio, flor estilizada da nossa *belle époque*. Morreu e foi enterrado como viveu: espaventosamente, fulgurantemente, polemicamente. "Matou-o o movimento (...) a correr pelo asfalto com a velocidade de seu pensamento, astro desorbitado que se apagou e caiu", resumiu Felinto de Almeida em *A Noite*.

Choremos, pois.

EPÍLOGO

Triste fim de uma época
(1930)

EPÍLOGO

A nossa história, como a República Velha, termina alguns anos depois, em 1930. Em março desse ano, o candidato do PRP à Presidência da República, Júlio Prestes, foi declarado vencedor das eleições que disputou contra o ex-ministro Getúlio Vargas, indicado pela Aliança Liberal, uma dissidência mineiro-gaúcha-paraibana da elite dirigente, endossada pelos jovens militares (tenentes) insatisfeitos desde 1924. O derrotado não aceitou os resultados e alegou fraude. Nos meses que se sucederam, a crise política evoluiu sem controle. O presidente Washington Luiz assumiu uma posição aristocrática e irremovível. O assassinato, na Paraíba, de João Pessoa, vice eleito de Vargas e sobrinho do ex-presidente Epitácio, por motivos de política regional (divulgou as cartas de amor adulterino de um adversário político com uma jovem professora, levando-a ao suicídio), foi a gota d'água. Em 3 de outubro estourou o movimento que depôs o presidente da República, exilou Júlio Prestes e entronizou Getúlio como líder nacional, em nome da democracia. Ele se manterá no poder, sem convocar eleições, por 15 anos consecutivos.

Em meio a essa confusão, em 15 de março, faleceu Florência Barreto em sua residência em Ipanema, aos 68 anos. Sua atitude desde a morte de João do Rio, muito digna e dedicada à preservação de sua memória, desmente todos os pejorativos com que foi brindada através da vida: fútil e deslumbrada, não passaria de uma mulatona gorda, uma gôndola coberta de penduricalhos, só pensando em comer.

Depois de encabeçar a campanha pública de donativos que construiu o imponente mausoléu do filho no cemitério São João Batista, ela enfrentou com a maior dignidade o leilão judicial de *A Pátria* para o pagamento das dívidas (o grupo Artur Bernardes/ Francisco Valadares arrematou o jornal) em 1924. Temerosa pela própria saúde, resolveu dispor de seus bens para que não caíssem em mãos indesejadas (sua irmã Adelina, com quem não se dava).

Segundo seu testamento, registrado na página 21 do livro 174 do cartório Eduardo Carneiro de Mendonça no dia 20 de fevereiro de 1925, além de beneficiar com dinheiro vivo a criada de confiança, o jardineiro e três entidades beneficentes, ela criou a Sociedade Luso-Brasileira Paulo Barreto, sediada na Rua do Lavradio nº 100, no terreno que lhe coubera por herança paterna. Essa deveria fundar e administrar uma escola primária e publicar os inéditos de João do Rio num prazo de dois anos após seu (dela) falecimento. De fato, a escola Paulo Barreto foi inaugurada em fevereiro de 1932, e nesse mesmo ano foi editada uma coletânea de inéditos (*Celebridades, desejo*). Porém, conforme informações que possuímos sobre obras que estavam no prelo quando da morte do autor (a novela *Juca de São Jorge*, as crônicas de *Sensações de viagem* e peças de teatro), é um trabalho que deixa bastante a desejar.

De posse das propriedades em Ipanema, do prédio da Rua do Lavradio, da conta no British Bank e dos proventos do leilão dos outros pertences ("ricos mobiliários, quadros de autores célebres, alfaias, espelhos", diz o documento), o Centro nada mais fez em prol da memória de seu patrono. Por volta de 1970, foi dissolvido, as casas vendidas, os escritos extraviados.

Com a Revolução de 1930 e seu futuro desdobramento no autoritário Estado Novo, de inspiração jacobina, todos os aspectos da República Velha foram sepultados como entulho ultrapassado. A linha sinuosa *art nouveau* vai ser substituída pelo geometrismo *art déco*. João do Rio foi rapidamente esquecido, até mesmo pelos que lhe foram contemporâneos. Esse fato lamentável, que prejudicou em muito o estudo da história e

TRISTE FIM DE UMA ÉPOCA (1930)

dos costumes do Rio de Janeiro, felizmente está sendo revertido nas duas últimas décadas, com auxílio do mundo acadêmico, de jornalistas esclarecidos como ele foi e, principalmente, do público leitor, que recupera o tempo perdido.

BIBLIOGRAFIA

PARA A VIDA DE JOÃO DO RIO E SEUS FAMILIARES

D'AVILA, Cristiane. *Cartas de João do Rio a João de Barros e Carlos Malheiro Dias*. Rio de Janeiro: Funarte, 2013.

MAGALHÃES JUNIOR, Raimundo. *A vida vertiginosa de João do Rio*. Rio de Janeiro: Civilização Brasileira, 1978.

RODRIGUES, João Carlos. *João do Rio: uma biografia*. Rio de Janeiro: Topbooks, 1996.

PARA O LEVANTAMENTO DE SUA OBRA

RODRIGUES, João Carlos. *João do Rio — Catálogo Bibliográfico 1899/1921*. Rio de Janeiro: Secretaria Municipal de Cultura do Rio de Janeiro, 1994.

AUTOBIOGRAFIAS DE CONTEMPORÂNEOS

AMADO, Gilberto. *A chave de Salomão*. Rio de Janeiro: José Olympio, 1958.

ANDRADE, Oswald de. *Sob as ordens de mamãe*. Rio de Janeiro: Civilização Brasileira, 1976.

CAMPOS, Humberto de. *Diário secreto*. 2 vols. Rio de Janeiro: O Cruzeiro, 1954.

_____. *Memórias inacabadas*. Rio de Janeiro: José Olympio, 1935.

_____. *Reminiscências*. Rio de Janeiro: José Olympio, 1935.

COSTA, Luiz Edmundo da. *De um livro de memórias*. Rio de Janeiro: Imprensa Nacional, 1958.

DI CAVALCANTI. *Reminiscências líricas de um perfeito carioca*. Rio de Janeiro: Civilização Brasileira, 1965.

DUNCAN, Isadora. *My Life*. Nova York: Gollancz, 1996.

GRIECCO, Agrippino. *Memórias*. 3 vols. Rio de Janeiro: Conquista, 1972.

MAUL, Carlos. *Grandezas e misérias da vida jornalística*. Rio de Janeiro: São José, 1968.

_____. *O Rio da bela época*. Rio de Janeiro: São José, 1967.

NAVA, Pedro. *Balão cativo/Memórias 2*. Rio de Janeiro: José Olympio, 1973.

SALLES, Joaquim de. *Se não me falha a memória*. Rio de Janeiro: São José, 1961.

Biografias de contemporâneos

BARBOSA, Francisco de Assis. *A vida de Lima Barreto*. Rio de Janeiro: José Olympio, 1975.

CRULS, Gastão. *Antonio Torres e seus amigos*. São Paulo: Companhia Editora Nacional, 1950.

DINIZ, Edinha. *Chiquinha Gonzaga — Uma história de vida*. Rio de Janeiro: Codecri, 1984.

DUMESNIL, Maurice. *An Amazing Journey: Isadora Duncan in South America*. Nova York: Ives Washburn, 1932.

JUNIOR, Raimundo Magalhães. *Arthur Azevedo e sua época*. Rio de Janeiro: Civilização Brasileira, 1957.

_____. *O fabuloso Patrocínio Filho*. Rio de Janeiro: Civilização Brasileira, 1957.

_____. *Olavo Bilac e sua época*. Rio de Janeiro: Companhia Editora Americana, 1974.

_____. *A vida turbulenta de José do Patrocínio*. Rio de Janeiro: Sabiá, 1969.

João do Rio e a literatura brasileira

ALBUQUERQUE, José Joaquim de Medeiros e. *Páginas de crítica*. Rio de Janeiro: Editora Leite Ribeiro e Maurílio, 1920.

ATHAYDE, Tristão de. *Contribuição à história do modernismo*. Rio de Janeiro: José Olympio, 1939.

BIBLIOGRAFIA

BETING, Graziella. *Joáo do Rio et Jules Huret, parcours croisés*. Paris: Université Paris II, 2008.

BOSI, Alfredo. *O pré-modernismo*. São Paulo: Cultrix, s/d.

BROCA, Brito. *A vida literária no Brasil em 1900*. Rio de Janeiro: Ministério da Educação e Cultura, 1958.

CANDIDO, Antonio. *Teresina*. Rio de Janeiro: Paz e Terra, 1980.

CARVALHO, Ronald de. *Pequena história da literatura brasileira*. Paris: Briguet, 1925.

COUTINHO, Afrânio. *A literatura no Brasil*. Rio de Janeiro: Sul-Americana, 1971.

FARIA, Gentil de. *A presença de Oscar Wilde na belle époque literária brasileira*. São José do Rio Preto: Pannartz, 1988.

FUSCO, Rosário. *Vida literária*. Rio de Janeiro: Panorama, 1940.

GRIECCO, Agrippino. *Evolução da prosa brasileira*. Rio de Janeiro: Ariel, 1933.

MARTINS, Wilson. *O modernismo*. São Paulo: Cultrix, 1965.

PAES, José Paulo. *Gregos e baianos*. São Paulo: Brasiliense, 1985.

PEREIRA, Lúcia Miguel. *História da literatura brasileira — Prosa e ficção 1870-1920*. Rio de Janeiro: José Olympio, 1957.

SALGADO, Márcio Rogério Sampaio. *A vida vertiginosa dos signos/Recepção do idioleto decadista na belle époque tropical*. Dissertação de Mestrado. Rio de Janeiro: Universidade Federal do Rio de Janeiro, 2006.

REIS, Simões dos. *Pseudônimos brasileiros*. Rio de Janeiro: Hélio Valverde, 1941.

SÜSSEKIND, Flora. *O cinematógrafo das letras/Literatura, técnica e modernização no Brasil*. São Paulo: Companhia das Letras, 1987.

A CIDADE DO RIO DE JANEIRO NOS TEMPOS DE JOÃO DO RIO

ALMEIDA, Pires de. *Homossexualismo/A libertinagem no Rio*. Paris: Laemmert, 1906.

BENCHIMOL, Jaime Larry. *Pereira Passos — um Haussmann tropical*. Rio de Janeiro: Secretaria Municipal de Cultura, 1990.

BERGER, Paulo. *Dicionário histórico das ruas do Rio de Janeiro*. Rio de Janeiro: Olímpica, 1974.

COSTA, Luiz Edmundo da. *O Rio de Janeiro do meu tempo*. 3 vols. São Paulo: Companhia Editora Nacional, 1938.

FONSECA, Gondim da. *Biografia do jornalismo carioca em 1917*. Rio de Janeiro: Fundação Casa de Rui Barbosa, 1985.

GERSON, Brasil. *História das ruas do Rio de Janeiro*. Rio de Janeiro: Secretaria de Educação e Cultura do Distrito Federal, 1960.

MOREL, Edmar. *A Revolta da Chibata*. Rio de Janeiro: Letras e Artes, 1963.

NEEDEL, Jefrey. *Belle époque tropical*. São Paulo, Companhia das Letras, 1993.

ROCHA, Oswaldo Porto. *A era das demolições — Cidade do Rio de Janeiro 1870-1920*. Rio de Janeiro: Secretaria Municipal de Cultura, 1986.

SANTOS, Noronha. *As freguesias do Rio antigo*. Rio de Janeiro: O Cruzeiro, 1965.

O Brasil nos tempos de João do Rio

CARONE, Edgar. *A República Velha*. 2 vols. Rio de Janeiro: Bertrand Brasil, 1988.

COSTA, Cruz. *O Positivismo na República*. São Paulo: Companhia Editora Nacional, 1956.

DULLES, John Foster. *Anarquistas e comunistas no Brasil*. Rio de Janeiro: Nova Fronteira, 1977.

FREYRE, Gilberto. *Ordem e progresso*. Rio de Janeiro: José Olympio, 1974.

LEMOS, Miguel. *Resumo histórico do Movimento Positivista no Brasil*. Rio de Janeiro: Sociedade Positivista, 1882.

LINS, Ivan. *História do Positivismo no Brasil*. São Paulo: Companhia Editora Nacional, 1964.

RODRIGUES, Nina. *Os africanos no Brasil*. São Paulo: Companhia Editora Nacional, 1932.

O mundo nos tempos de João do Rio

SEIGEL, Jerrold. *Paris boêmia — cultura, política e os limites da vida burguesa 1830-1930*. Porto Alegre: L&PM, 1992.

BIBLIOGRAFIA

TUCHMAN, Bárbara. *A torre do orgulho/Um retrato do mundo antes da Grande Guerra — 1890/1914*. São Paulo: Companhia das Letras, 1988.

WEBER, Eugen. *França fin de siècle*. São Paulo: Companhia das Letras, 1988.

Outros

AL BAGDADI, Abderraman. *Deleite do estrangeiro em tudo que é espantoso e maravilhoso*. Rio de Janeiro: Biblioteca Nacional, 2007.

BETTING, Graziella. *João do Rio et Jules Huret, parcours croisés/Deux journalistes sur la route France-Brésil à la Belle-Époque*. Paris: Institut Français de Presse, 2008.

ÍNDICE ONOMÁSTICO

A

ABC (revista), 111, 249, 253
Alberto, rei, 239
Abranches, Adelina, 96, 167, 185, 198-99, 263, 265
Abranches, Aura, 167, 185, 199, 263, 265
Abranches, Dunshee de, 217
Abreu, Capistrano de, 55
Abreu, Carlos, 154, 193
Abreu, Casimiro de, 32, 104
Academia Brasileira de Letras (ABL), 54, 57, 69, 107-9, 175-76, 266
Academia de Ciências de Lisboa, 166, 168
Ação Social Nacionalista (ASN), 253-54, 256-57
Accioly, Nogueira, 147, 173
Adiante! (coletânea), 249
Aguiar, Fábio de, 34-35
Alabá, João, 51
Albuquerque, José Joaquim de Medeiros e, 42, 54-55, 69-70, 93, 109, 120, 122, 128, 131, 138, 152, 166, 168, 175, 215, 217, 223, 254, 265
Alencar, Godofredo de, 160, 184, 200, 204, 213, 227, 248-49
Alencar, Heitor de, 87
Alencar, José de, 32, 90, 104, 106, 228
Alencar, Mário de, 57, 152, 175, 183

alma encantadora das ruas, A (livro), 70-71, 83, 96, 109, 111, 156
Almeida, Belmiro de, 33, 83
Almeida, Cândido Mendes de, 41, 73, 200
Almeida, Felinto de, 55, 90, 175, 266-67
Almeida, Fialho de, 95, 101, 259
Almeida, Hilária Batista de (Tia Ciata ou Tia Assiata), 51, 84
Almeida, Júlia Lopes de, 55, 57, 59, 70, 80, 90, 97, 153-54, 197, 265
Almeida, Manuel Antônio de, 70
Almeida, Pires de, 65
Almeida Júnior, 33
Alves, Castro, 104
Alves, João Luiz, 261
Alves, Rodrigues, 42, 89, 102, 113, 147, 151, 187, 215-16, 221, 231-32
Amado, Gilberto, 27, 40, 140-41, 148, 152, 158, 166-67, 175, 185-87, 193, 200, 206, 209, 211-12, 215, 219, 246-47, 249, 259, 265
Amaral, Azevedo, 225, 230
Amaral, Crispim do, 78
Américo, Pedro, 104
Amoedo, Rodolfo, 33
Andrada, Antônio Carlos de, 215
Andrade, Goulart de, 59, 90, 175, 223, 266

Andrade, Oswald de, 124, 187, 206, 208
Aníbal, Augusto, 194
Antônio, cartunista, 174
Aranha, Graça, 55, 59, 107, 128, 152, 168, 175, 186, 241
Arantes, Altino, 221
Araújo, Ferreira, 41
Araújo, Paulo Silva, 230
Assis, Dilermando de, 106
Assis, Machado de, 54-55, 58-60, 90-91, 107, 136, 150, 154
Atlântida (revista), 196-97, 217, 229, 241, 247, 251
Austregésilo, Antônio, 151-52, 175, 262-63
Avelino, Georgino, 225, 230
Azevedo, Alexandre, 212
Azevedo, Aluísio, 18, 32, 55, 152, 228
Azevedo, Artur, 29, 41-43, 49, 55, 60, 77, 79-81, 85, 90-91, 104, 106

B

Baiana, João da, 51, 84
Balzac, Honoré, 29, 56, 63, 92, 229
Bandeira, Souza, 56
Barbosa, Francisco Assis, 9
Barbosa, João, 154
Barbosa, Rui, 55, 103, 108-9, 120, 122, 125-26, 147, 151-52, 162, 166, 176, 178-79, 216-17, 232, 254, 261, 264
Barbosa, Vera, 200
Barreto, Alfredo Coelho, 21, 23-24
Barreto, Coelho, 21-23, 25, 27-28, 69, 101
Barreto, Dantas, 107-9, 147, 153
Barreto, Florência, 20-21, 23, 27-28, 59, 93, 101-2, 122, 134, 150, 159, 166, 200, 203, 212, 230-31, 264-66, 271

Barreto, João Pereira, 107, 110
Barreto, Lima, 9, 66, 68, 71, 96, 111, 150-51, 218-19, 259
Barreto, Mena, 21, 147
Barreto Leite, família, 21
Barreto, Paulo, *ver* Claude, João Coelho, João do Rio, Joe, José Antônio José, Paulo José
Barros, João de, 133, 151, 167, 172-73, 196-97, 209, 240, 251, 259, 265
Barros, Monteiro de, 200
Barroso, Colatino, 37
Barroso, Gustavo, 193
Bartolomeu, Floro, 173
Batista, Cícero Romão, 173
Batista Júnior, 174-75, 223
Baudelaire, Charles, 56
Beardsley, Aubrey, 11-12
"bebê de tarlatana rosa, O" (conto), 87, 95, 134, 137, 266
bela Madame Vargas, A (peça teatral), 154-55, 160, 163, 167, 172-73, 184-85, 213, 227
Belfort, barão de, 135, 155, 160-61, 184, 200
Bento XV, papa, 240
Bernardelli, Henrique, 33, 104
Bernardes, Artur, 226, 261-62, 265, 272
Bernhardt, Sarah, 75-76, 100, 106
Bessa, Lino, 132
Bevilacqua, Clóvis, 55, 252
Bezerra, José, 182-83, 218, 220
Bibi, *ver* Senna, Maria Henriqueta
Bilac, Olavo, 28-30, 41-42, 54, 56, 57, 60, 69-70, 93-94, 105, 117, 141, 166, 175-76, 186, 193, 197, 204, 216, 218, 231, 259

ÍNDICE ONOMÁSTICO

"Billhete" (coluna), 283
Bittencourt, Edmundo, 41, 217
Bois, Jules, 50
Bosi, Alfredo, 10
Botelho, Abel, 95, 183
Bousquet, Gastão (J. Repórter), 43, 77
Braga, Francisco, 105, 216, 223
Bragança, d. Luís de, 72, 94, 175
Branco, Camilo Castelo, 56
Brandão, o Popularíssimo, 29, 77, 197
Brás Cubas (revista), 253
Brás, Venceslau, 109, 179-82, 217
Brito, J. (Juca Vadio), 78-79
Brocca, José Brito, 195
Brocos, Modesto, 33
Bulhões, Leopoldo de, 42
Burroughs, William, 9

C

"Cães, Os" (conto), 260
Caldeira, Gabriela Amália, 20-21, 23, 28, 166
Calmon, Miguel, 89, 216
Câmara, Manoel, 157
Câmara, Zizina, 157-59, 197
Caminha, Adolfo, 32, 95
Campista, David, 102
Campos, Cândido de, 140, 156, 175, 187, 265
Campos, Francisco, 221
Campos, Humberto de, 118, 140, 163, 186, 209-12, 215, 218-19, 227, 244
Campos, Lima, 55, 156
Candido, Antonio, 111-12
Cândido, João, 125-27, 162-65, 178
Canto e Castro, almirante, 233

canto sem palavras, O (peça teatral), 154
Caolho, Abubáca [Abu Bakr], 51
capital federal, A (peça teatral), 29
Cardim, Gomes, 225
Cardoso, Licínio, 204
Cardoso Júnior, 38, 54
Careta (revista), 119, 197
Carlos, J., 218
Carneiro, Mário Sá, 259
Carrillo, Enrique Gómez, 11, 71
"carro da Semana Santa, O" (conto), 137
Carvalho, Carlos, 204
Carvalho, Delgado de, 105
Carvalho, Elysio de, 35, 56-57, 137
Carvalho, José Carlos de, 125
Carvalho, Setembrino de, 173
Castro, Luiz de, 37, 45, 69, 204
Castro, Violeta [Bebé] de Lima, 155, 201, 204
Castro, Viveiros de, 65
Cattaruza, Mário, 45
Cavalcanti, Di, 23, 243
Cearense, Catulo da Paixão, 54, 89, 177
Celso, Afonso, 41, 55, 114, 120, 166, 175, 216, 250
chá das cinco, Um (peça teatral), 204, 210
Chambelland, Rodolfo, 37-38
Chaves, Henrique, 41, 116
Chic-Chic (revista teatral), 78-80
Cidade do Rio, A (jornal), 30-31, 34, 38, 42, 56, 74, 121, 151
"Cinematographo" (coluna), 74, 77, 80, 89, 91, 107, 114, 117, 125, 128, 168, 174, 199, 256
Cinematographo (livro), 98
Claude (pseudônimo de Paulo Barreto), 33, 49, 74

Claudel, Paul, 223
Coaracy, Vivaldo, 31
Coelho, José Batista (João Phoca), 77, 93-94, 157
Coelho Neto, 30, 32, 41-42, 49, 54-55, 57, 60, 70, 77, 90, 105-8, 117, 121, 151-53, 155, 175, 183-86, 193, 209, 216-17, 219, 223, 244, 250, 265
Colás, João, 77
Collor, Lindolfo, 167, 185
Comércio de São Paulo, O (jornal), 115, 123, 129
Comte, Augusto, 21, 24-25, 33, 216
Conferência de Paz, Na (livro), 248
Conferência de Versalhes, 231-32, 236, 248
Constant, Benjamin, 25
Coquelin, Benoit-Constant, 76
"Coração" (conto), 22, 134
Cordeiro, Calixto (K. Lixto), 38, 78, 186, 218-19
"cordões, Os" (crônica), 83
Correia, Raimundo, 54, 56-57
Correia, Sampaio, 89
Correia, Viriato, 70, 107, 139, 174, 178, 187, 219, 223-26
Correio da Manhã, O (jornal), 41, 57, 108, 117-18, 194, 253
Correio Paulistano, O (jornal), 184, 220-21
correspondência de uma estação de cura, A (romance), 226-27
cortiço, O (livro), 18, 21
Costa, Álvaro, 154
Costa, Batista da, 33
Costa, Benedito (Paulo de Gardênia), 140, 173-74

Costa, Gilberto Moura, 262
Costa, Luiz Edmundo da, 28, 31, 37-38, 41, 56-58, 64, 69, 117-19, 129, 259
Costa, Thimóteo da, 37-38, 219
Coutinho, Adelaide, 154
Coutinho, Azeredo, 224
Crônicas e frases de Godofredo de Alencar (livro), 213, 248
Cruz, Oswaldo, 42, 153
Cruz e Souza, 56
Cunha, Alves da, 173
Cunha, Euclides da, 54-55, 60, 106, 115, 150
Cunha, Flores da, 127

D

D'Ache, Caran, 49
"dança, A" (conferência), 174
D'Anglemont, Alexandre Privat, 71
D'Annunzio, Gabrieli, 11, 236, 240, 244
Dantas, Júlio, 95, 101, 173, 197
Dantas, Luiz Souza, 183, 200, 211, 240, 244, 265
Darío, Rubén, 11, 71
D'Avray, Jacques, 200
D'Eu, conde, 238
De Quincey, Thomas, 142
Debussy, Claude, 208
Denis, marquês de, 212, 229, 257, 263
"Dentro da noite" (conto), 136
Dentro da noite (livro), 11, 102, 134, 138, 200, 248
Dias, Carlos Malheiro, 95, 101, 167, 186, 243, 265
Dias, Gonçalves, 36, 56, 104, 106
"dias passam..., Os" (coluna), 146

ÍNDICE ONOMÁSTICO

dias passam..., *Os* (livro), 128, 156, 159, 179
Didier, Carlos, 9
Diniz, Antonio Lopez de Amorim (Duque), 130, 178
Diniz, Paulo, 212, 257
Diniz Júnior, 140, 212, 231, 257, 262, 264, 266
Dolores, Carmen, 70, 115, 193, 246
Dom Quixote (revista), 218-20
Donga, *ver* Santos, Ernesto dos
dote, O (peça teatral), 80-81, 90
Dumas, Alexandre, 146
Dumesnil, Maurice, 205, 207-8
Dumont, Santos, 99, 200
Duncan, Isadora, 9, 99, 205-10, 251
Dunois, Amadée, 237
Duque, *ver* Diniz, Antonio Lopez de Amorim
Duque, Gonzaga, 38, 54
Duque Estrada, Osório, 55, 57
Duse, Eleonora, 76, 106, 117

E

Ellman, Richard, 9
Emmanuele, Vittorio, 244
Encontro, O/Um ato sobre uma triste saudade (peça teatral), 193
Era uma vez... (livro), 107
Eva (peça teatral), 184-86, 198, 212, 227
Exposição Nacional de 1908, 88

F

Fados, canções e danças de Portugal (livro), 100
Fausta, Itália, 78
Ferreira, Hilário Jovino (Lalau de Ouro), 84
Ferreira, Procópio, 265
Ferreira, Vicente, 267
Ferrero, Guglielmo, 240
Ferri, Enrico, 240
Figueiredo, Ernani, 177
Figueiredo, Guilherme de, 206
Figueiredo, Heloísa de, 200
Filho, Luiz Guimarães, 259
Filho, Patrocínio, 23, 110, 150-51, 160, 168
Filho, Théo, 117, 160, 168
Fleurs, Gaby des, 168
Flores, Oscar, 135
Fonseca, Hermes da, 102, 108-9, 113, 115, 122, 124-25, 127, 147, 151-52, 159, 165, 168, 177-79, 194, 196, 260-61, 264
Fonseca, Orsina da, 162
França Júnior, 90
França, Amaral, 193
Franca, Geminiano de, 245, 257
Franco, Augusto, 56
Franco, João, 94
Fregoli, Leopoldo, 76
Freire, Laudelino, 56
Freire, Theotônio, 117
Freitas, Bezerra de, 226
Fróes, Leopoldo, 204, 224-26, 265

G

Gafrée, Cândido, 216
Galvão, Ramiz, 151-52
Gama, Domício da, 39
Garnier (livraria), 54-55, 58, 70, 95, 100, 102, 126, 134, 148, 159-61
Garnier, Auguste, 160
Garnier, Baptiste-Louis, 159-60

Gato, O (revista), 141
Gazeta de Notícias, A (jornal), 41-45, 50, 52-53, 55, 57-60, 62, 70-71, 74, 84-86, 88, 94, 98, 103, 108-9, 116, 119, 127, 133-34, 138-41, 144, 146, 148, 156, 159-60, 162-66, 168, 173-74, 179-80, 183, 185-89, 193-95, 209, 213, 220, 247, 256, 259
Genet, Jean, 9
George, Lloyd, 236
Geraldo, maxixeiro, 99, 129, 149, 178
Glaziou, Auguste Marie, 19
Góes, Carlos, 156
Gomes, Carlos, 23, 89, 104-5
Gomes, João Ferreira (Jota Efegê), 84
Gomes, Roberto, 139, 154, 186, 200
Gompers, Samuel, 237
Goncourt, irmãos, 137
Gonzaga, Chiquinha, 177, 222-23
Gottuzo, Humberto, 200
Graça, Heráclito, 59, 107, 153, 175
Gravault, Paul, 167
Graves, João, 197
Griecco, Agrippino, 116, 140-41
Guanabara, Alcindo, 30, 55, 70, 116, 175, 246
Guanabarino, Oscar, 70, 79, 81, 105, 155, 174, 205, 223, 225
Guaraná, Délio, 246
Guinle, Guilherme, 200, 216
Gutemberg, Bernardo, 25, 27

H

Hari, Mata, 11
Hasslocher, Paulo, 186
Haussmann, barão, 42, 71

Hermes, Mário, 147
"Heroísmo, razão da vida" (conferência), 176
Holanda, Camilo de, 244
"homem da cabeça de papelão, O" (conto), 249, 259
homossexualismo, 65, 68, 95, 250
Hoyos, Antonio de, 12
Huysmans, J.K., 11-12, 34, 50, 71

I

Ibsen, Henryk, 30, 76
Ilustração Brasileira, A (revista), 100, 174, 181
Imparcial, O (jornal), 163-64, 209, 212, 245
"Impotência" (conto), 26, 34
Impressões de viagem (livro), 172
"instante, O" (coluna), 146, 149, 193
Instituto Histórico Geográfico Brasileiro, 52
Irmãos Lello Editores, 98, 128, 156, 197
Isabel, princesa, 72, 238

J

Jaceguay, barão de, 59-60, 107, 152-53
Jatahy, Pedro, 159, 161
João Coelho (pseudônimo de Paulo Barreto), 49
João do Rio (pseudônimo de Paulo Barreto), 9-273, *passim*
João Phoca, *ver* Coelho, José Batista
Joe (pseudônimo de Paulo Barreto), 74, 174, 193, 256
Jornal do Brasil, 41-42, 157, 159, 213

ÍNDICE ONOMÁSTICO

José Antônio José (pseudônimo de Paulo Barreto), 199-201, 203, 205, 210-12, 214, 220, 256
Jota Efegê, *ver* Gomes, João Ferreira
J. Repórter, *ver* Bousquet, Gastão
Juca de São Jorge (livro), 229, 272
Juca Vadio, *ver* Brito, J.
Jumbeba, Leopoldino da Costa, 84
Junqueiro, Guerra, 33, 56, 98, 173, 197, 233, 242

K

K. Lixto, *ver* Cordeiro, Calixto
Kosmos (revista), 60, 67, 71, 83, 85, 197
Kraff-Ebing, Richard von, 138

L

Lacerda, Maurício de, 254, 257, 262, 264, 266
Lacerda do Nascimento, família, 157
Laet, Carlos de, 55, 114, 159, 166, 175, 193, 216, 266
Lage, João, 41, 193, 251, 264-65
Lalau de Ouro, *ver* Ferreira, Hilário Jovino
Lalique, René, 11, 71
Lautrec, Toulouse, 11
Leal, Aurelino, 226, 245
Leme, d. Sebastião, 250
Lemos, Miguel, 24-25
Lenin, Vladimir, 234, 236, 258
Lessa, Pedro, 216
Liebknecht, Karl, 235
Liga das Nações, 236, 248
Liga de Defesa Nacional, 216, 250-51

Lima, Oliveira, 217
Lima, Pedro de Araújo (marquês de Olinda), 19
Lina, Maria, 174, 178, 204
Lisboa, Rosalina Coelho, 201, 204
Lobato, Monteiro, 149, 254
Lobo, Laurinda Santos, 120, 194, 201
Lopez, João, 45
Lopez, Oscar, 183, 186, 197, 223
Lorrain, Jean, 11-12, 37, 49, 68, 71, 85-87, 100, 129, 135, 199, 240
Loti, Pierre, 11-12
Lugné-Poe, 129
Luiz, Washington, 187, 271
Luso, João, 56
Luxemburgo, Rosa, 235
Luz, Fábio, 54-55, 57

M

Macedo, Joaquim Manoel de, 106, 228
Machado, Aníbal, 221
Machado, Aureliano, 251-52
Machado, Bernardino, 173, 215, 233
Machado, Irineu, 254
Machado, Julião, 78, 223
Machado, Pinheiro, 103, 109, 122, 125, 140, 147, 152, 161, 165-66, 173, 176-77, 179, 182, 185-86, 194-95, 215
Maciel, Artur Antunes, 142-45, 158
Madame Chrysanthème, *ver* Mello, Cecília Bandeira de
Magalhães Júnior, Raimundo, 10, 28, 95, 118, 128, 212, 221, 241
Maia, Alcides, 186
"mais estranha moléstia, A" (conto), 135-36

Malta, Euclides, 147
Mancinelli, Luiz, 69
Mangabeira, Otávio, 166
"margem do dia, À" (coluna), 174, 177, 182
Mariano, Olegário, 265
Marinetti, Tommaso, 121
Marinho, Irineu, 116, 127-28, 131-32, 138-39, 149-50, 188, 219
marquês de Olinda, *ver* Lima, Pedro de Araújo
marquês de Pombal, *ver* Mello, Sebastião de Carvalho
Marx, Napoléon-Adrian, 49
Maul, Carlos, 118, 206, 254
Maurício, José, 89
Max, Adolphe, 239
Máximo, João, 9
Medeiros, Borges de, 147, 216
Meireles, Vítor, 104
Mello, Albuquerque, 226
Mello, Cecília Bandeira de (Madame Chrysanthème), 246
Mello, Homem de, 165
Mello, Pimenta de, 251
Mello, Sebastião de Carvalho e (marquês de Pombal), 24
Mello, Teixeira de, 59
Memórias de João Cândido, o marinheiro (folhetim), 163-64
Memórias de um comedor de ópio (livro), 142
Memórias de um rato de hotel/A vida do dr. Antônio narrada por ele mesmo (folhetim), 144, 165
Memórias de um sargento de milícias (livro), 70

Mendes, Fernando, 41
Mendes, Teixeira, 24-25
Mendonça, Curvelo de, 56
Mendonça, Eduardo Carneiro de, 272
Mendonça, Salvador de, 55, 152
Meneses, Emílio de, 30, 41, 44, 55, 121, 175, 218
Mesquita, Júlio de, 166, 216
Michel, Michel Georges, 199
Miranda, Rodolfo, 115, 121, 123, 193
Mirbeau, Octave, 146
"missa negra, A", 50, 66-67
Mocchi, Walter, 251
"Modinhas e cantigas"/"A musa das ruas" (conferência), 70-71, 150
"momento de Minas, O" (conferência), 221, 249
momento literário, O (livro), 55, 70, 96
"*Momento literário, O*" (série de reportagens), 53, 55, 57, 108, 120
Moniz, Pato, 173
Montesquiou, Robert de, 12
Moraes, Evaristo de, 150, 162, 219, 257
Moraes, Prudente de, 25, 102, 113
Moraes, visconde de, 249, 251
Moreau, Gustave, 71, 99, 205
Moreira, Álvaro, 265
Moreira, Delfim, 221
Moreira, Juliano, 150, 219
Moreira, Luiz, 78
Morel, Edmar, 164
Morgan, Ted, 9
Moses, Herbert, 183
mulher e os espelhos, A (livro), 247-48
Müller, Lauro, 42, 151-53, 166, 168, 182-83, 200, 211, 215, 217, 264

ÍNDICE ONOMÁSTICO

N

Nabuco, Joaquim, 109
Não é Adão! (peça teatral), 194
Nascimento, Nicanor do, 257
Nava, Pedro, 40, 102
Nazareth, Ernesto, 89
Nazimova, Alla, 12
Nepomuceno, Alberto, 69, 153
Neves, Eduardo das, 150
Nietzsche, Friedrich, 57, 156, 174
Nijinsky, Vaslay, 251
Nitti, Francesco, 240
Nogueira da Gama, Alcides Delamare, 250-51
Noite, A (jornal), 116, 138-39, 148-49, 178, 254, 265, 267
Norte, João do, 193
Notícia, A (jornal), 30, 42, 79, 91, 94, 98, 111, 114, 142, 156, 179, 247

O

"Ódio" (conto), 26, 34
Ojó, Emanuel, 51
Olímpio, Domingos, 57-58
Oliveira, Alberto de, 54-55, 59, 175, 197
Oliveira, Benjamin de, 151
Oliveira, Cremilda de, 212
Oliveira, Luiz de, 154
Oliveira, Maria Isabel de, 20
Oliveira, Régis de, 245
Orfeu (revista), 259
Orlando, Artur, 56
Orlando, Vittorio, 240
Ortigão, Ramalho, 242
Oswald, Henrique, 204, 223
Otávio, Rodrigo, 56

P

Pacheco, Félix, 36, 55, 175, 254, 264
Paes, José Paulo, 12
Paes Leme, família, 200
Painter, George, 9
Pais, Sidônio, 233
Paiva, Ataulfo de, 200, 266
Paiz, O (jornal), 32, 41, 43, 57, 79-80, 105, 108, 140, 152, 166, 193, 199, 205, 211-15, 217, 220, 222, 226-27, 231, 241, 243, 246-47, 251, 253-54, 256, 259
Pall-Mall Gazette (jornal), 199
"Pall-Mall-Rio" (coluna), 199-201, 205, 209-10, 212, 219, 226, 256, 258
Pall-Mall-Rio (livro), 214, 218, 228
Palm, Astréa, 201
Palma, Antônio, 173
Palombo, Ariosto, 221
Parazêda, Umberto, 86
Paris, Jean de, 49, 71
Parreiras, Antônio, 33
Partido Republicano Paulista (PRP), 113, 115, 271
Passos, Guimarães, 30, 56, 107, 120
Passos, Oliveira, 104
Passos, Pereira, 42, 52, 83, 98, 104
Pátria, A (jornal), 251-57, 261-62, 264, 271
Patrício, Antônio, 197
Patrocínio, José do, 20, 23, 30-31, 49, 85, 116, 150, 160
Paulo José (pseudônimo de Paulo Barreto), 146
"Pavor" (conto), 141, 260
Paxá, Enver, 169, 215

Peçanha, Nilo, 42, 103, 109, 121-22, 148, 182, 200, 217, 219, 221, 223, 261-62, 264
Pederneiras, Haroldo, 208
Pederneiras, Mário, 55-57
Pederneiras, Raul, 38, 77, 218, 223
Pedreira, Jacques, 119, 126, 159-61, 200, 227, 229
Peixoto, Afrânio, 56, 62, 135, 151, 160, 175, 197, 200
Peixoto, Antônio, 77
Peixoto, Carlos, 103
Peixoto, Floriano, 25, 41, 113, 251
Peixoto, Luiz, 223, 265
Pena, Afonso, 73, 81, 89, 102, 104
Pena, Martins, 90, 106
Pereira, Emílio, 177
Pereira, Lúcia Miguel, 10
Perez, Álvaro, 80
Perez, Lucília, 30, 76, 80, 153-54, 229, 260
Pessoa, Epitácio, 232, 236, 241-42, 244-45, 252, 261-62, 271
Pessoa, Fernando, 259
Pessoa, Frota, 55
Pessoa, João, 162, 271
Pimentel, Figueiredo, 74, 117, 139, 155, 173, 200
Pinto, Apolônia, 225
Pinto, Manoel Souza, 95, 133, 197
Pistarini, Luiz, 37-38
Poe, Edgar Allan, 5, 64, 87, 141
Polônio, Cinira, 76-79
Pombo, Rocha, 54, 56
Pontes, Eloy, 167
Portocarrero, Áurea, 246
Portugal d'agora (livro), 126-27, 148, 151
Post, Franz, 33

Pougy, Lianne de, 12
Pradal, Olegário, 100
Prado, Edgar de Almeida, 99
Prestes, Júlio, 187, 271
profissão de Jacques Pedreira, A (livro), 119, 126, 159, 161
Proust, Marcel, 9, 11-12, 239-40
Psicologia urbana (livro), 126, 148

Q

Que pena ser só ladrão (peça teatral), 194
Queiroz, Eça de, 29, 56, 242

R

Rabelo, Francisco, 173
Rabelo, Franco, 147
Rabelo, Pedro, 58
Rachilde, *ver* Vallete-Eumery, Marguerite
Ramo de loiro/Notícias em louvor (ensaios), 259
Ramos, Alberto, 56
Ramos, Antônio, 154
Ramos, Silva, 55
Ramos, Zulmira, 173
Rebouças, André, 150
Recordações do escrivão Isaías Caminha (livro), 68
Redondo, Garcia, 55
Rego, Costa, 174
Rego, Edmundo, 161
Réjane, 76, 100, 106, 238
religiões no Rio, As (livro), 50, 52-53, 56, 60, 66-67, 99, 150, 157
Resende, Severiano de, 55, 99
retrato de Dorian Gray, O (livro), 11, 66, 72, 129, 133, 135, 139, 161

ÍNDICE ONOMÁSTICO

Reville, 53
Revista da Semana, A, 89, 197, 199-200, 212-14, 220, 228-30, 243, 248, 251
Ribeiro, Belfort Ramos Veloso, 173
Ribeiro, Bento, 153, 264
Ribeiro, João, 45, 54-55
Rio Branco, barão do, 39, 42, 58, 60, 103, 108, 110, 148, 151, 161, 183, 211
Rio-Jornal, O, 225, 230
Rios, Morales de los, 204
Rocha, Manuel de Oliveira (Rochinha), 116, 138-39, 187-88
Rochinha, *ver* Rocha, Manuel de Oliveira
Rodrigues, Cândido, 49
Rodrigues, Nina, 50, 60, 150
Romero, Sílvio, 52, 54-55, 57, 59, 107, 117-18, 166
Rosa, Abadie Farias, 123-24, 140, 225, 265
Rosa, Augusto, 96-97, 173, 259
Rosa, Noel, 9
rosário da ilusão, O (livro), 259
"Pelle-Molle Rio" (coluna), 211-12, 220
"rua, A" (conferência), 71
Rua, A (jornal), 178, 187, 193, 197-98, 220, 253
Ruiz, Pepa, 29, 76, 177
Ruskin, John, 57

S

Salão de Belas Artes, 33, 35, 135
Salles, Campos, 30, 42, 102, 113, 124-25, 127, 183, 232
Salles, Joaquim de, 31, 113, 175
Salomé (peça), 12, 67, 92
Sampaio, Sebastião, 140, 174

Santiago, Gustavo, 37, 54, 56-57
Santos, Adelina Christovão dos, 20, 29, 101, 166, 272
Santos, Cristóvão José dos, 19-21
Santos, Eponina Cristóvão dos, 20, 23-24, 29, 166, 243
Santos, Ernesto dos (Donga), 51, 84, 196
Santos, Joaquim Cristóvão dos, 20, 30
Santos, Noronha, 96
Santos, Plácida dos, 38
Santos, Salvador, 45, 116, 139, 187-88, 193
Santos, Thimocleia Cristovão dos, 20-21, 28, 30, 101, 122, 166
Seabra, J.J., 93, 147
Seelinger, Helios, 34, 37-38, 93
Segretto, Paschoal, 224
"semana elegante, A" (coluna), 199, 212, 230
Senna, Emiliano de, 23
Senna, Ernesto, 23-24, 30, 41, 101, 166
Senna, Maria Henriqueta de (Bibi), 23
sertões, Os (livro), 107, 150
Silva, Carlos, 45
Silva, Celestino, 20, 93
Silva, Ferreira da, 263
Silva, Patápio, 37, 150
Silva, Rosa e, 147, 182
Simões, Lucília, 96
Simões, Lucinda, 75-79, 96, 173
Soares, Órris, 244
Sob o Cruzeiro do Sul (livro), 73
Sociedade Brasileira de Autores Teatrais (SBAT), 223-26, 230, 260, 265
Söndahl, Magnus, 56, 158
Sontag, Susan, 12
Souza, Belisário de, 45, 193

Souza, Cristiano de, 76-78, 80, 193-94
Souza, Ema de, 193-94, 201
Souza, Ferreira de, 78
Souza, Inglês de, 56-57
Souza, Virgílio Maurício de, 129
Souza Prates, condes, 184
Stevens, Marie-Philomène, 39

T

Távora, Belisário, 165
Teffé, barão de, 168
Teffé, Nair de, 168, 177
Teffé, Nicola de, 200-1, 214
tempo de Venceslau, No (livro), 180, 215, 218
Teófilo, Aníbal, 185-86, 209
Terrail, Ponson du, 145-46
Tia Ciata ou Tia Assiata, *ver* Almeida, Hilária Batista de
Tigre, Bastos, 77, 174, 218-20, 223, 265
Tojeiro, Gastão, 223-25
Torres, Antônio, 218-19, 250, 255
Tribuna, A (jornal), 30, 108
Trotski, Leon, 234

U

Última noite/Clotilde (peça teatral), 80-81, 155

V

Valadares, Francisco, 252, 254, 272
Valle, Freitas, 187, 200
Vallete-Eumery, Marguerite (Rachilde), 11
Vargas, Getúlio, 271

Várzea, Virgílio, 59
Vasconcelos, Zacharias de Góes e, 20
Vaux, Clotilde de, 25
Vaz, Rocha, 262
Veiga, Evaristo da, 36
Velho, B.T. de M. Leite, 52
Veríssimo, José, 54-55, 60, 117, 151-52, 176, 217
Verlaine, Paul, 33
Viana, Oliveira, 193
Viana, Victor, 50
Vianna, Oduvaldo, 223, 225-26
Vítor, Nestor, 23, 54, 56-57
Vida e morte de M. J. Gonzaga de Sá (livro), 70-71
Vida vertiginosa (livro), 126, 148
Villar, Frederico, 252-55, 258
Villar, Pura, 227
Villas-Boas, 214-15, 248, 251-52
Visconti, Elyseu, 34, 104
"Visões d'ópio" (conto), 64
Vitorino, Eduardo, 96, 153-54
Viveiros, Benjamin de, 38

W

Wagner, Richard, 37, 89, 104, 124, 178
Wells, H.G., 90, 148
White, Edmund, 9
Wilde, Oscar, 9, 11-12, 33-35, 57, 67, 71, 85, 92, 99, 133, 135, 240, 259
Wilson, Woodrow, 236-37, 249

Este livro foi composto na tipografia Adobe garamond Pro,
em corpo 12/16, e impresso em papel off-white no
Sistema Cameron da Divisão Gráfica da Distribuidora Record